A história à prova do tempo

FUNDAÇÃO EDITORA DA UNESP

Presidente do Conselho Curador
Mário Sérgio Vasconcelos

Diretor-Presidente
Jézio Hernani Bomfim Gutierre

Superintendente Administrativo e Financeiro
William de Souza Agostinho

Conselho Editorial Acadêmico
Carlos Magno Castelo Branco Fortaleza
Henrique Nunes de Oliveira
João Francisco Galera Monico
João Luís Cardoso Tápias Ceccantini
José Leonardo do Nascimento
Lourenço Chacon Jurado Filho
Paula da Cruz Landim
Rogério Rosenfeld
Rosa Maria Feiteiro Cavalari

Editores-Adjuntos
Anderson Nobara
Leandro Rodrigues

François Dosse

A história à prova do tempo
Da história em migalhas ao resgate do sentido

2ª edição

Tradução
Ivone Castilho Benedetti

© 1999 Editora UNESP

Título original: *L'Histoire a l'epreuve du temps*

Direitos de publicação reservados à:
Fundação Editora da UNESP (FEU)
Praça da Sé, 108
01001-900 – São Paulo – SP
Tel.: (0xx11) 3242-7171
Fax: (0xx11) 3242-7272
www.editoraunesp.com.br
www.livrariaunesp.com.br
feu@editora.unesp.br

Dados Internacionais de Catalogação na Publicação (CIP)
Vagner Rodolfo CRB-8/9410

D724h
Dosse, François
   A história à prova do tempo: da história em migalhas ao resgate do sentido / François Dosse; traduzido por Ivone Castilho Benedetti. – 2. ed. – São Paulo: Editora Unesp, 2017.

   Tradução de: L'Histoire a l'apreuve du temps
   ISBN: 978-85-393-0214-7

   1. História geral. 2. Historiografia. I. Benedetti, Ivone Castilho. II. Título.

2017-504	CDD 900
	CDU 94

Editora afiliada:

Asociación de Editoriales Universitarias de América Latina y el Caribe

Associação Brasileira de Editoras Universitárias

Sumário

Apresentação 7

Parte I
Recomposições do sentido em história

1 A identidade nacional como forma organizadora
   do discurso histórico na França nos séculos XIX e XX   11

2 Questões suscitadas pela pluralidade dos modelos
   interpretativos em ciências sociais: a guinada interpretativa   39

3 Paul Ricoeur revoluciona a história   71

4 Georges Duby, o historiador da globalidade   103

Parte II
Rupturas em história

5 Maio de 68: efeitos da história sobre a história   115

6 Maio de 68, maio de 88: artimanhas da razão   129

7 Furet, o embalsamador   141

Parte III
As desconstruções da historicidade

8 O traje novo do presidente Braudel   153

9 Clio no exílio   175

10 Michel Foucault, estruturalismo e pós-estruturalismo   197

11 O sol negro do estruturalismo: o oximoro   239

Parte IV
A história entre literatura e cientificidade

12 História literária, filha de Clio   259

13 O caráter psíquico da história   273

14 Barthes, Lacan, Foucault: o autor, a estrutura   297

Referências bibliográficas   325

Apresentação

A conjuntura intelectual francesa conhece nessa última década uma sensível evolução. Novas posturas intelectuais, novos modelos e referências teóricas, ou seja, uma grande mutação conceitual é perceptível nesse momento, em decorrência de um certo vazio deixado pelo desaparecimento dos paradigmas em vigor nos anos 1960/1970 (marxismo, estruturalismo, funcionalismo). As ciências humanas se renovam, sob o impulso do cognitismo americano, impondo novas categorias de análise: o ator, as redes, as representações etc. No campo da história, as interrogações se voltam para a escrita da história, seu estatuto e seus procedimentos epistemológicos, favorecendo um novo diálogo com a filosofia. Entre as abordagens essencialmente reflexivas encontram-se as questões da narratividade e da escrita da história, questões essas já abordadas, anteriormente, por autores como Paul Ricoeur e Michel de Certeau.

É dessa mutação da noção de historicidade do tempo social, dessa nova operação histórica envolvendo o ator e a ação, enfim, dessa recomposição do sentido da história que François Dosse faz o inventário nesta coletânea de artigos escritos nesses últimos anos. Esses artigos, publicados primeiramente em diferentes periódicos, por serem independentes, apresentam repetições, as quais foram mantidas nesta edição para preservar a originalidade dos textos. Aliás, o leitor brasileiro desconhece os trabalhos mais recentes desse historiador que desde

1995, no *L'Empire du sens* – l'humanisation des sciences sociales, vem apontando, diagnosticando e interpretando as evoluções, subterrâneas e contrastadas, ocorridas nas ciências humanas. Em seu livro *Paul Ricoeur – Les Sens d'une vie*, publicado em 1997, Dosse elabora uma biografia intelectual desse filósofo, contribuindo, assim, para a compreensão do estatuto da história e do tempo histórico. Seus estudos sobre Ricoeur, iniciados em forma de artigos – como "Paul Ricoeur revoluciona a história", publicado originalmente em 1995 –, atestam a guinada hermenêutica que conhece, na França, a disciplina História.

Inspirado nos trabalhos de Ricoeur, François Dosse vem elaborando uma reflexão sobre "a história social da memória", ou seja, sobre a relação renovada entre a história e a memória. Assim, esta presente coletânea, constituída por textos envolvendo história intelectual e epistemologia da história, vem suprir uma das lacunas dos estudos historiográficos brasileiros.

Helenice Rodrigues da Silva
Universidade Federal do Paraná

Parte I
Recomposições do sentido em história

1
A identidade nacional como forma organizadora do discurso histórico na França nos séculos XIX e XX[1]

Na França do início do século XIX ao início do século XX, a história ocupava lugar de destaque, permitindo a cristalização da identidade nacional. O historiador detinha então uma autoridade inconteste, situando-se no mais elevado nível das posições de poder. Durante um século, uma verdadeira sobreposição de consciência nacional e discurso historiográfico constituía a base da função que parecia natural ao historiador: a missão patriótica, em que ele era meio sacerdote, meio soldado.

A precocidade da constituição de um Estado-Nação, confrontada com o caráter radical da ruptura revolucionária de 1789, constituiu o húmus sobre o qual essa autoridade pôde ser exercida. A nação pôde então beneficiar-se de uma verdadeira transferência de sacralidade, e o historiador encarregou-se de enraizar o sentimento nacional da população. Foi essa função que suscitou uma verdadeira idade de ouro dos historiadores, sobretudo durante a Terceira República. Depois de um

---

[1] Conferência realizada no Recife, em julho de 1995, no âmbito do XVIII Colóquio da Associação Nacional da História (ANPUH).

período de eclipse dessa história nacional, que corresponde ao triunfo progressivo da escola dos *Annales*, e, portanto, de uma configuração na qual o historiador abandona o âmbito nacional para atuar no terreno das ciências sociais, assiste-se, a partir do início dos anos 1980, a um retorno do esquema nacional sobre o qual é ostentado novamente o discurso historiográfico. Tratar-se-á de um simples retorno do Mesmo ou será que a história, transformada pela sua aventura como ciência social, está voltando diferente para interrogar a história nacional?

Pensar a descontinuidade no âmbito da história nacional

A história romântica

Ao sair da Revolução Francesa, depois da restauração de 1815, a história torna-se o principal lugar de confrontação entre aqueles que desejam fechar os parênteses revolucionários e os liberais, que aspiram a estabilizar certo número de conquistas da revolução numa França pacificada. Formula-se então nitidamente a questão de saber como pensar a descontinuidade (1789), reconciliar-se com o passado mais distante, e como reatar os fios de uma tradição revisitada pela mudança. O cenário político montado em 1815 transforma-se na própria arena na qual se trava essa liça historiográfica militante. Por um lado, a maioria dos eruditos é partidária da reação aristocrática. Desejam fechar os parênteses e retomar em seus próprios termos as teses de Boulainvilliers sobre as origens germânicas da nação francesa, a fim de legitimar novamente os direitos da nobreza em face do terceiro estado. Os liberais, por sua vez, vão erigir-se em nova geração revolucionária, retardatária. Esses historiadores não conheceram o evento revolucionário. A maioria tinha cerca de 25 anos no período que vai de 1815 a 1820, sendo, portanto, os primeiros que viram a revolução à distância, estando conscientes da ruptura operada, preocupados em defender suas conquistas e convencidos de que a consolidação desta passa pela necessária densidade histórica de uma história mais longa, mergulhada nas raízes nacionais. Recusando ao mesmo tempo uma escrita histórica puramente factual, desprovida de sentido, à maneira dos eruditos ultrarrealistas, e a escrita de um sentido da história sem fatos, à maneira da história filosófica das Luzes, essa geração encontra no esquema nacional a matriz organizadora de coordenação de uma história do conjunto, da síntese. Esses historiadores procuram a estabilização das conquistas da revolução ao lado da classe média e identificam então a sua luta com a da burguesia liberal modernista. A apresentação que fazem da historicidade como lugar de luta implacável servirá mais tarde de inspiração para Marx, que considerará tais historiadores franceses os primeiros que detectaram aquilo que ele consideraria o motor da história: a luta de classes. Vítimas do endurecimento do regime no recrudescimento do período de 1822 a 1828, os liberais terão sua desforra por ocasião da Monarquia de Julho em 1830. Os historiadores liberais identificam-se então com o poder, assumem cargos e cátedras, e consideram a história terminada. É sua idade de ouro. O historiador Guizot torna-se ministro da Instrução Pública entre 1832 e 1837, aproveitando para pôr em prática uma compilação sistemática da memória nacional antes de se tornar um verdadeiro representante do poder junto a Louis Philippe entre 1840 e 1848. Dos outros historiadores liberais, Augustin Thiers e Victor Cousin são ministros; Prosper de Brabante é embaixador durante esse período. Ao mesmo tempo, essa geração de historiadores tenta elaborar uma história científica procedendo a um deslocamento duplo do conhecimento histórico. Inicialmente, contribuem para o progresso da erudição, organizando a consulta dos arquivos nacionais, já que para eles a erudição é o instrumento da retomada de sentido. Em vez de limitar-se à simples exatidão dos dados históricos, eles não separam estes últimos de sua reconstituição hermenêutica. Disso resulta uma escrita em que há tensão entre a vontade de fazer ciência, que induz a um discurso generalizador, e um respeito escrupuloso pelas singularidades, pelas particularidades. Para esses historiadores, a nação é exatamente o lugar em que entram em jogo essas duas ambições: o acesso à verdade sensível de um passado que deve ser ressuscitado e a exigência de uma totalidade inteligível, de uma coerência de exposição. Disso resulta uma nova sensibilidade histórica marcada pela distância, pela descontinuidade da ruptura revolucionária e caracterizada pela busca da cor local, do detalhe distanciador, do gosto pela narração animada que pertence de pleno direito a uma estética romântica que supera a simples corporação dos historiadores.

Augustin Thierry é um dos principais representantes dessa geração que se vê como iniciadora de uma nova aventura e encarna a vontade de criar uma nova história da França: "Ainda não temos história da França",[2] escreve ele em 1820. Para existir, esta deverá passar por um deslocamento do olhar, que não se contenta em observar as esferas dirigentes, mas reavalia a situação da gente humilde, dos anônimos: "Falta-nos a história dos cidadãos, a história dos súditos, a história do povo".[3] Augustin Thierry alia a isso a preocupação com a erudição e estuda as coleções beneditinas; ao mesmo tempo, porém, para ele, o modelo do romance histórico, da ficção, deve inspirar a nova escrita histórica. Sauda *Ivanhoe,* de Walter Scott, como obra-prima: "Minha admiração por esse grande escritor era profunda. Ela crescia à medida que, em meus estudos, eu confrontava a sua compreensão prodigiosa do passado com a erudição mesquinha e inexpressiva dos historiadores modernos mais famosos".[4] A partir do modelo ficcional, Thierry rompe com a separação então vigente entre a narração factual e seu comentário. Preconiza a reintegração da soma dos dados documentais e sua análise no *corpus* de uma narrativa complexa e englobante: "É falso o método que tende a isolar os fatos daquilo que constitui seu colorido e sua fisionomia individual, e não é possível que um historiador possa em primeiro lugar narrar bem sem retratar e, em segundo lugar, retratar bem sem narrar [...]. A narrativa é parte essencial da história".[5] Como bem mostrou Marcel Gauchet, a nação libera seu potencial de sentido e de ciência, que ficara contido durante 30 anos de mobilização política intensa, e permite forjar, entre ciência do passado e ciência da nação, os fortíssimos elos que vão marcar todo o século XIX e ainda mais.[6]

---

2 Thierry, *Lettres sur l'histoire de France.*
3 Ibid.
4 Thierry, *Dix ans d'études historiques,* 1834 (Transcrito em Gauchet, *Philosophie des sciences historiques,* p.40).
5 Id., *Lettres sur l'histoire de France.*
6 Gauchet, Les Lettres sur l'histoire de France d'Augustin Thierry. In: Nora, *Les Lieux de mémoire,* t.III, p.247-316.

Todo o empreendimento de Jules Michelet nasceu da Revolução de 1830: "Essa obra laboriosa de aproximadamente quarenta anos foi concebida num momento, no relâmpago de julho. Naqueles dias memoráveis, fez-se uma grande luz, e eu avistei a França".[7] Nascido em 1798, Michelet pertence àquela geração "retardatária" que pensa à distância o evento revolucionário. Para Charles Péguy, Michelet encarna o gênero histórico. Quanto a Fernand Braudel e Georges Duby, seu ingresso no Collège de France é posterior e se dá sob a égide de Michelet. Foi incontestavelmente Michelet quem levou mais longe a transferência de sacralidade para a nação. Mais que magistério, a posição ocupada por Michelet foi de sacerdócio, posição que atravessou os tempos para fazer valer uma França eterna. Segundo Michelet, essa França ainda não tinha história: "Ela tinha anais, não história".[8] Para ele, o historiador exerce um verdadeiro sacerdócio: o de esclarecer o sentido dos ancestrais desaparecidos. Desse modo, empresta a pena aos mortos para que estes confessem o segredo de sua morte. O historiador tem, pois, o poder de devolver-lhes a vida, desvendando-lhes o enigma de sua vida passada. O historiador tem, pois, parentesco com o sacerdote que acalma o tumulto das vozes, tranquiliza os gemidos da população dos mortos que erra nas sombras. A libertação que ele traz não é acessória, pois permite a soltura das almas e possibilita, assim, uma forma de imortalidade e de individualização dos destinos. A história é ressurreição total quando permite "reacender as cinzas arrefecidas".[9] Em compensação, essa alta missão exige da história uma verdadeira autodoação, uma verdadeira identificação com as desditas passadas: "Visto que, afinal, tudo deve morrer, comecemos por amar os mortos".[10]

Para Michelet, na história está em ação certo número de abstrações encarnadas, como o povo dignificado pelo sofrimento. Para ele, o povo é a pedra filosofal de sua narrativa histórica e do sentido que dela extrai. Ele magnifica a narrativa fundante da nação francesa que se encarna na festa da Federação. Esta contém o sentido imanente da própria revolução. Michelet escolhe a narrativa da Revolução Francesa

---

7 Michelet, *Histoire de France*, p.11.
8 Ibid., p.11.
9 Ibid., p.15.
10 Michelet, *Journal*, 1839. In: *Journal intime* (1828-1848). t.I, p.289.

para melhor celebrá-la, para desvendar o seu sentido, sentido que provém de um verdadeiro deslocamento da encarnação cristã, visto que a revolução possui a sua ceia (a Federação de 1790, suas lágrimas e seu sangue; "Ela dava a todos aquelas leis e aquele sangue, dizendo: é meu sangue, bebei"[11]) e até sua paixão ("Diante da Europa, sabei, a França sempre terá um único nome, inexpiável, que é seu nome verdadeiro e eterno: a Revolução").[12] Michelet está, pois, em total ruptura com a história-crônica que, segundo ele, está fadada ao balbucio. Sua ambição é totalizadora e visa possibilitar a ressurreição do que já foi vivido, o que é, ao mesmo tempo, uma declaração de amor à nação francesa: "Pois bem, minha grande França, se, para restituir-te a vida, um homem precisou doar-se, passar e repassar tantas vezes o rio dos mortos, esse se consola e até te agradece. E sua maior tristeza é precisar deixar-te aqui".[13]

O evangelho nacional: Ernest Lavisse

A verdadeira idade de ouro dos historiadores da França situa-se depois da derrota de Sedan, após a amputação da Alsácia e da Lorena. Disso resulta uma conjunção excepcional entre a mobilização dos historiadores em vista da profissionalização e as exigências de reconquista da integridade territorial da nação. Foi assim que o fundador da *Revue Historique*, Gabriel Monod, disse que o século XIX foi o século da história. Até os anos de 1880 a disciplina histórica ainda não tem verdadeira autonomia universitária, dependendo tanto da filosofia quanto das humanidades literárias. A contar dessa data, cria-se uma licença específica para o ensino de história, e o ofício de historiador se profissionaliza. Entre 1870 e 1914, a história beneficia-se do maior número de novas cátedras universitárias. Os historiadores de formação, em busca de uma identidade específica, passam a propor regras de método, rompendo radicalmente com o amadorismo vigente até então. Essa identidade afasta-se do terreno literário. É nesse contexto que, a partir de 1890, Charles Seignobos é encarregado de uma dis-

---

11 Michelet apud Barthes, *Michelet*, p.50.
12 Michelet, *Le Peuple*, p.XXXV (Prefácio).
13 Id., *Histoire de France*, p.27.

ciplina na Sorbonne dedicada à pedagogia das ciências históricas e, com Charles-Victor Langlois, escreve uma obra que logo se tornará obrigatória para todo estudante de história, *Introduction aux études historiques* [*Introdução aos estudos históricos*], publicada em 1898.[14] Os autores definem estritamente as regras do método historiográfico, que deve proceder a duas críticas das fontes: uma crítica externa, chamada erudita, e uma crítica interna, que opera por meio de raciocínio e analogia. O respeito pelo documento histórico e o controle da subjetividade são também as regras de ouro daquilo que vai passar a chamar-se escola metódica. Mais tarde, ela será de algum modo vituperada e caricaturizada pela escola dos *Annales*, com a denominação de história historicizante. Aquele final do século XIX é também o momento em que há uma explosão superabundante de revistas de história, das quais a mais importante é a lançada por Gabriel Monod em 1876, *La Revue Historique*. Filha da derrota de Sedan e da República, esta se opõe à sua concorrente, *La Revue des Questions Historiques*, criada em 1866 pelos monarquistas legitimistas. Com Gabriel Monod, a história também se define como uma disciplina científica: "Nossa revista será uma coletânea de ciência positiva e de livre discussão".[15]

Progressistas, defensores de Dreyfus, firmemente republicanos, os historiadores da *Revue Historique* nem por isso deixam de preocupar-se com o resgate da integridade territorial perdida: "No que se refere especialmente à França, os acontecimentos dolorosos que criaram em nossa pátria facções hostis, vinculadas a tradições históricas especiais, e aquelas que, mais recentemente, foram mutilando devagar a unidade nacional criada pelos séculos obrigam-nos a despertar, afinal, na alma da nação, a consciência de si mesma por meio do conhecimento profundo de sua história".[16] A história, portanto, tem um valor essencialmente nacional de reconquista das fronteiras exteriores e de pacificação do interior.

O grande mestre que vai reinar sobre o ensino da história naquele final do século XIX e início do século XX é Ernest Lavisse. Nele se reúnem os três pilares do espírito republicano: culto da ciência, culto

---

14 Langlois; Seignobos, *Introduction aux études historiques*.
15 Monod, Du progrès des études historiques en France depuis le XVIe siècle, *Revue Historique*, n.1, 1876.
16 Ibid.

da pátria e culto da laicidade. Não terá sido sempre republicano, visto que foi preceptor do príncipe imperial no Segundo Império. No entanto, assim como toda a sua geração, foi marcado pela derrota de 1870 e trabalhará incansavelmente para apagá-la. Para isso, concorda que é preciso recriar a unidade de uma nação dividida e enfraquecida pela ruptura de 1789. Será preciso reconciliar os franceses com o seu passado mais distante, devolver-lhes raízes profundas para que eles entendam que a fronteira não é interna, mas externa. Aliando preocupação metódica e pedagógica, Ernest Lavisse vai se tornar o grande sacerdote, o grande organizador de uma monumental *Histoire de France* publicada pela Hachette, resultado de um trabalho coletivo de vinte anos desde a assinatura do contrato (1892) até a publicação do último volume (1911). Lavisse encarna uma verdadeira republicanização da memória. Extrapolando o âmbito universitário, ele se torna professor de toda a nação e para a nação. Seu sucesso é tal que se cria o manual Lavisse, chamado de *Petit Lavisse*, no qual todas as crianças da escola pública logo aprenderão a história de sua nação. A França então é una, integral, a mesma desde Vercingetorix até Valmy, e a narrativa histórica conta batalhas heroicas nas quais muitos sacrificaram a vida pela pátria. A Terceira República é apresentada como o melhor dos mundos, e a partir dela são julgados os regimes anteriores. O sentido dessa história é claro. Lavisse não poupa intervenções para reafirmar as finalidades do ensino da história: "Prestem atenção quando, na escola, lhes ensinarem a história da França. Não se deve aprender da boca para fora, mas com toda a inteligência e todo o coração [...]. Nenhum país prestou tão elevados e prolongados serviços à civilização, e o grande poeta inglês Shakespeare disse a verdade quando exclamou: 'A França é o soldado de Deus'. Que cada um conceba claramente o conjunto dessa maravilhosa história. Nela se pode haurir a força necessária para não ceder ao desânimo e também a vontade firme de tirar nossa pátria do abismo em que caiu".[17]

Quanto aos adultos, aos futuros professores, Lavisse não é menos claro em suas recomendações: "Se não se tornar um cidadão compenetrado de seus deveres e um soldado que ama seu estandarte, o professor terá perdido tempo. Isso é o que deve dizer aos futuros mestres o professor de história da escola normal, como conclusão

---

17 Ernest Lavisse, discurso proferido numa premiação, dirigido às crianças das Escolas, 1872.

de seu curso".[18] O historiador então não tem dúvida alguma quanto à sua função, que é central na nação. Com seu mito das origens, ele permite finalizar sua narrativa e legitimar o presente por meio do passado. Essa história beneficia-se de uma verdadeira transferência de sacralidade, iniciada por Michelet. Mas com Lavisse e Monod, a ela se soma a ambição científica. Trata-se de uma história projetiva com a qual cada indivíduo, cada cidadão deve identificar-se, possibilitando assim a criação de um elo indissolúvel entre a coletividade nacional e os cidadãos prontos para o sacrifício extremo.

Conformidade com as ciências sociais

O desafio durkheimiano

O modelo nacional encarnado por Lavisse vai desagregar-se, decompor-se. A causa de seu desmoronamento progressivo foi sobretudo o fato de que nos anos 1920 as circunstâncias históricas eram totalmente novas. A França recuperou a Alsácia e a Lorena, e o conflito de 1914-1918 mostrou até que ponto a guerra é um fenômeno horrível, capaz de provocar uma sangria humana sem precedentes, com seu cortejo de mais de 8 milhões de mortos, de que a Europa não se recuperará, sem contar a massa de inválidos, feridos, intoxicados por gases. Sem dúvida, nesse contexto a história de batalhas perdeu sua beleza.

Por outro lado, o historiador sofre a concorrência das jovens ciências sociais que se desenvolvem como ciências irmãs, mas que poderiam pretender englobar a história, anexá-la em seu discurso menos ideológico e mais científico. Trata-se, sobretudo, do projeto explícito de uma sociologia durkheimiana conquistadora. Para conseguir autonomia em relação à filosofia e voar com asas próprias, a sociologia preconiza uma estratégia dinâmica de alianças com as outras disciplinas em torno de conceitos mais científicos. Fortalecido por algumas posições como a de Durkheim em Bordeaux, de Halbwachs e Gurvitch em Estrasburgo, de Marcel Mauss no Collège de France ou, ainda, de Célestin Bouglé na Sorbonne, os sociólogos fundam *L'Année Sociologi-*

---

[18] Ernest Lavisse, verbete "Histoire". In: Buisson, *Dictionnaire de pédagogie*.

que em 1897, que se torna seu instrumento de conquista. Acham que podem transformar-se numa ciência de confluência, englobando uma história que teria se tornado mais "inteligente": "Ao comparar, a história já não se distingue da sociologia".[19] Esse desafio dos sociólogos, que, lançado aos historiadores, convida-os a questionar radicalmente sua identidade, data de antes da guerra. Foi em 1903 que François Simiand, discípulo de Durkheim, escreveu seu famoso artigo na revista de Henri Berr.[20] Nele denuncia uma história que nada tem de científica, simples procedimento de conhecimento condenado à descrição de fenômenos contingentes, casuais, enquanto a sociologia pode ter acesso a fenômenos iteráveis, regulares e estáveis, deles deduzindo a existência de leis. Simiand denuncia sobretudo os três ídolos da tribo historicista: o ídolo político ("ou seja, o estudo dominante ou pelo menos a preocupação perpétua com a história política, dos fatos políticos, das guerras etc., que chega a atribuir a esses acontecimentos uma importância exagerada"[21]), assim como o ídolo individual e o cronológico ("ou seja, o hábito de perder-se em estudos de origens"[22]). Simiand espera assim granjear para a sociologia certo número de historiadores inovadores, preocupados em substituir a prática empírica por um método reflexivo, crítico, elaborado pelos sociólogos. A geografia também goza de um prestígio crescente e poderia conquistar os historiadores para si. Em torno de Vidal de la Blache, ela conseguiu constituir uma escola sólida, conhecida pelas consistentes monografias regionais que têm o mérito de ancorar-se no presente. A influência da escola de Vidal decorre de minuciosas pesquisas do terreno, de sua capacidade de basear-se em fontes documentais para melhor compreender a diversidade regional. A geografia humana aparece então como uma ciência para a qual confluem desde muito tempo a antropologia e os estudos filológicos e geológicos, dignificando novas fontes como os instrumentos materiais do trabalho humano. Ela também preconiza certos conceitos operatórios, como o de gênero de vida e meio ambiente.

Será dos historiadores, no entanto, que virão a renovação e a realização de um verdadeiro cartel multidisciplinar, mas dessa vez em

---

19 Durkheim, *L'Année sociologique*.
20 Simiand, Méthode historique et sciences sociales, *Revue de Synthèse Historique,* 1903.
21 Ibid.
22 Ibid.

benefício da história. Da Universidade de Estrasburgo, os historiadores Lucien Febvre e Marc Bloch fundam a revista *Annales d'Histoire Économique et Sociale* em 1921. O comitê de direção simboliza a cooptação, dessa vez bem-sucedida, das ciências sociais irmãs. Ao lado dos dois diretores, historiadores, nota-se a presença do geógrafo vidaliano Albert Demangeon, do sociólogo durkheimiano Maurice Halbwachs, do economista Charles Rist, do politicólogo André Siegfried. O preço pago por esse sucesso, que logo vai transformar uma revista em escola, é o alinhamento da história com o programa durkheimiano assumido pelos historiadores. A revista dos *Annales* tem então um tom particularmente polêmico contra a chamada história historizante, e Charles Seignobos, em especial, é atacado, ridicularizado em resenhas cáusticas: "Abro a *História da Rússia*: czares grotescos, saídos do *Ubu rei*; tragédias palacianas; ministros concussionários; burocratas papagueadores; *oukazes* e *prikazes* à saciedade. Não, isso não é história [...]. História é o que não encontro nessa *História da Rússia,* e por isso esta nasce morta".[23] Seguindo com atraso a injunção de Simiand, nos *Annales* desaparece toda dimensão política da história, que praticamente não existe na revista. Ao contrário, o domínio econômico e social ocupa inteiramente o lugar da dimensão política. A história apodera-se também do terreno de investigação geográfica e possibilita criar uma geo-história de tal fecundidade que levará à desvitalização da disciplina geográfica. Lucien Febvre toma partido da escola geográfica francesa vidaliana contra a geopolítica alemã de Ratzel,[24] favorecendo a constituição de uma aliança geo-histórica fundamental na identidade da escrita historiográfica da primeira geração da revista dos *Annales:* "Pode-se dizer que, em certa medida, foi a geografia vidaliana que engendrou essa nossa história".[25] Dos geógrafos, os historiadores dos *Annales* extrairão também a preocupação com o presente, questionando a famosa ruptura entre passado e atualidade histórica. Assim, podem-se ler nos *Annales*, já nos anos 1930, artigos sobre a experiência Roosevelt ou sobre a coletivização das terras na URSS. Por outro lado, Lucien Febvre e Marc Bloch lançam as bases de uma psico-história, que mais tarde ficará conhecida como a designação

---

23 Febvre, Une histoire de la Russie moderne. In: *Combats pour l'histoire*, p.70-4.
24 Id., *La Terre et l'évolution humaine.*
25 Id., *Annales, économies, sociétés, civilisations*, p.374, nota.

de história das mentalidades; nesse sentido, a obra de Marc Bloch, *Os reis taumaturgos,* publicada em 1924, é um trabalho pioneiro por sua prospecção sistemática do universo mental por um historiador. Nesse período entreguerras, marcado por essa primeira geração dos *Annales,* observa-se genuína fecundidade, mas a eliminação do aspecto político não lhes permitiu compreender os dois fenômenos políticos importantes do momento, o que é ainda mais grave porque esses historiadores atribuíam prioridade aos temas contemporâneos, ao presente. Na verdade, passaram ao largo do fenômeno fascista, nazista e stalinista, o que levará Marc Bloch a dizer, numa autocrítica mal disfarçada, em 1940: "Preferimos confinar-nos na tímida quietude de nossos gabinete [...]. Teremos sempre sido bons cidadãos?".[26]

A estruturalização da história

Os continuadores de Bloch e Febvre anunciaram em alto e bom som o fato de pertencerem a uma herança, a uma filiação histórica que estava por trás do estandarte da revista dos *Annales*. Enfatizaram aquilo que constituía o vínculo indefectível a uni-los aos pais fundadores, a uma ligação quase familiar, a uma fratria. No entanto, esse elo foi se tornando cada vez mais tênue ao longo dos anos. Em primeiro lugar, por falta de adversários, o grupo ligado à revista dos *Annales,* de militante, torna-se triunfante, ocupando postos, cátedras, meios de comunicação, e abandonando os "debates e combates". O importante, porém, é que um bom número de inflexões do paradigma inicial desenvolveu-se ao sabor de novas configurações de alianças com as outras ciências sociais. A imobilização e, depois, a desconstrução do discurso histórico surgiram durante a segunda metade do século XX em ruptura com as orientações de Bloch e de Febvre. Essas descontinuidades no paradigma dos *Annales* foram negadas por um bom número de seus historiadores, que com isso podiam melhor proclamar fidelidade aos iniciadores da escola. Enquanto a primeira geração tendia a absolutizar a ruptura ocorrida com a escola metódica, a segunda e a terceira gerações vivenciaram seu afastamento com Bloch e Febvre sem confessar e em tom de denegação.

---
26 Bloch, *L'Étrange défaite,* p.188.

De fato, no pós-guerra começa um período novo que se pode qualificar de *fase Braudel*, fase de transição, que se caracteriza inicialmente pelo desaparecimento da história das mentalidades preconizado por Marc Bloch e Lucien Febvre em favor, exclusivamente, de uma economia histórica. Com a era Braudel, ocorre também a evolução para uma história cada vez mais imóvel. Ela rompe, portanto, com a concepção da primeira geração de uma história-ciência da transformação. Quando anuncia seu programa no Collège de France, ao suceder, em 1950, seu mestre Lucien Febvre, Fernand Braudel quer promover uma história "quase imóvel". Por trás dessa importante mudança, pode-se ler uma resposta ao desafio lançado por um espetacular desenvolvimento das ciências sociais. O crescimento do pós-guerra precisa do conhecimento de indicadores fornecidos por novos organismos dotados de meios poderosos. Cria-se o INSEE em 1946, o INED em 1945, sob o patrocínio do Ministério da Saúde, que tem sua própria revista, *Population*, dirigida por Alfred Sauol. A sociologia também se organiza e progride graças à criação, pelo CNRS, em 1946, de um centro de estudos sociológicos, presidido por Georges Gurvitch, que no mesmo ano lança os *Cahiers Internationaux de Sociologie*. Em 1958, com o nascimento da Quinta República, pode-se até falar de uma verdadeira política das ciências sociais rumo à institucionalização. Esse impulso representa um novo desafio para os historiadores, desafio ao qual será preciso responder tanto no plano institucional, em que a concorrência é acerba, quanto no plano teórico, para mostrar a capacidade de adaptação da escrita histórica.

No plano institucional, o grupo dos *Annales* reage, assumindo a direção da VI Seção da EPHE, constituída em 1948 sob a presidência de Lucien Febvre, com Fernand Braudel como secretário e responsável pelo centro de pesquisa histórica. O instrumento moderno do trabalho coletivo das ciências humanas torna-se, portanto, apanágio dos *Annales*, que retoma assim a herança do diálogo fecundo travado desde 1929 com as outras ciências irmãs da história. No plano teórico, o desafio mais radical aos historiadores é lançado por Claude Lévi-Strauss em 1949 num artigo, "História e etnologia", que tem repercussão muito grande, porém tardia, quando é retomado em 1958, em plena voga estruturalista.[27] Lé-

---

[27] Lévi-Strauss, Histoire et ethnologie. In: *Anthropologie structurale*.

vi-Strauss atribui à antropologia social uma vocação hegemônica à maneira do que fizera François Simiand em 1903 em relação à sociologia durkheimiana. Para ele, o historiador está condenado ao empirismo, ao observável, sendo incapaz de modelizar, portanto de ter acesso às estruturas profundas da sociedade. Ao contrário, a antropologia situa-se do lado do conceitual e, a partir do material etnográfico, tem acesso às expressões inconscientes da vida social, enquanto a história está reduzida à observação de suas manifestações conscientes. A antropologia estaria, portanto, progredindo do especial para o geral, do contingente para o necessário, do idiográfico para o nomotético. É Fernand Braudel que vai responder a esse desafio particularmente radical num artigo com ares de manifesto.[28] Nele opõe a Claude Lévi-Strauss a herança de Marc Bloch e de Lucien Febvre, seus mestres, mas não se contenta com isso e inova, modificando as orientações primeiras dos anos 1930 para frear a ofensiva estruturalista. Lança mão com sucesso da mesma estratégia de cooptação de seus antecessores. A antropologia tem como objeto as sociedades frias no tempo imóvel; Fernand Braudel lhe opõe a longa duração histórica como linguagem comum a todas as ciências sociais, mas em torno da figura tutelar do historiador. A duração é estrutura, ainda que, ao contrário da estrutura de Claude Lévi-Strauss, seja observável. Fernand Braudel opõe também uma construção temporal, que ele pluraliza como já fizera em sua tese,[29] uma temporalidade em três patamares. O tempo se qualitativiza, e cada um dos planos da arquitetura braudeliana recebe um domicílio específico. No sótão, no despejo, situa-se a história puramente do acontecimento, a do indivíduo, a história política. No primeiro patamar, encontra-se a história do tempo conjuntural, cíclico, interdecenal, história econômica; por fim, no andar térreo está a longa duração do tempo geográfico. Incontestavelmente, é esta última que tem um *status* privilegiado, ela é o alicerce, o essencial, ao lado da escuma factual. As duas respostas de Fernand Braudel ao desafio estruturalista tiveram sucesso, uma vez que a história continuou sendo a peça fundamental no campo das ciências sociais, mas à custa de uma metamorfose que implicou mudança radical.

---

28 Braudel, Histoire et sciences sociales: la longue durée, *Annales*, n.4, p.725-53, out.-dez. 1958; transcrito em *Ecrits sur l'histoire*.
29 Braudel, *La Méditerranée et le monde méditerranéen à l'époque de Philippe II*.

Os historiadores, excluídos nos anos 1960 de uma atualidade intelectual que levava mais a interessar-se pelos progressos dos linguistas, dos antropólogos e dos psicanalistas, desforram-se no início dos anos 1970. É o começo de uma verdadeira idade de ouro junto a um público que garante o sucesso das publicações de antropologia histórica. Essa recuperação e essa adaptação do paradigma estrutural ao discurso historiográfico serão orquestradas pela nova direção da revista dos *Annales,* assumida das mãos de Braudel em 1969 por uma geração mais jovem de historiadores (André Burguière, Marc Ferro, Jacques Le Goff, Emmanuel Le Roy Ladurie e Jacques Revel), que abandona os horizontes da história econômica em favor de uma história mais voltada para o estudo das mentalidades.

Em 1971, essa nova equipe publica um número especial da revista dedicado a "História e estrutura".[30] Esse número traduz bem a reconciliação desejada entre esses dois termos que eram considerados antinômicos, como o casamento do fogo com a água. A participação de Claude Lévi-Strauss, Maurice Godelier, Dan Sperber, Michel Pêcheux e Christian Metz, ao lado de outros historiadores, mostra que estava acabado o tempo das brigas, e que, ao contrário, se assistia a um concerto, a uma colaboração estreita entre historiadores, antropólogos e semiologistas. Cria-se, assim, uma ampla aliança em torno de um programa ambicioso de pesquisas comuns naquele início dos anos 1970, aliança que será muito fecunda ao longo de toda a década. André Burguière, que apresenta o número, defende para os historiadores o programa constituído por um estruturalismo aberto, bem temperado, capaz de demonstrar que os historiadores não se contentam em perceber o nível manifesto da realidade, como dizia Lévi-Strauss em 1958, mas também se interrogam sobre o sentido oculto, sobre o inconsciente das práticas coletivas, assim como os antropólogos.

Fernand Braudel já havia proposto a longa duração como meio de acesso à estrutura para a disciplina histórica e como linguagem comum a todas as ciências sociais. André Burguière vai mais longe ao traçar as linhas de um programa de história cultural, de antropologia histórica, que dessa vez deve possibilitar instalar-se no próprio terreno dos estudos estruturais, o terreno do simbólico. É nesse domínio pri-

---

30 Id., Histoire et structure, *Annales,* n.3-4, maio-ago. 1971.

vilegiado que a eficácia do método estrutural poderá mostrar-se mais facilmente. É, portanto, um estruturalismo para historiadores que os *Annales* defendem em 1971. André Burguière chega a proclamar em alto e bom som: "Um pouco de estruturalismo afasta da história; muito estruturalismo leva de volta para ela".[31] Os antropólogos haviam, sim, lançado um desafio aos historiadores, mas o entendimento parece manifesto naquele início dos anos 1970, graças à antropologização do discurso histórico.

Os historiadores vão mergulhar nas delícias da história fria, história das permanências, e a historiografia privilegiará, por sua vez, a figura do Outro em relação à imagem tranquilizadora deste. Os historiadores dos *Annales*, preconizando uma história estruturalizada, têm a ambição de atingir a confederação das ciências humanas que Émile Durkheim desejava realizar em favor dos sociólogos, cooptando o modelo estrutural e fazendo da história uma disciplina nomotética, e não mais idiográfica.

O primeiro efeito dessa fecundação estrutural do discurso historiográfico é, evidentemente, uma desaceleração da temporalidade, que se torna quase estacionária. Rejeita-se o factual, que é considerado da alçada do epifenômeno ou do folhetim, para cuidar-se exclusivamente do que se repete, se reproduz: "Quanto ao factual, uma harmonização dos ensinamentos de Braudel e de Labrousse leva-nos a marginalizá-lo e até a não nos interessarmos absolutamente por ele".[32] A abordagem da temporalidade vai privilegiar mais as longas áreas imóveis, e, quando Emmanuel Le Roy Ladurie sucede Braudel no Collège de France, dá à sua aula inaugural o título de "A história imóvel".[33] O historiador, segundo Le Roy Ladurie, faz estruturalismo conscientemente ou sem saber, como Monsieur Jourdain: "Há quase meio século, de Marc Bloch a Pierre Goubert, os melhores historiadores franceses, sistematicamente sistematizadores, fizeram estruturalismo, com conhecimento de causa ou às vezes sem saber, mas na maioria das vezes sem saber".[34] Le Roy Ladurie afirma nessa ocasião solene a admiração que nutre pelos métodos estruturalistas aplicados às regras de parentesco

---

31 Burguière, ibid., p.VII.
32 Pomian, *La Nouvelle histoire*, p.543-4.
33 Ladurie, Leçon inaugurale au Collège de France, 30 nov. 1973. (Transcrito em *Le Territoire de l'historien*, t.2, p.7-34).
34 Ibid., p.11.

e às mitologias do Novo Mundo por Lévi-Strauss. Mas, conquanto circunscreva sua eficácia a outras plagas, retém para o historiador sobretudo a ideia de que é preciso apreender a realidade a partir de um pequeno número de variáveis, construindo modelos de análise. Retomando a expressão de Roland Barthes, Le Roy Ladurie apresenta os historiadores como "a retaguarda da vanguarda",[35] especialistas em apropriar-se desavergonhadamente dos progressos feitos pelas outras ciências sociais-piloto.[36]

A nova tarefa do historiador já não consistirá em ressaltar as acelerações e mutações da história, mas sim os agentes de reprodução que permitem a repetição idêntica dos equilíbrios existentes. É assim que os agentes microbianos vão aparecer em cena como explicativos, verdadeiros fatores decisivos de estabilização do ecossistema. É "mais profundamente nos fatos biológicos, muito mais do que na luta de classes, que devemos buscar o motor da história de massas, pelo menos durante o período que estudo".[37]

O homem está então descentrado, preso numa ratoeira, e só pode ter ilusão de mudança. Tudo o que diz respeito às grandes rupturas da história deve, portanto, ser minorado em proveito dos grandes *trends*, ainda que estes constituam uma história sem homens. Le Roy Ladurie termina sua aula inaugural com uma nota otimista para a disciplina histórica, que ele considera de novo vitoriosa: "A história, que durante algumas décadas de semidesgraça, foi a Cinderela das ciências sociais, recupera agora o lugar eminente que lhe cabe [...]. Ela havia simplesmente passado para o outro lado do espelho a fim de capturar o Outro em lugar do Mesmo".[38] Na escola da história fria, certas pessoas, como François Furet, já tinham, aliás, encontrado o antídoto necessário para libertar-se do engajamento comunista. A estruturalização da história e do movimento torna-se, nesse caso, a alavanca capaz de tirar do marxismo, da dialética, para em seu lugar pôr a cientificidade: "A história da inércia não é apenas uma boa disciplina, mas é também uma boa terapêutica contra uma visão da historicidade herdada da filosofia do Iluminismo".[39]

---

35 Ibid., p.13.
36 Ibid.
37 Ibid., p.9.
38 Ladurie, L'histoire immobile, 30 nov. 1973. (Transcrito em *Le Territoire de l'historien*, t.2, p.34).
39 Furet, *L'Historien entre l'ethnologue et le futurologue*. Colloque International de Venise, 1971.

A naturalização de uma história de sociedades tornou estáticas, assim como as sociedades frias de Lévi-Strauss, simples máquinas de reproduzir, retomando o programa estrutural contra o voluntarismo histórico dominante no século XIX. Diante do desmoronamento do horizonte revolucionário e das tentações restauradoras, a história reflui para a imobilidade, um presente estanque cortado na frente e atrás para justapor no espaço o Mesmo e o Outro. Em alguns, essa imobilização da temporalidade pode vir acompanhada por uma posição política esvaziada de projetos, simplesmente conservadora: "Esse tipo de história (aquela dos tempos longos, do homem-meio), no fundo, é uma história na qual reconheço facilmente uma vocação conservadora".[40]

Naquele contexto do final dos anos 1960, Michel Foucault sustenta, em *Arqueologia do saber*, a obra de mutação epistemológica realizada pelos *Annales* e preconiza ir além. Dessa vez, convém desconstruir a unidade temporal que ainda ligava os três estágios da construção braudeliana. Trata-se então de descrever um "espaço de dispersão", de renunciar a qualquer síntese global, e Michel Foucault opõe os fragmentos do saber, as múltiplas práticas discursivas apreendidas como isolados biológicos. A subversão da continuidade e da totalidade históricas tem como corolário o descentramento do sujeito. A consciência de si dissolve-se no discurso-objeto, na multiplicidade de histórias heterogêneas. A unidade temporal só aparece como um jogo factício, ilusório. A introdução à *Arqueologia do saber* de Foucault é uma verdadeira definição de história serial, tal como será praticada pela terceira geração dos *Annales*. Impõe-se uma história fragmentada em que a História é substituída por histórias. O historiador já não procura a totalidade do real, mas o todo da história por meio de seu objeto de estudo. O tempo único estilhaça-se numa miríade de temporalidades heterogêneas. Já não há história que não seja regional, e a história deve limitar-se ao descritivo da série que estuda. Disso resultam a marginalização do discurso braudeliano e a aceleração do movimento de estilhaçamento da história. A vocação desta, de realizar uma síntese, apaga-se cada vez mais: "O tempo já não tem significado global", escreve François Furet; Alain Besançon denuncia "a miragem da totalidade histórica", e Jacques Revel define novos objetivos: "Nosso objetivo já não é buscar uma verdade".

---

40 Ibid., p.61.

Emmanuel Le Roy Ladurie chega a propor, naqueles anos 1970, que o historiador se torne um minerador que se restrinja a ir buscar os dados que um especialista de outra disciplina estudará cientificamente. Não há melhor metáfora para descrever a (de)missão do historiador, sua relegação a um papel de mão de obra que trabalha por subempreitada. Com essa vasta decomposição do real no nível das descrições de séries, assiste-se ao renascimento de um neopositivismo. Paradoxalmente, o triunfo das teses dos *Annales* naqueles anos 1970 realiza-se exatamente quando o discurso histórico se esvazia de historicidade. Passa-se então, imperceptivelmente, da história quase imóvel para "a história imóvel", negadora de todas as rupturas e transformações, em proveito apenas de um equilíbrio terminal regulador e garantidor da força das invariantes. Uma a uma, as grandes comoções históricas são revisitadas para serem expurgadas daquilo que contêm de inovador: dos movimentos populares do antigo regime até as revoluções do século XIX, passando, evidentemente, pela Revolução Francesa. Quanto ao homem, está descentrado nessa história a ponto de desaparecer do horizonte como no limite do mar um rosto de areia...

História se escreve agora no plural e sem maiúscula: ela renuncia a realizar um programa de síntese para melhor se desdobrar com vistas aos múltiplos objetos que se oferecem a seu olhar sem limites. Pierre Nora elabora um texto de apresentação de sua coleção "Bibliothèque des histoires", da Gallimard, muito marcado pela filosofia de Foucault. Retoma a noção de monumento e afirma, felicitando-se: "Vivemos o estilhaçamento da História. Novas interrogações, fecundadas pelas ciências sociais vizinhas, e o alargamento para o mundo inteiro de uma consciência histórica que há muito era privilégio da Europa enriqueceram prodigiosamente o questionário que os historiadores fazem ao passado [...]. A história mudou seus métodos, seus recortes e seus objetos...". A multiplicação desses objetos novos e a dilatação do território do historiador parecem ser sinais de um triunfo da história.

Pierre Nora queria até que sua coleção fosse precedida por um livro-manifesto, um opúsculo sintético que condensasse as posições teóricas defendidas por uma nova história que seria promovida. Fala a respeito com Michel Foucault, François Furet e Emmanuel Le Roy Ladurie. Essa iniciativa vai assumir uma amplidão inesperada. Corresponde a um momento em que Jacques Le Goff se reaproximava da

Gallimard. Pierre Nora, precisando cercar-se, foi aos poucos delegando esse projeto a Jacques Le Goff, que a ele se entregou com tal entusiasmo que transformou a ideia de um opúsculo-manifesto em três polpudos volumes da coleção "Bibliothèque des histoires", *Faire de l'histoire*, dirigidos conjuntamente por Jacques Le Goff e Pierre Nora; este último os terminará mais ou menos sozinho, pois Le Goff, eleito presidente da VI Seção da EPHE, em 1972, não desejará mais ter relações orgânicas com as edições Gallimard.

Assim, o que se publica em 1974 é uma enorme súmula, uma carta para a nova história.[41] É o momento da contra-ofensiva, e os historiadores, que se haviam encaramujado durante o período em que os rebentos das novas ciências humanas monopolizavam a atenção, agora têm a intenção de apoderar-se das orientações fecundas dos franco-atiradores; absorvem seus métodos, a fim de realizar a renovação de uma história que deve pagar o preço da renúncia à unidade para empreender a maior dilatação possível de seu campo de experimentação.

Esse estilhaçamento implica o questionamento do edifício hegeliano que, na maioria das vezes, estava por trás do discurso historiográfico, bem como o descentramento daquilo que unificava o campo, o homem como o sujeito dessa história, como indivíduo ou coletividade. Esse ex-centramento do homem soma-se à temática de uma escrita estruturalista que proclamava a morte do homem, a insignificância do sujeito. Possibilita que o historiador, assim como o linguista ou o antropólogo, promova um discurso que é dado como científico, uma vez que marginaliza sua variável menos manipulável para uma história quantitativa. É assim que Emmanuel Le Roy Ladurie dá à quarta parte de seu *Le Territoire de l'historien I*: "L'histoire sans les hommes"[42] [*Território do historiador I*: A história sem os homens]. Ao contrário da primeira geração dos *Annales,* que não concebia história que não fosse humana e antropológica, Le Roy Ladurie, a partir de um estudo histórico concreto sobre o clima desde o ano 1000, considera que "é mutilar o historiador fazer dele apenas um especialista em humanidades".[43] Esse descentramento é absolutamente essencial, vai além desse estudo localizado, e Le Roy Ladurie o qualifica de verdadeira

---

41 Três tomos: *Nouveaux problèmes, Nouvelles approches, Nouveaux objets.*
42 Ladurie, *Le Territoire de l'historien I*, p.423.
43 Id., *Histoire du climat depuis l'an 1000.*

revolução copernicana na ciência histórica. O historiador julga então a riqueza de seu ponto de vista na proporção desse ex-centramento que lhe permite afirmar sua vocação científica.

Pierre Nora, apresentando os três volumes de *Faire de l'histoire* no *Nouvel Observateur*, admite uma descontinuidade entre o horizonte da disciplina histórica na época de Bloch, Febvre e Braudel e o dos anos 1970: "É essa noção de história total que me parece problemática hoje".[44] A pluralização de temporalidades heterogêneas subjacente à abordagem serial das temporalidades rechaça para um passado metafísico a ideia de globalidade: "O tempo já não é mais homogêneo e já não tem significação global".[45] A história não deve chorar a perda da história total segundo Jacques Revel, que vê na fragmentação do saber histórico o índice de um novo espaço científico: "O horizonte já não é o mesmo de uma história total, mas sim o da construção totalmente articulada de objetos".[46]

A construção historiográfica do império passa pela desconstrução da prática historiográfica. É o momento em que se acha que, com o computador, o historiador vai poder ter acesso à cientificidade. Desse modo, ele conta todos os objetos possíveis da história econômica, social ou cultural: quantidades de trigo produzidas, número de nascimentos, casamentos e óbitos, número de invocações à Virgem em testamentos, número de roubos cometidos em tal lugar. Ele traça curvas, demarca limites, pontos de inflexão: "Em última análise [...] não há história científica que não seja quantificável".[47]

O momento memorativo

Retorno à casa paterna

Na virada dos anos 1980, houve um grande debate na França sobre o ensino da história, sobre a perda dos grandes referenciais e a diluição da memória nacional em proveito de uma história estilhaçada.

---

44 Nora, *Le Nouvel Observateur*, 7 maio 1974.
45 Pomyan, *L'Ordre du temps*, p.94.
46 Revel, Colóquio com *Espaces Temps*, n.34-35, "Braudel dans tous ses états", dez. 1986.
47 Ladurie, *Le Territoire de l'historien*, t.1, p.20.

O presidente da República, François Mitterrand, comove-se e externa suas preocupações. Os historiadores então voltam a centrar seus discursos sobre a nação, e até Fernand Braudel, especialista em grandes espaços das economias-mundo, fora dos âmbitos nacionais, opta pelo âmbito nacional como último objeto de investigação. Em 1986 publica *L'Identité de la France* [*A identidade da França*], que começa com uma profissão de fé: "Digo de uma vez por todas: amo a França com a mesma paixão exigente e complicada de Jules Michelet",[48] esclarecendo que essa paixão será mantida à distância em seu estudo. Ver o papa da nova história voltar a inserir-se nas fronteiras nacionais é motivo para surpresa, ainda que os *Annales* nunca tenham realmente abandonado o território francês, embora prendendo-se mais a monografias locais e deixando de lado o horizonte do Estado-Nação. Assiste-se, portanto, a um verdadeiro retorno daquilo que fora rechaçado. Por sua vez, Pierre Nora também encontra o caminho de volta à casa paterna, apesar de fazer uma história que se diz renovada, cujo objeto é a memória. Começa a publicação de um enorme empreendimento coletivo a partir de 1984 com *Les Lieux de mémoire* [*Lugares de memória*] pela editora Gallimard. Pierre Nora apresenta esse interesse novo pela memória e seus lugares como a própria expressão do esgotamento da história, sintoma de um período pós-histórico no qual "a razão de ser fundamental de um lugar de memória é deter o tempo, bloquear o trabalho do esquecimento, fixar um estado de coisas...".[49] Dois membros da direção dos *Annales*, André Burguière e Jacques Revel, recentemente também se uniram a esse *tour de France*, dirigindo um outro empreendimento coletivo cuja publicação começou no início do ano 1990 com uma *Histoire de la France* [*História da França*], cuja orientação continua fiel à escola dos *Annales* da última geração, ao mesmo tempo que limita seus objetivos ao âmbito nacional.[50] Essa história não é a história-reconhecimento, legitimação *a posteriori*, como a escrita por Ernest Lavisse; a esta, ela opõe as conquistas da pesquisa historiográfica e, assim, não situa o Reno como fronteira natural entre França e Alemanha, mas como traço de união entre as populações das duas margens, precisamente como

---

48 Braudel, *L'Identité de la France*, p.9.
49 Nora, *Les Lieux de mémoire*, p.XXXII.
50 Burguière, Revel, (Dir.), *Histoire de la France*. t.1: "L'espace français", sob a direção de J. Revel; t.2: "L'État et les pouvoirs", sob a direção de J. Le Goff.

já mostrara Lucien Febvre. A concepção do poder que ressalta do volume dirigido por Jacques Le Goff possibilita a consideração de representações, sonhos, símbolos e do imaginário coletivo, estreitamente imbricados na história real dos soberanos e do povo. A história das mentalidades em voga desde os anos 1970 está aí no cerne da análise, e o desfile dos dirigentes e soberanos é visto por meio de toda uma simbologia do poder que eles manipulam com vistas aos seus interesses.

Mas por trás do recolhimento nas fronteiras nacionais, a história-batalhas tradicional, a história de Ernest Lavisse não está tão longe, como se pode perceber pela publicação surpreendente de *Histoire de France*, da Hachette, cujos dois primeiros volumes foram publicados no final de 1987 sob a direção de dois historiadores dos *Annales*, Georges Duby e Emmanuel Le Roy Ladurie. Os seguintes volumes também são escritos por historiadores da mesma escola: François Furet dedica o seu trabalho à Revolução Francesa e Maurice Agulhon trata da República. É surpreendente ver historiadores que até então se digladiaram com a escola positivista, dita historicista, pela qual nutriam o maior desprezo, voltarem à abordagem lavissiana da história. A França encontra seu começo. Todos se perdiam em conjecturas sobre as origens troianas, gaulesas ou francas, e descobre-se no milênio capetíngio que a França começa com Hugo Capeto em 987, há exatamente mil anos! Encontram-se as etapas das grandes crônicas da França cuja função é legitimar o poder real instalado a partir de uma nação-anunciação, verdadeira lenda dos séculos, como mostrou recentemente com justeza e minúcia a historiadora Suzanne Citron em seu último livro, *Le Mythe national* [*O mito nacional*].[51] Essa mitologia que enxerga a realidade por meio de uma fetichização da realidade nacional está hoje mais do que nunca ativa em toda uma corrente de revisão da história colonial. Essa corrente rompe radicalmente com o discurso terceiro-mundista que dominou nos anos 1960 e propõe uma nova leitura da página colonial da França. Visa isentar de culpa a metrópole e oferecer um balanço globalmente positivo do que é visto como contribuição dos colonizadores aos colonizados.

A recentíssima publicação de um grande afresco coletivo sobre a história colonial francesa[52] é sintomática dessa evolução. Trata-se de

---

51 Citron, *Le Mythe national*.
52 Meyer et al., *Histoire de la France coloniale*. (t.1: Des origines à 1914; t.2: 1914-1990).

uma história novamente centrada na metrópole colonial. É verdade que a obra ataca com justeza alguns mitos, alguns números exagerados, como o dos 45 mil mortos de Setif, na Argélia, em 1945, e aquilo que foi qualificado de "genocídio francês na Argélia", mas será essa uma razão suficiente para fazer o balanço global da colonização sem levar em conta sua dimensão ética, sua dimensão de exploração, de dominação e de desconhecimento do outro em sua alteridade?

Da história à memória

A referência à memória tornou-se hoje onipresente: O "tempo-memória", os "anos-memória" etc. Expressão de uma demanda social cada vez mais imperiosa ou imprecação para conferir mais humanidade à narrativa histórica? Os elos entre memória histórica e memória coletiva são difíceis de deslindar. Foi o sociólogo Maurice Halbwachs que teve o mérito de explorar esse novo conceito, publicando, em 1935, *Les Cadres sociaux de la mémoire* [*Os quadros sociais da memória*]. Halbwachs opõe termo a termo essas duas noções, que considera antinômicas. Segundo ele, o tempo da memória coletiva está ancorado na vida das pessoas, sendo real e múltiplo, enquanto o tempo da história é, ao contrário, abstrato e arbitrário, fora do tempo vivido. Em última análise, a história só começaria no ponto em que termina a tradição, "momento em que se extingue ou se decompõe a memória social". Embora Pierre Nora note da mesma maneira que se pode opor termo a termo as duas noções, discerne que até um período recente história e memória se confundiram mais ou menos em torno dos mitos de origens. O historiador, desde o cronista da Idade Média até Michelet e Lavisse, devia construir genealogias da legitimidade do grupo ao qual pertencia: "Ia-se da história à memória". Na França, a Terceira República e o papel importantíssimo desempenhado pelo *petit Lavisse* na edificação de uma consciência nacional e republicana constituem um tempo particularmente forte da funcionalidade desse modelo.

Assiste-se há algum tempo a uma subversão sob a pressão da história imediata, da mídia, que faz passar da memória à história. A proliferação das narrativas vividas contribui para essa subversão. Essa memória coletiva, indissociável dos lugares e das paisagens, que tendem a desaparecer, torna-se mais proliferativa à medida que a lembrança, desvinculada de seu suporte, é seriamente ameaçada. Assiste-se assim a uma fragmentação dos tempos da memória e a um interesse renovado pelos *Lugares de memória* que o empreendimento de Pierre Nora exprime bem: "A memória é um problema histórico recente, nosso problema". Esses lugares são tanto marcadores topográficos dos vestígios do passado quanto formas simbólicas de identificação coletiva, como se constata hoje com a voga comemorativa: "O lugar de memória supõe, para começo de conversa, a convergência de duas ordens de realidades: uma realidade tangível e apreensível, às vezes material, às vezes nem tanto, inscrita no espaço, no tempo, na linguagem, na tradição, e uma realidade puramente simbólica, portadora de uma história".[53] Pierre Nora faz o diagnóstico de um profundo remanejamento da consciência nacional na França. O fim da epopeia gaulliana fez a França sair do nacionalismo tradicional. Essa subversão não extinguiu realmente o sentimento nacional, mas transformou seus modos de expressão: "De afirmativo, o sentimento nacional tornou-se interrogativo. De agressivo e militar, tornou-se competitivo. De sacrificial, fúnebre e defensivo, fez-se hedonista, curioso e, diríamos, turístico. Sentia-se carnal, vivencia-se agora simbólico".[54] Esse momento memorativo modificou sensivelmente e pôs em crise as categorias propriamente históricas de espaço de experiência e de horizonte de expectativa, substituindo-o por uma solidariedade entre presente e memória de um passado cuja opacidade se tenta desvendar. Disso resulta um privilégio da categoria do presente, do instante, que é erigido em dossel sobre o panorama historiográfico. A outra consequência importante dessa subversão é uma reavaliação da noção de acontecimento, que é aprendida no âmago das metamorfoses a que a memória coletiva a submete. O acontecimento torna-se indissociável da trama das interpretações e de sua eficácia ao longo do tempo.

E tendo história, os memoriais são alvo dos jogos de interesses entre os diversos detentores do poder em busca de legitimação enraizada no passado. Todas as instituições contêm sua própria memória, verdadeira reconstrução histórica, que nunca é o simples registro do passado: é a fonte da identidade delas. A demanda social de memória acompanha os acontecimentos históricos. Assim, a queda do muro de

---

[53] Nora, *Les Lieux de mémoire*, v.1, t.3, p.20.
[54] Ibidem, p.30-1.

Berlim dá novo significado ao projeto, que remonta a 1980, de construção de um "museu histórico alemão" na Berlim ocidental. Aberto ao público em 22 de setembro de 1991, instalado no coração da Berlim histórica, sua natureza pós-nacional, que era intenção do projeto inicial, transforma-se de fato em símbolo da unificação alemã.

Uma das instituições mais importantes da reprodução da memória é a escola. Graças a essa função, a instituição escolar tem a finalidade de criar um elo social entre as três gerações. Essa memória transmitida modifica-se ao sabor dos imperativos atribuídos pelo Estado à sociedade. É uma memória sob influência. Paul Veyne mostrou[55] que o imperador romano monopolizou o evergetismo[56] para apropriar-se dos vestígios futuros da memória coletiva. Suzanne Citron, com *Le Mythe national*,[57] estabeleceu o elo entre a construção da identidade nacional e a transmissão de uma memória feita de lendas e heróis. A escola pouco aprende que a história ensinada não é "o" passado, mas um modo de ver o passado. Ainda é em grande parte herdeira da visão eurocêntrica e nacionalista do século XIX.

Para sair da história mitológica, cabe, portanto, fazer a história das manipulações da memória coletiva. Essa história que está por escrever-se exige a superação do estágio da simples descrição do acontecimento resultante da utilização das fontes, levando-se em conta as leituras sucessivas que atribuem um sentido sempre mutável aos diversos estágios constitutivos da memória coletiva. Esse trabalho de desmitologização foi empreendido por certo número de historiadores. Por isso, quando relata *O domingo de Bouvines*,[58] Georges Duby relativiza duplamente o acontecimento fundador, mostrando que a batalha em si se reduz a pouco e situando na temporalidade mais longa variações múltiplas da lembrança. Philippe Joutard abre o estudo historiográfico para o estudo da memória oral, que conserva pelos séculos a identidade coletiva dos habitantes de Cévennes em torno do acontecimento traumático da repressão aos camisardos.[59] Essa memória constitutiva

---

55 Veyne, *Le Pain et le cirque*.
56 Esse neologismo [fr. *évergétisme*], criado por Paul Veyne, designa os benefícios concedidos ao povo pelos notáveis das cidades gregas e pelos senadores e imperadores romanos. Também designa benefícios concedidos em geral. Àqueles que, no mundo antigo, beneficiavam desse modo as cidades era atribuído o cognome "evérgeta". (N. T.)
57 Citron, *Le Mythe national*.
58 Duby, *Le Dimanche de Bouvines*.
59 Joutard, *La Légende des camisards*.

de uma comunidade regional é cada vez mobilizada e transformada para reagir aos acontecimentos novos.

Henri Rousso dedicou-se ao estudo dos usos políticos do passado de Vichy.[60] Desenhando a evolução da lembrança de Vichy na memória coletiva francesa a partir de 1944, ele postulou a possibilidade de escrever uma verdadeira história da memória, desde que respeitado certo número de regras metodológicas. Essa abordagem inovadora modifica seriamente a própria noção de acontecimento histórico, pois este deixa de ser concebido em sua singularidade e em seu estreito quadro cronológico e passa a inserir-se numa temporalidade mais longa, dinâmica e carregada de significações.

A memória pluralizada, fragmentada, extravasa hoje por todos os lados o território do historiador. Importante instrumento dos elos sociais, da identidade individual e coletiva, ela está no cerne de uma questão essencial. Depois de ter sido instrumento de manipulação durante muito tempo, ela pode ser reinvestida numa perspectiva interpretativa aberta para o futuro, fonte de reapropriação coletiva, e não simples museografia desvinculada do presente. A memória, supondo a presença de um ausente, continuará sendo o ponto de união entre passado e presente, no difícil diálogo entre o mundo dos mortos e o dos vivos.

Essa noção de vestígio, pista, ao mesmo tempo ideal e material, é hoje o ponto de partida essencial do grande afresco dirigido por Pierre Nora, sobre os *lugares de memória*. Ela é esse elo indizível ligando o passado a um presente que se tornou categoria pesada na reconfiguração do tempo por intermédio de seus vestígios memoriais. Pierre Nora vê uma nova descontinuidade na escrita da história "que só pode ser chamada de *historiográfica*".[61] Essa ruptura redireciona nosso olhar e obriga a comunidade dos historiadores a revisitar de outro modo os mesmos objetos no que se refere aos vestígios deixados na memória coletiva por fatos, homens, símbolos, emblemas do passado. Esse desatar/reatar de toda a tradição histórica por esse momento memorativo que estamos vivendo abre caminho para uma história completamente diferente: "não mais os determinantes, mas seus efeitos; não mais as ações memorizadas nem mesmo comemora-

---

60 Rousso, *Le Syndrome de Vichy de 1944 à nos jours*.
61 Nora, *Les Lieux de mémoire*, v.1, t.III, p.26.

das, mas os vestígios dessas ações e o jogo dessas comemorações; não os acontecimentos em si mesmos, mas sua construção no tempo, o desaparecimento e a ressurgência de suas significações; não o passado tal como se passou, mas suas reutilizações permanentes, seus usos e abusos, sua pregnância sobre os presentes sucessivos; não a tradição, mas a maneira como ela se constituiu e transmitiu".[62] Esse vasto canteiro aberto sobre a história das metamorfoses da memória, sobre uma realidade simbólica ao mesmo tempo palpável e indeterminável, permite, por sua dupla problematização da noção de historicidade e da noção da memória, exemplificar esse terceiro tempo definido por Ricoeur como ponte entre tempo vivido e tempo cósmico. Constitui o campo de investigação daquilo que Koselleck qualifica como nosso espaço de experiência, ou seja, esse passado transformado em presente. Permite explorar o enigma da *passadidade*, pois o objeto de memória, em seu lugar material ou ideal, não se descreve como de simples representações, mas, como definiu Ricoeur, como "representância ou de lugar-tenência, significando com isso que as construções da história têm a ambição de ser reconstruções capazes de responder à solicitação de um cara a cara".[63] Ricoeur deseja, com essas palavras, dizer – e o projeto de Pierre Nora não está muito longe disso – que a *passadidade* de uma observação não é por si mesma observável, mas apenas memorável. Propõe de chofre a questão de saber o que constitui a memória. Insistindo no papel dos acontecimentos fundadores e em sua ligação com o relato como identidade narrativa, Ricoeur abre a perspectiva historiográfica atual, na qual o empreendimento de Pierre Nora se insere como monumento de nossa época.

---

[62] Ibid. p.24.
[63] Ricoeur, *Temps et récit*, t.3, p.228; Mongin, *Paul Ricoeur*, p.157.

2
Questões suscitadas pela pluralidade dos modelos interpretativos em ciências sociais: a guinada interpretativa[1]

As ciências humanas, redescobrindo a parte humana que as caracteriza, começam a sair do causalismo próprio das ciências experimentais. A construção de uma física social com base no modelo da física mecânica não parece mais viável. Isso se traduz, entre outras coisas, na busca de definição de um novo espaço, próprio para as ciências humanas, o espaço da sociologia, da história e da antropologia. É o caso, por exemplo, do laboratório da École des Hautes Études en Sciences Sociales (EHESS) de Marselha, dirigido por Jean Claude Passeron, que fala em nome dessas três disciplinas e defende uma epistemologia comum para todas elas. *Le Raisonnement sociologique* [*O raciocínio sociológico*][2] aparece assim como um manifesto de delimitação desses espaços comuns, apesar de seu título falsamente limitativo por lembrar simplesmente a especialidade acadêmica de seu autor, Jean-Claude Passeron. Essas três disciplinas fazem parte das categorias weberianas,

---
1 Conferência realizada em março de 1996 no Colóquio INRP sobre "conceitos – modelos – raciocínio".
2 Passeron, *Le Raisonnement sociologique*.

segundo as quais os objetos que elas estudam caracterizam-se pela singularidade da configuração histórica na qual eles estão implicados. Essa fenomenalidade impossibilita o intento de normatização nomológica que visava desindexar os contextos. As dêiticas são consideradas indissociáveis de sua contextualidade histórica. Weber opusera seus ideais-tipo às ilusões próprias ao objetivismo e ao naturalismo epistemológicos. Essas três disciplinas só podem produzir semissubstantivos próprios com um *status* misto entre a função heurística generalizadora e sua capacidade de traduzir uma situação singular. Jean-Claude Passeron adverte justamente contra as ilusões experimentalistas que alimentaram o sonho nomológico. Essa perspectiva parece fecunda, mas Jean-Claude Passeron, comedido, denuncia também aquilo que qualifica de "divagação hermenêutica",[3] por ele atribuída a um delírio interpretativo vulgar, em que há total desconhecimento da tradição de pensamento marcada pelo rigor de pensamento, exemplificado por Paul Ricoeur em todos os domínios. O espaço weberiano reivindicado por Passeron pertence, aliás, por inteiro a uma filiação hermenêutica. Corresponde a uma autonomia epistemológica das ciências sociais, que têm em comum com as ciências da natureza o postulado da existência da realidade, com a ambição empírica de explicá-la. Mas essa epistemologia se torna autônoma em relação a essas ciências da natureza em vista de sua impossibilidade de tratar os fatos sociais como coisas. As bases da historicidade foram definidas por Weber como não-reproduzíveis, porque marcadas por coordenadas espaçotemporais singulares. Estão abertas as posturas interpretativas que situam as ciências sociais no registro da plausibilidade.

No que se refere a essas três ciências humanas – história, sociologia e antropologia –, estamos diante daquilo que Anthony Giddens chama de dupla hermenêutica,[4] ou seja, o duplo processo de tradução e interpretação. Em primeiro lugar, as ciências humanas devem considerar que as representações das ações pelos atores são portadoras de um conhecimento pertinente. Em segundo, as próprias ciências humanas são disciplinas interpretativas. Esse duplo círculo hermenêutico tem um efeito de retorno na apropriação pelos atores e pelas instituições dos conhecimentos produzidos pelas ciências humanas, graças à ca-

---

3 Ibid., p.358.
4 Giddens, *Social Theory and Modern Sociology*.

pacidade ativa e reativa dos atores, o que Giddens qualifica de "atuação". Essa competência para a transformação descortina um horizonte pragmático, próprio do humano, comum à história, à sociologia e à antropologia, para os quais "a performatividade das representações é indissociável da atuação dos atores".[5] Embora o horizonte epistemológico seja pragmático, não se pode prejulgar o que vai acontecer. A previsão não passa de retrovisão. As ciências humanas são levadas a oscilar entre o porquê e o como.

A reviravolta do paradigma

O paradigma que dominou inconteste nos anos 1950-1975 foi o estruturalista. Caracterizava-se como paradigma crítico a partir de uma atrelagem constituída por uma disciplina-modelo – a linguística –, duas disciplinas-rainha – a sociologia e a etnologia –, e duas doutrinas de referência – o marxismo e o psicanalismo. Essa configuração das ciências sociais tinha expressão filosófica nos pensamentos da desconfiança, nas estratégias de desvendamento, com a ideia de que a verdade científica é acessível, porém oculta, velada. O que caracterizava então esse paradigma era o desenvolvimento de um pensamento do descentramento. As ciências humanas mais celebradas durante esse período eram as que tinham maior capacidade de expropriar a presença, a atestação do sujeito, e, em primeiro lugar, tudo o que dissesse respeito à ação, ao ato de linguagem, que constituíam oportunidades de realizar operações significantes. Nesse contexto, o estruturalismo permitia conjugar os efeitos do objetivo teórico de destituição do sujeito e a ambição de compreensão objetivante, com ambições científicas.

Em torno dos anos 1980, houve uma clara virada em direção a um novo paradigma, que foi marcado por uma organização intelectual completamente diferente, na qual o tema da historicidade é substituído pelo da estrutura. Esse novo período é caracterizado sobretudo pela "reabilitação da parte explícita e reflexiva da ação".[6] No entanto, não se trata de simples retorno do sujeito tal qual era visto outrora, na plenitude de sua soberania postulada e de uma transparência possível.

---

5 Olivier de Sardan, L'espace webérien des sciences sociales, *Genèses*, n.10, p.160, jan. 1993.
6 Gauchet, *Le Débat*, n.50, p.166, maio-ago. 1988.

Trata-se de um deslocamento da investigação para o estudo da consciência, mas de uma consciência problematizada graças a toda uma série de trabalhos como os da pragmática, do cognitivismo ou mesmo dos modelos de escolha racional. A postura consiste em poupar os fenômenos, as ações, aquilo que se mostre significativo para explicar a consciência dos atores. Trata-se de reencontrar contemporaneidades que deem sentido por terem caráter conexo, mas sem por isso proceder a reduções. Essa parte explícita e refletida da ação, que volta ao primeiro plano, tem o efeito de pôr a identidade histórica no centro das interrogações, dentro do contexto dos três objetos privilegiados pelo historiador: uma história política, conceitual e simbólica renovada.

Esse deslocamento em direção à parte explícita e refletida da ação é particularmente sensível na nova sociologia, que considera que muitos dos postulados do antigo modelo devem ser questionados, visto que ele malogra na explicação do agir social. Em primeiro lugar, a separação radical que põe o paradigma crítico entre competência científica e competência comum tem o efeito de não levar a sério as pretensões e competências das pessoas comuns, cujas manifestações eram consideradas expressão de uma ilusão ideológica. Em segundo, o paradigma crítico era animado por uma antropologia pessimista implícita, que via o interesse como único motivo de ação. O interesse desempenhou papel de alavanca em todos os intentos de elucidação e de denúncia das pretensões dos atores. Em terceiro, o paradigma crítico se assumia como gabarito de leitura global do social, considerando-se capaz de tornar inteligíveis as condutas de todos os indivíduos em qualquer situação. Em quarto, o paradigma funcionava de maneira pouco coerente porque se afirmava crítico, denunciando o caráter normativo das posições dos atores, suas ilusões, suas crenças, mas não revelava seus próprios fundamentos normativos. Finalmente, o elemento unificador das ciências humanas nos anos 1960 em torno do paradigma crítico foi o inconsciente: "Ele constitui, em sentidos aliás diferentes, a pedra angular da linguística, da etnologia, da sociologia e, de certo modo, da história, tal como foi desenvolvida na escola dos *Annales*".[7]

---

[7] Boltanski, *L'Amour et la justice comme compétences*, p.49-50.

A atual reviravolta do paradigma parte dessas críticas para reformular um programa de investigação que seja mais capaz de explicar elementos constitutivos da ação. Quando Luc Boltanski e Laurent Thévenot fizeram um estudo sobre os litígios, os "casos" coligiram um grande *corpus* heteróclito. O problema, do ponto de vista sociológico, era compreender que condições uma denúncia pública devia preencher para ser procedente. Esse trabalho exigia pôr em xeque uma das grandes divisões realizadas pelo paradigma crítico, a que opõe a ordem do singular à ordem do geral. Compreender o processo de generalização em vias de se realizar pressupõe levar a sério o dizer dos atores, reconhecer neles uma competência própria para analisar sua situação, o que foi determinante na ruptura com o paradigma crítico, pois é preciso renunciar à postura denunciadora e pôr-se à escuta dos atores. A nova sociologia foi levada, assim, a questionar, como já havia feito Bruno Latour e Michel Callon, a grande divisão entre o conhecimento científico e a normatividade,[8] entre o juízo de fato e o juízo de valor. O conhecimento ordinário, o senso comum é então reconhecido como repositório de saberes e de saber-fazer.

A etnometodologia contribuiu para esse deslocamento que consistiu em buscar semelhanças entre explicações científicas e as fornecidas pelos próprios atores. Essa abordagem possibilitou uma inversão decisiva que consistiu em fazer da própria crítica um objeto da sociologia. O antigo paradigma não podia tomar as operações críticas como objeto, uma vez que, apoiando-se numa separação radical entre fatos e valores, mantinha o sociólogo ao abrigo de qualquer intento crítico.

A prova do novo paradigma situa-se na pesquisa de campo, no plano empírico. Mas o questionamento das grandes divisões também permite reatar os laços entre filosofia e ciências humanas. O que se postula é a complementaridade entre esses dois níveis: as ciências humanas são vistas como a continuação da filosofia por outros meios, contribuindo para a realização do trabalho filosófico de constituição de uma gramática das ordens de justificação dos atores sociais. Essa nova orientação implica levar a sério a "guinada linguística" e dar grande atenção aos discursos sobre a ação, à narração, à transformação das ações em "enredo", mas sem fechar-se na discursividade. O pesquisador deve então restringir-se "a seguir os atores com a máxima

---

8 Latour, *Nous n'avons jamais été modernes*.

fidelidade possível em seu trabalho interpretativo... Leva a sério seus argumentos e as provas por eles aduzidas, sem procurar reduzi-las ou desqualificá-las opondo-lhes uma interpretação mais forte".[9] Para fazer esse trabalho, para evitar qualquer forma estabilizada de interpretação, a nova sociologia deve enveredar por certas trilhas, fazer investidas no campo da filosofia analítica, da pragmática, do cognitivismo, da filosofia política, domínios estes conexos, caminhos cruzados que contribuem para trazer à tona um sentimento de unidade em torno da atual mudança para um novo paradigma. Este pode ser qualificado de paradigma interpretativo, uma vez que visa pôr em evidência o lugar da interpretação na estruturação da ação, revisitando toda a rede conceitual, todas as categorias semânticas próprias à ação: intenções, vontades, desejos, motivos, sentimentos... O objeto da sociologia passa, assim, do instituído ou instituinte, e assume os objetos do cotidiano, assim como as formas esparsas e variadas da socialidade.

A hermenêutica, tal qual concebida por Paul Ricoeur, consistindo em situar-se no âmago da tensão em geral, apresentada como alternativa entre explicação e compreensão, oferece um quadro de problematização particularmente fecundo para as ciências humanas. Num intuito dialógico, essa atitude permite explorar todas as potencialidades desses dois polos, evitando apresentá-los como expressão de uma dicotomia insuperável entre o que seria da alçada das ciências da natureza (explicação) e o que conviria às ciências do espírito (compreensão). Embora essa grande divisão seja recusada por Ricoeur, nem por isso ele vai buscar em Dilthey e Husserl a orientação inicial de partir da vivência subjetiva, de sua conformação discursiva e de seu desdobramento horizontal no universo intersubjetivo próprio à comunicação. O mundo da vida ou o mundo vivido e os diversos procedimentos de subjetivação e de socialização possíveis constituem, portanto, a base de um trabalho que só podia ir ao encontro das ciências humanas quando estas se interrogam sobre o agir, ou seja, sobre o sentido que deve ser dado à prática social.

Ricoeur situa-se de permeio entre a vivência e o conceito. Explicar mais para compreender melhor, gosta ele de repetir para aqueles que o instam a escolher. O agir humano é então visto a partir dos interpretan-

---
9 Boltanski, *L'Amour et la justice comme compétences*, p.57.

tes internos, dos porta-vozes, como os chama Jacques Guilhaumou,[10] antes de ser retomado em nome de uma interpretação externa. Nesse caso a própria interpretação é constitutiva da ação. Ricoeur evita assim ceder às reduções do conceito, às ilusões dos sistemas, dos pensamentos exteriores, podendo, ao mesmo tempo, opor as mudanças de rumo necessárias para evitar a exaltação sem mediações do ego transcendental. Esse permeio corresponde perfeitamente à terceira via desesperadamente buscada, porém, hoje com mais sucesso, pelas ciências humanas, à cata daquilo que funda o elo social. Ricoeur situa-se exatamente num espaço intermediário entre o senso comum, cujas competências são reavaliadas (as mesmas que ontem eram relegadas à *ilusão* própria à *doxa*), e uma dimensão epistemológica que perdeu sua posição de preeminência. O conceito já não se opõe à vivência para desqualificá-la, e Paul Ricoeur empreende uma busca do sentido a partir de "mediações imperfeitas" numa "dialética inacabada" sempre aberta a atribuições novas de sentido. Essa abertura para a temporalidade, para a cadeia gerativa inscrita na trama da historicidade, opõe-se à absolutização da noção de divisão epistemológica, própria do paradigma estruturalista animado por uma pretensão cientificista.

À posição de preeminência implicada pela filosofia da desconfiança Paul Ricoeur opõe o longo caminho das condições de validação do discurso explicativo nas ciências sociais, "o caminho da hermenêutica da compreensão histórica!".[11] O enxerto hermenêutico no projeto fenomenológico pressupõe três trilhas, três mediações, em virtude das quais a busca eidética passa pelos signos, pelos símbolos e pelos textos: "Mediação pelos *signos*: com isso se afirma a condição originariamente *linguística* de toda a experiência humana".[12] A atenção para as formações discursivas não significa de modo algum fechar-se nos limites do texto, à maneira estruturalista. Em Ricoeur, ela é acompanhada pela superação da alternativa saussuriana entre língua e fala, apoiando-se na teoria da enunciação de Benveniste e na consideração da referência nos termos de Frege, a fim de reformular a questão no sentido. A tripla autonomia adquirida pelo discurso graças

---

10 Guilhaumou, Décrire la Révolution Française. Les porte-paroles et le moment républicain (1790-1793), *Annales, E.S.C,* n.4, 1991.
11 Ricoeur, *Du Texte à l'action*, p.328.
12 Ibidem, p.29.

à escrita em relação à intenção do locutor, à recepção e ao contexto de sua produção exerce sobre o projeto hermenêutico o efeito de dar "definitivamente fim ao ideal cartesiano, fichteano e, em parte também, husserliano de transparência do sujeito".[13]

Por outro lado, a referência não é a mesma dos positivistas, ela decorre de múltiplas reidentificações e designações; na intersecção das elaborações sucessivas, a referência é produto do trabalho da questão. À abordagem fisicalista usada durante tanto tempo nas ciências humanas Ricoeur opõe uma teoria tensiva, a do *conflito das interpretações*, que abre para uma pluralidade constitutiva da postura hermenêutica. A concepção de verdade daí resultante é uma concepção em tensão. A hermenêutica se desenrola segundo uma linha dupla: por um lado, a revelação do duplo sentido, do sentido oculto numa perspectiva de desmitologização, de redução das ilusões, e, por outro, ela participa de um resgate do sentido dado e atestado, da restauração de um sentido comunicado. Essa dualidade não permite concordância nem ecletismo. A unificação do conflito interpretativo representa uma violência que só pode desembocar em algum reducionismo empobrecedor. Essa concepção da verdade como tensão principial consiste em manter juntas a verdade epistemológica e a vontade ética de vida reta.

O primeiro gesto da hermenêutica é restabelecer a comunicação perdida em razão da distância temporal, espacial ou linguística, permitir reatar com uma compreensão desentendida: é o polo crítico dessa atitude que exige todo um trabalho de historicização e identificação que não deixa de lembrar a crítica interna e externa das fontes, tal como era entendida por Langlois e Seignobos em 1898, na sua *Introduction aux études historiques* [*Introdução aos estudos históricos*]. Trata-se de um momento, o do método, que permite lançar as pontes da comunicação com o outro além da distância que o torna estrangeiro para nós. Nesse primeiro nível, é a distância que põe o hermeneuta para trabalhar. Num segundo, ao contrário, a pertença é decisiva na definição daquilo que se chama círculo hermenêutico. O sujeito está sempre-já implicado por sua relação com o mundo no qual se encontra. Esse é o segundo nível da hermenêutica, o da ontologia, uma vez que a interpretação é parte integrante do próprio Ser. A consciência hermenêutica mantém-se, portanto, no âmago dessa tensão entre esses

---
13 Ibidem, p.31.

dois polos: o do movimento crítico, kantiano, de distanciação, que é o estágio das metas explicativas, e um movimento de compreensão, de pertença, que, a montante do texto ou da ação, vem reapropriar-se deles numa abertura para novos mundos possíveis. Esses três tempos da hermenêutica (crítico, ontológico e poético) correspondem aos três tempos definidos em *Temps et récit* por Ricoeur: o tempo a montante, com *mimese 1* (tempo da prefiguração); o próprio texto, com *mimese 2* (tempo da configuração); tempo a jusante do texto, com *mimese 3* (tempo da reconfiguração). Esses três tempos da interpretação abrem para um horizonte ético que oferece o quarto estágio a uma hermenêutica aberta para o agir: "Interpretar é imaginar um modo ou alguns modos possíveis exibidos pelo texto, é agir sobre esse mundo [...]. A hermenêutica faz-se então no espaço aberto diante do texto; ela desenvolve a sua possibilidade de ser. A verdade está a jusante dele".[14]

Da irredução à pluralidade

A divisão entre sujeito e objeto, com a posição de preeminência que ela implicava, dava a entender que as ciências humanas poderiam chegar a uma situação de encerramento do conhecimento na qual o sujeito poderia saturar o objeto com o envoltório de seu saber. Hoje o princípio de subdeterminação, originário de Duhem,[15] tornou-se o fundamento filosófico de um número crescente de estudos feitos em ciências humanas. Ele muda os rumos do questionamento e torna inútil qualquer tentativa de redução monocausal. Esse princípio encontra prolongamento em Bruno Latour, com sua noção de *irreduções*.[16] Tanto a montante quanto a jusante, o fechamento causalista remete a uma aporia, visto que só há provas singulares, não equivalências, mas traduções; por outro lado, na outra extremidade da cadeia, "nada em si é dizível ou indizível; tudo é interpretado".[17] E isso conduz a encarar a realidade em sua complexidade, composta de vários estratos, sem

---

14 Abel, Qu'est ce que s'orienter dans l'interprétation? In: Römer (Ed.), *L'Exégèse comme expérience de décloisonnement*, p. 7.
15 Duhem, *La Théorie physique, son objet, sa structure*. Textos apresentados por Brouzeng.
16 Latour, Irréductions. *Les Microbes*: guerre et paix.
17 Ibid., p.202.

prioridade evidente, tomada em hierarquias embutidas, que dão ensejo a múltiplas descrições possíveis.

A guinada interpretativa adotada pelos trabalhos atuais permite que não nos deixemos fechar na falsa alternativa entre uma cientificidade que remeteria a um esquema monocausal organizador e uma deriva estetizante. A reviravolta é particularmente espetacular na disciplina histórica, que, sob a influência da escola dos *Annales,* foi alimentada durante os anos 1960 e 1970 pelo ideal cientificista de encontrar a verdade última na ponta das curvas estatísticas e nos grandes equilíbrios imóveis de quantificados.[18]

Ora, a operação historiográfica (para retomar a expressão de Michel de Certeau) é complexa e mista, tornando caduco qualquer objetivismo, o que não quer dizer que ela rompe com o horizonte constituído desde sempre pela ideia de um contrato de revelação da verdade: "É um misto de ciência e ficção cuja narração só tem aparência de raciocínio, mas que nem por isso deixa de ser circunscrito por verificações e pela possibilidade de provas de falsidade".[19]

Michel de Certeau, retomando o discurso histórico em sua tensão entre ciência e ficção, era particularmente sensível ao fato de que ele é relativo a um lugar particular de enunciação; assim, ele é mediado pela técnica que o transforma numa prática institucionalizada, referível a uma comunidade de pesquisadores: "Antes de saber o que a história diz de uma sociedade, cabe, portanto, analisar como ela funciona nessas sociedades".[20] A prática histórica é, assim, inteiramente correlativa da estrutura da sociedade que desenha as condições de um dizer que não seja lendário, atópico, nem desprovido de pertinência. Já em 1975, Michel de Certeau ressaltava o fato de que a história é também uma escrita em dois planos: performativo, como lembra o título da própria trilogia publicada em 1974 sob direção de Pierre Nora e de Jacques Le Goff, *Faire de l'histoire* [*Fazer história*], e de espelho de uma realidade.

A escrita histórica não desempenha o papel de rito de sepultamento. Instrumento de exorcismo da morte, esta é por ela introdu-

---

18 Delacroix, La falaise et le rivage. Histoire du tournant critique. *Espaces Temps*, n.59-61, p.86-111, 1995.
19 Certeau, L'histoire, une passion nouvelle. Mesa-redonda com P. Veyne, E. Le Roy Ladurie, in *Magazine Littéraire*, n.123, p.19-20, abr. 1977.
20 Certeau, *L'Écriture de l'histoire*, p.78.

zida no próprio cerne de seu discurso; ela permite, simbolicamente, que uma sociedade se situe, dotando-se de uma linguagem sobre o passado. O discurso histórico fala-nos do passado para enterrá-lo. Segundo Michel de Certeau, ele tem a função de túmulo em dois sentidos: de homenagear os mortos e de participar da sua eliminação da cena dos vivos. A revisitação histórica tem, portanto, essa função de abrir para o presente um espaço próprio para marcar o passado, a fim de redistribuir o espaço dos possíveis. A prática histórica, então, está aberta por princípio a novas interpretações, a um diálogo sobre o passado aberto para o futuro, a tal ponto que se fala cada vez mais em "futuro do passado". Logo, ela não pode deixar-se encerrar numa objetivação fechada em si mesma.

Em meados dos anos 1980, Paul Ricoeur publica sua grande trilogia sobre a história.[21] Retoma e amplia a sua reflexão sobre os regimes de historicidade concebidos como terceiro tempo, terceiro discurso tomado como tensão entre a concepção puramente cosmológica do movimento temporal (tal como se vê em Aristóteles e depois em Kant), e uma abordagem íntima, interior, do tempo (como se vê em Agostinho e depois em Husserl). Entre o tempo cósmico e o tempo íntimo situa-se o tempo narrado do historiador. Este permite reconfigurar o tempo por meio de conectores específicos. Portanto, Paul Ricoeur situa o discurso histórico numa tensão que lhe é própria, entre identidade narrativa e ambição de verdade.

A escola dos *Annales* insistiu, já nos anos 1930, na afirmação de que o historiador constrói e problematiza seu objeto de pesquisas, projetando nele sua subjetividade. Mas não era para adotar o ponto de vista hermenêutico da explicação compreensiva. O grupo dos *Annales* tinha por alvo essencial a escola metódica. Tratava-se então, ao contrário, de afastar-se do sujeito para romper a narrativa historizante e fazer prevalecer a cientificidade de um discurso histórico renovado pelas ciências sociais. Para melhor mostrar já a ruptura epistemológica operada pelos *Annales,* seus iniciadores e discípulos pretenderam acabar com aquilo que se designava pejorativamente como história historizante: o acontecimento e seu relato. Houve um deslocamento de objetivos, uma reavaliação dos fenômenos econômicos nos anos

---

21 Ricoeur, *Temps et récit.* 1983-1985, t.1, 2, 3.

1930, e depois uma valorização das lógicas espaciais nos anos 1950. Fernand Braudel denunciou a brevidade do tempo associado ao ilusório em comparação com a permanência das grandes plataformas da geo-história, de longa duração. No entanto, como bem mostrou Paul Ricoeur, as regras da escrita histórica o impediram de voltar-se para a sociologia, pois a longa duração continua duração. Braudel, na qualidade de historiador, permanecia fiel às formas retóricas próprias da disciplina histórica. Contrariando suas proclamações tonitruantes, ele também prosseguia, em sua tese, a realizar um relato: "A própria noção de história de longa duração deriva do acontecimento dramático [...] ou seja, do acontecimento transformado em enredo".[22] É verdade que um enredo cujo tema já não é Felipe II, porém o Mediterrâneo, é um enredo de outro tipo, mas não deixa de sê-lo. O Mediterrâneo representa quase uma personagem cujo último momento de glória foi o século XVI, antes de se assistir à guinada rumo ao Atlântico e à América, período durante o qual o Mediterrâneo sai da grande história. A formação do enredo impõe-se, portanto, a todo historiador, mesmo àquele que mais se afasta da narrativa clássica do factual político-diplomático.

A narração constitui, pois, a mediação indispensável para fazer obra histórica e assim ligar o espaço de experiência com o horizonte de expectativas de que fala Koselleck: "Nossa hipótese de trabalho equivale, pois, a tomar a narrativa como guardiã do tempo, uma vez que não haveria tempo pensado que não fosse narrado".[23] A configuração do tempo passa pela narração do historiador. Assim vista, ela se desloca entre um espaço de experiência que evoca a multiplicidade dos percursos possíveis e um horizonte de expectativa que define o futuro tornado presente, não redutível a simples derivada da experiência presente: "Assim, esse espaço de experiência e o horizonte de expectativas fazem mais do que opor-se polarmente; eles se condicionam mutuamente".[24] A construção dessa hermenêutica no tempo histórico oferece um horizonte não mais tecido apenas pela finalidade científica, mas estendido para um fazer humano, um diálogo por ser instituído entre as gerações, um agir sobre o presente. É nessa perspectiva que

---

22 Ibid., 1983, t.1, p.289.
23 Ibid., 1985, t.3, p.435.
24 Ibid., p.377.

convém reabrir o passado, revisitar suas potencialidades. Recusando a relação puramente antiquária com a história, a hermenêutica histórica visa "tornar nossas expectativas mais determinadas e nossa experiência mais indeterminada".[25] O presente reinveste o passado a partir de um horizonte histórico desligado dele e transforma a distância temporal morta em transmissão geradora de sentido. O vetor da reconstituição histórica encontra-se então no cerne do agir, do presentificar que define a identidade narrativa em sua dupla forma de mesmidade (Idem) e de individualidade (Ipseidade). A centralidade da narrativa relativiza a capacidade da história de encerrar seu discurso numa explicação fechada sobre mecanismos de causalidade.

O acontecimento exige, portanto, um novo olhar, parecido ao modo como Paul Valéry definia, no Collège de France, em 1937, a ciência das condutas criativas, a poiética. É essa abordagem poiética da história que René Passeron preconiza, ou seja, a atenção particular à atividade criativa como singularidade individual ou coletiva: "Quem negará que as mudanças de concepção, nas ciências (entre as quais a história), nas artes, nos costumes, nas religiões, nas filosofias, são devidas à centelha de um acontecimento imprevisto?".[26] Acreditando-se no prefácio à sua *História da França*, foi na verdade o clarão de julho de 1830 que suscitou em Jules Michelet sua paixão histórica num sentido quase crístico. A centelha necessária é, aqui, aquela que arromba; ela se situa do lado do risco, do rasgo temporal, do começo de uma aventura nova. Esse caráter de sucedimento reabre o horizonte do futuro para a imprevisibilidade. E introduz a incerteza nas projeções provisórias: "A abertura para as surpresas futuras introduz um vão na perspectiva".[27]

Essa abordagem criacionista da história implica o questionamento da distância instituída pela maioria das tradições historiográficas entre um passado morto e o historiador encarregado de objetivá-lo. Ao contrário, história é recriação, e o historiador é o mediador, o conduto dessa recriação. Ela se realiza no trabalho do hermeneuta que lê o real como uma escrita, cujo sentido se desloca ao longo do tempo

---
25 Ibid., p.390.
26 Passeron, "Poïétique et Histoire", conferência proferida no Colóquio "Idées, Mentalités, Histoire", Universidade de Sfax, Tunísia, 9 maio 1992, publicada por *Espaces Temps*, n.55-6, p.103, 1994.
27 Ibid., p.105.

em razão de suas diversas fases de atualização. O objeto da história é então construção aberta para sempre pela sua escrita. A história é, portanto, inicialmente, acontecimento como inscrição num presente que lhe confere uma atualidade sempre nova, porque situada numa configuração singular. Ao historicismo Walter Benjamin já opunha a transposição de um modelo tomado à causalidade mecânica, no qual a causa de um efeito é buscada na posição de anterioridade imediata na cadeia temporal. Benjamin opunha a esse modelo cientificista "um modelo hermenêutico tendente à interpretação dos acontecimentos, ou seja, à elucidação de seu sentido".[28] O caráter de acontecimento, que está de volta, não é o mesmo que se encontra na escola metódica/positivista do século XIX, da história-batalha que, sem dúvida, tem mais virtudes do que leva a crer a imagem diabólica dela pintada pelos *Annales*, mas cujo trabalho de crítica interna e externa das fontes, absolutamente indispensável, se limitava na verdade ao estabelecimento puramente factual das fontes.

A orientação atual é bem diferente, pois privilegia a leitura dessas fontes no plano de sua significância; assim, as fontes nos falam de outra maneira. Interroga-se o fato seguindo as pegadas do sentido, como exemplificou Georges Duby ao tratar da famosa batalha de Bouvines.[29] Fernand Braudel estava, portanto, errado ao querer encerrar o acontecimento na duração breve. Denunciava seus "vapores enganosos" e afirmava que "a ciência social quase sente horror ao acontecimento. Não sem razão. O tempo breve é a duração mais caprichosa e enganadora".[30] Ao contrário, a duração longa, erigida então em causalidade estrutural, oferecia-se como infraestrutura cujo núcleo se situa na geo-história de ritmo geológico, que esvazia progressivamente a dimensão humana da história. Essa tendência a rechaçar o acontecimento acentuou-se nos anos 1970 com os herdeiros diretos de Braudel. Le Roy Ladurie não falava então de história quase imóvel, mas de história imóvel: "A escola (*Annales*) é feita à imagem das sociedades que estuda: lenta. Ela define sua própria duração no longo

---

28 Mosès, *L'Ange de l'histoire*, p.161.
29 Duby, *La Dimanche de Bouvines*.
30 Braudel, Histoire et sciences sociales: la longue durée. *Annales, E.S.C*, n.4, p.725-53, out.-dez. 1958. (Transcrito em *Ecrits sur l'histoire*, p.46).

prazo do nosso século [...] é testemunha de uma notável indiferença para com os fenômenos que ocorrem na superfície".³¹

Mesmo não vendo contradição entre essas grandes plataformas de história fria e sua própria concepção epistemológica favorável a uma concepção descontinuísta de história das ciências, inspirada em Bachelard e Canguilhem, Michel Foucault contribuiu muito para o retorno do acontecimento. Sua crítica radical à temporalidade continuísta, à absolutização e à naturalização dos valores chamou a atenção para as cesuras próprias ao espaço discursivo entre epistemes separadas por linhas de falha que não permitem mais realinhavar falsas constâncias ou permanências ilusórias: "É preciso despedaçar aquilo que permitia o jogo constante dos reconhecimento!".³² Michel Foucault dizia-se um positivista "feliz", que praticava a fuga nietzschiana às pesquisas em termos de causalidade ou de origem e, ao contrário, apegava-se às descontinuidades, ao descritivo das positividades materiais, à singularidade do acontecimento: "A história efetiva faz ressurgir o acontecimento naquilo que ele pode ter de único e agudo".³³

Entre os historiadores, na contramão da voga da duração longa, Pierre Nora anuncia bem cedo, já em 1972, "o retorno do acontecimento".³⁴ Ele entrevê esse "retorno", que tem o perfume da velha geração de historiadores positivistas, na mídia. Ser é ser visto, e, para isso, todos os diversos canais da mídia tornaram-se senhores e até monopolizadores da produção dos acontecimentos. A imediatez torna mais fácil a decifração do acontecimento, pois ela atinge de chofre, e mais difícil porque ela comunica de chofre. Essa situação paradoxal, segundo Pierre Nora, exige um trabalho de desconstrução do acontecimento que o historiador deve fazer para entender de que modo a mídia produz o acontecimento.

Entre dissolução e exaltação, o acontecimento, segundo Ricoeur, sofre uma metamorfose inerente à sua retomada hermenêutica. Reconciliando abordagem continuísta e descontinuísta, ele propõe distinguir três níveis de abordagem do acontecimento: "1. o aconte-

---

31 Le Roy Ladurie, "L'histoire immobile", Leçon inaugurale au Collège de France, 30 nov. 1973. (Transcrito em *Le Territoire de l'historien*. t.2, p.14.)
32 Foucault, Nietzsche, la généalogie, l'histoire. In: *Hommage à Hyppolite*, p.160.
33 Ibid., p.161.
34 Nora, *Communications*, n.18, 1972. (Transcrito com modificações em *Faire de l'histoire*. Le Goff; Nora (dir.), 1974, t.I, p.210-28.)

cimento infrassignificativo; 2. ordem e reino do sentido, em última análise, não acontecimento; 3. emergência do acontecimento suprassignificativo, supersignificante".[35] O primeiro emprego corresponde simplesmente ao descritivo "daquilo que acontece" e provoca surpresa, uma nova relação com o instituído. Corresponde, aliás, às orientações da escola metódica de Langlois e Seignobos, de estabelecimento crítico das fontes. Em segundo lugar, o acontecimento é visto no interior de esquemas explicativos que o põem em correlação com regularidades, leis. Esse segundo momento tende a subsumir a singularidade do acontecimento ao registro da lei no qual ele se enquadra, a ponto de chegar aos limites da negação do acontecimento. Pode-se aí reconhecer a orientação da escola dos *Annales*. Ainda a esse estágio da análise deve suceder o terceiro momento, interpretativo, de retomada do acontecimento como emergência, mas dessa vez supersignificado. O acontecimento é então parte integrante de uma construção narrativa constitutiva de identidade fundadora (tomada da Bastilha) ou negativa (Auschwitz). O acontecimento que está de volta não é, portanto, aquele que foi reduzido pelo sentido explicativo, nem aquele infrassignificado que era exterior ao discurso. Ele mesmo engendra o sentido.

Os acontecimentos só são detectáveis a partir dos vestígios que deixam, discursivos ou não. Sem reduzir a realidade histórica à sua dimensão linguística, a fixação do acontecimento, sua cristalização, ocorre a partir de sua denominação. É o que mostram, numa perspectiva não essencialista, as pesquisas de Gérard Noiriel sobre a construção da identidade nacional. Ele constata, a propósito da imigração, que certos fenômenos sociais podem existir sem atingirem visibilidade. Constitui-se assim uma relação totalmente essencial entre linguagem e acontecimento, hoje amplamente considerada e problematizada pelas correntes da etnometodologia, do interacionismo e, evidentemente, pela abordagem hermenêutica. Todas essas correntes contribuem para lançar as bases de uma semântica histórica, e esta leva em consideração a esfera do agir e rompe com as concepções fisicalistas e causalistas. A constituição do acontecimento depende em grande parte da sua transformação em enredo. Este é a mediação que garante a materialização do sentido da experiência humana do tempo "em três

---

35 Ricoeur, Evénement et sens. *Raisons Pratiques*, n.2, 1991; *L'Événement en perspective*, p.51-2.

níveis: o de sua *prefiguração prática*, de sua *configuração epistêmica* e de sua *reconfiguração hermenêutica*".³⁶ A sua transformação em enredo desempenha o papel de operador, de inter-relacionamento de acontecimentos heterogêneos, e substitui a relação causal da explicação fisicalista.

A hermenêutica da consciência histórica situa o acontecimento numa tensão interna entre duas categorias meta-históricas distinguidas por Koselleck, a de espaço de experiência e a de horizonte de expectativa: "Trata-se de categorias do conhecimento capazes de ajudar a fundar a possibilidade de uma história".³⁷ Essas duas categorias permitem uma tematização do tempo histórico que se deixa ler na experiência concreta, com deslocamentos significativos como o da dissociação progressiva entre experiência e expectativa no mundo moderno ocidental. O sentido do acontecimento, segundo Koselleck, é, portanto, constitutivo de uma estrutura antropológica da experiência temporal e de formas simbólicas historicamente instituídas. Koselleck desenvolve, pois, "uma problemática da individuação dos acontecimentos que situa a identidade destes sob os auspícios da temporalização, da ação e da individualidade dinâmica".³⁸ Ele visa, portanto, a um nível mais profundo que o da simples descrição, atendo-se às condições de possibilidade do que tem caráter de acontecimento. Sua abordagem tem o mérito de mostrar o caráter operacional dos conceitos históricos, sua capacidade estruturante e ao mesmo tempo estruturada por situações singulares. Esses conceitos, em torno de experiência e expectativa, não são simples epifenômenos linguísticos opostos à história "verdadeira"; eles têm "uma relação específica com a linguagem a partir da qual influem sobre cada situação e acontecimento em que reagem".³⁹ Os conceitos não são redutíveis a nenhuma figura retórica nem constituem simples instrumento de classificação em categorias. Estão ancorados no campo da experiência do qual nasceram para subsumir uma multiplicidade de significações. Será possível afirmar, então, que esses conceitos conseguem saturar o sentido da história até permitir uma fusão total

---

36 Petit, La constitution de l'événement social. *L'Événement en perspective. Raisons pratiques*, n.2, p.15, 1991.
37 Koselleck, *Le Futur passé, contribuition à la sémantique des temps historiques*, p.308.
38 Quéré, Événement et temps de l'histoire, *L'Événement en perspective. Raisons pratiques*, n.2, p.267, 1991.
39 Koselleck, *Le Futur passé, contribuition à la sémantique des temps historiques*, p.264.

entre história e linguagem? Assim como Paul Ricoeur, R. Koselleck não chega até aí; ao contrário, considera que os processos históricos não se limitam à sua dimensão discursiva: "A história não coincide nunca perfeitamente com o modo como a linguagem a capta e a experiência a formula".[40] Como pensa Paul Ricoeur, é o campo prático que constitui o enraizamento último da atividade de temporalização.

Esse deslocamento da noção de acontecimento para a de seus vestígios e seus herdeiros provocou um verdadeiro retorno da disciplina histórica para si mesma, naquilo que se poderia qualificar de círculo hermenêutico ou virada historiográfica. Esse novo momento convida a seguir as metamorfoses do sentido nas mutações e deslizamentos sucessivos da escrita histórica entre o próprio acontecimento e a posição presente. O historiador interroga-se então sobre as diversas modalidades de fabricação e percepção do acontecimento a partir de sua trama textual. Esse movimento de revisitação do passado pela escrita histórica acompanha a exumação da memória nacional e reforça mais o atual momento memorativo. Por meio da renovação historiográfica e memorativa os historiadores assumem o trabalho de despedir-se do passado em si e dão sua contribuição para o esforço reflexivo e interpretativo atual nas ciências humanas.

A tentativa de sair da falsa alternativa entre valorização das estruturas e valorização dos acontecimentos ganha probabilidade de sucesso graças à descoberta de meios intelectuais que permitem superar essas falsas clivagens que até então inspiraram as ciências sociais. É essa a orientação das pesquisas em curso sobre o sentido do aparecer, ligado ao domínio do agir. Uma microssociologia da ação explora esse domínio da historicidade do cotidiano. Essa abertura para a questão do tempo na investigação sociológica foi favorecida quando se reformulou a questão da organização da experiência cotidiana.

Uma das fontes de inspiração da nova sociologia da ação situa-se em sua relação com a temporalidade, com a noção de acontecimento. Ela se abre então para uma perspectiva hermenêutica ao enfatizar o caráter eminentemente histórico da experiência humana: "O tempo, em primeiro lugar, já não é o abismo que deve ser transposto por separar e afastar: ele é, na realidade, o fundamento e o suporte do processo (*Gerscheben*) no qual o presente se enraíza. A distância

---
40 Ibid., p.195.

temporal, portanto, não é um obstáculo que deve ser superado. Na realidade, o que importa é ver na distância temporal uma possibilidade positiva e reprodutiva que se oferece à compreensão".[41] Ao contrário da concepção objetivista, é a pertença a uma tradição que possibilita a compreensão, e não a simples postura cientificista objetivante. Por outro lado, o trabalho hermenêutico não encara a distância histórica como uma desvantagem, mas, ao contrário, como um trunfo que facilita o conhecimento histórico porque, graças ao trabalho de decifração e de interpretação daquilo que ocorreu entre o próprio acontecimento e o presente a partir do qual ele foi estudado, permite enriquecer a nossa compreensão.

Foi a partir dessa fonte de inspiração que Louis Quéré considerou o estudo concreto do acontecimento constituído como acontecimento público. Atento à construção social do acontecimento, ele parte do pressuposto de que a identidade, a significação do acontecimento em vias de manifestar-se não é constituída *a priori*, mas corresponde a um processo emergente que se constrói na duração. Sem dúvida, a identidade do acontecimento acaba por estabilizar-se, mas sem nunca saturar-se, ficando aberta a interpretações sempre renovadas. Foi nessa perspectiva que Louis Quéré trabalhou no acontecimento que constituiu a profanação do cemitério de Carpentras. Esse acontecimento chamou especialmente sua atenção porque, segundo a descrição que dele se faz, é possível inseri-lo em campos semânticos absolutamente diferentes. Cada campo semântico possibilita explicações diferentes e possibilidades distintas de criação de um "enredo".

A crise do fundacionismo na sociedade moderna foi analisada por Max Weber, cujo diagnóstico equivale à constatação da perda do sentido comum confederativo, do desencanto de um mundo com os valores plurais, mundo que perdeu as bases religiosas que fundavam sua autoridade política. A atomização e a individualização progridem *pari passu* como uma racionalização que desmagifica, dessacraliza as imagens religiosas do mundo. Disso resulta uma perda de substância e de compreensão das representações. Essa constatação weberiana não implica, inelutavelmente, o diagnóstico que foi feito da conjuntura atual como era do vazio.[42] Ao contrário, como fez Jean-Marc Ferry,

---

[41] Gadamer, *Vérité et méthode*, p.137.
[42] Lipovetsky, *L'Ère du vide*.

pode-se considerar que esse trabalho de dissolvente da Razão conduz a uma elaboração reflexiva que formaliza a Razão sem ser sinônimo de vacuidade. O sentido está certamente muito menos visível, muito menos substancial, palpável e tangível, mas isso não quer dizer que esteja vazio. O sentido deve ser resgatado, segundo Jean-Marc Ferry,[43] por meio de uma nova contextualização. Assim, ele lança mão dos recursos da pragmática. A formação do sentido comum, dos processos de entendimento e de compreensão mútua define a singularidade das situações segundo o processo comunicacional. É reconhecendo a contextualidade dos recursos de sentido, as cadeias de pertinência que permitem o entendimento mútuo em situação, que se pode reconstituir o sentido de uma ação. São esses procedimentos que, para além de seu caráter formal, têm a capacidade de nos trazer um sentido comum substancial. Há algo de substancial que permite partir de uma base contextual para elaborar formações de compromisso e consenso.

Como dizia Raymond Aron: "É preciso devolver ao passado a incerteza do futuro". Essa necessária desfatalização leva o historiador a voltar-se para as situações singulares a fim de tentar explicá-las sem pressupor um determinismo *a priori*. Essa é a atitude preconizada pelo filósofo e membro do CREA, Alain Boyer. Sua crítica radical ao positivismo a partir das obras de Weber e de Popper apoia-se em vários eixos. Em primeiro lugar, contrariando o positivismo, ele considera que aquilo que não é científico nem por isso é desprovido de sentido, que a realidade observável não abrange todo o campo do real, tecido de zonas de sombra. Diante do modelo indutivista do positivismo, Alain Boyer propõe a hipótese popperiana do primado da teoria sobre a experiência que, apesar disso, continua desempenhando um papel crucial que consiste em pôr à prova as hipóteses. O único ponto de concordância entre as posições de Popper e o positivismo, segundo Alain Boyer, situa-se na defesa de uma epistemologia comum às ciências, mas essa unidade é considerada apenas de um ponto de vista metodológico, e não de um ponto de vista ontológico.

O que Alain Boyer retém da análise de Popper em matéria de estudo da noção de acontecimento é sobretudo a sua atenção à lógica das situações. O historiador deve formular o problema da natureza do

---

43 Ferry, *Les Puissances de l'expérience*. t.1. *Le Sujet et le verbe*; t.2: *Les Ordres de la reconnaissance*.

meio e o problema dos agentes em dado momento, o que permite criar hipóteses explicativas das ações em razão das tentativas de solução: "A análise situacional fixa como objetivo a explicação do comportamento humano como conjunto de tentativas de soluções de problemas".[44] Essa análise situacional apresenta-se como uma ecologia generalizada cujo objetivo é construir uma teoria das decisões. Ela pressupõe o postulado de que os agentes se determinam de maneira racional, o que não significa que sua ação remeta à Razão, mas simplesmente que é dirigida para um objetivo. A noção de situação não funciona como determinismo; ela não remete a nenhuma fixidez. Assim, a mesma montanha será vista de modos diferentes e até contraditórios pelo turista, pelo alpinista, pelo militar ou pelo agricultor. Por outro lado, as injunções situacionais são mais ou menos fortes sobre a ação humana. Como mostrou Popper, quanto mais aberta a sociedade, mais as disposições individuais podem desenvolver-se num grande campo de possibilidades. Essa indeterminação é essencialíssima para pensar as várias possibilidades nas escolhas dos agentes da história: "Explicar uma situação histórica equivale a mostrar suas potencialidades e a explicar por que as disposições dos agentes os levaram a agir de tal maneira que certas consequências dessas ações transformaram a situação de um modo que eles não podiam prever".[45] Essa abordagem implica, portanto, romper com as formas de determinismo em uso. A abordagem popperiana recusa qualquer teodiceia ou sociodiceia, logo qualquer forma de historicismo que pressuponha o desenvolvimento de leis históricas no tempo. Popper tem em vista a concepção essencialista da explicação histórica, segundo a qual o historiador poderia atingir descrições autoexplicativas de uma essência. Alain Boyer substitui essas leis que pretendem subsumir as situações históricas pela atenção dada à noção de intencionalidade, há muito negligenciada.

Os trabalhos de Jon Elster[46] e de Philippe van Parijs[47] nesse plano permitem formular a questão complexa da racionalidade individual, da intencionalidade. É o espaço dos possíveis que convém encontrar no passado, a fim de esclarecer as razões que levaram a esta ou

---

44 Boyer, *L'Aplication historique*, p.171.
45 Ibid., p.182.
46 Elster, *Le Laboureur et ses enfants*.
47 Van Parijs, *Le Modèle économique et ses rivaux*.

àquela direção escolhida. As injunções que pesam sobre a ação dizem respeito, em primeiro lugar, à situação que a possibilita ou não, ou seja, a injunção estrutural. Em segundo, são as regras, as normas e as convenções que orientam a escolha dos atores. A sociologia de Elster e de Van Parijs desperta interesse por introduzir um terceiro filtro, o da escolha racional, da motivação própria dos atores. O horizonte intencional permite levar em conta a noção de efeito inesperado e evitar assim o escolho do psicologismo. Encontra-se nesse nível a função atribuída por Popper à ciência social teórica, que teria por objetivo primeiro "determinar as repercussões sociais não intencionais das ações humanas intencionais".[48]

Representações e pluralidade memorativa

A centralidade da noção de representação é significativa da guinada em curso. Sem dúvida, ela não é realmente nova na prática histórica. Foi em grande parte utilizada nos anos 1970 como noção conexa, coadjuvante de uma história das mentalidades em pleno triunfo. No entanto, hoje adquire significado novo no momento em que a disciplina histórica, depois de seu momento de glória, parece ser a prima pobre da corrente cognitiva. Alguns atribuem isso à sua dimensão contingente, à sua inaptidão para transformar-se em verdadeira ciência. Outros entendem participar ativamente da mudança de paradigma em curso demonstrando que, ao lado das representações mentais individuais, as representações coletivas devem ser necessariamente historicizadas e constituem mesmo a melhor defesa contra qualquer tentação reducionista. O que está em jogo também com essa referência cada vez mais insistente ao mundo das representações é uma redefinição e certa distância crítica em relação à maneira como a escola dos *Annales* tratou das mentalidades nos anos 1970. Nesse sentido, Alain Corbin pode falar da "subversão das representações pela história".[49] Esse deslocamento foi definido por Roger Chartier num artigo

---

48 Popper, *Conjectures and Refutations*, p.342.
49 Corbin, Le vertige des foisonnements, esquisse panoramique d'une histoire sans nom, *Revue d'Histoire Moderne et Contemporaine*, v.36, p.117, 1992.

programático publicado em um dos números da revista dos *Annales*, dedicado à "guinada crítica".[50] Ele lembra que o terceiro nível, o das mentalidades, deu a oportunidade de abrir a história a novos objetos, mas segundo métodos já comprovados em história demográfica e econômica. Essa conjunção de métodos seriais e quantitativos eficazes, aplicados a objetos até então mais visitados por antropólogos e filósofos como o medo, a sexualidade e a morte, foi motivo de grande sucesso da disciplina histórica. No entanto, a história das mentalidades contentava-se de fato em transpor os métodos seriais para um outro campo de investigação em torno de uma noção deliberadamente vaga e abrangente como a de mentalidade. Disso resultava uma visão que atribuía prioridade à longa duração, ao recorte socioprofissional, à dicotomia postulada entre cultura de massa, popular, e uma cultura de elite, e à confiança absoluta no número, na série, desligada dos esquemas interpretativos e fonte de estilhaçamento de uma história cada vez mais esmigalhada.[51]

Roger Chartier registra três deslocamentos que marcaram recentemente a prática histórica. Em primeiro lugar, houve uma renúncia progressiva a um projeto de história total, articulada em torno de instâncias de determinações. Esse abandono multiplicou as tentativas de entrar no passado a partir de objetos mais particularizados: acontecimentos ou relatos de vida singulares, "considerando que não existe prática ou estrutura que não seja produzida pelas representações, contraditórias e defrontadas, por meio das quais os indivíduos e os grupos dão sentido ao seu mundo".[52] O segundo deslocamento vem da renúncia a considerar as singularidades territoriais como única repartição possível da pesquisa e substituí-las pela valoração das irregularidades. Em terceiro lugar, a transposição dos recortes socioprofissionais para o plano das mentalidades é questionado pelas últimas pesquisas nesse domínio, que mostram ser "impossível qualificar os motivos, os objetos ou as práticas culturais em termos imediatamente sociológicos".[53] Esses deslocamentos convidam a dar mais atenção ao processo de construção do sentido que se mostra resultante de um ponto de encontro entre

---

50 Chartier, Le monde comme représentation, *Annales, E.S.C.*, n.6, p.1505-20, 1989.
51 Dosse, *L'Histoire en miettes*.
52 Chartier, Le monde comme représentation, *Annales, E.S.G.*, n.6, p.1508, 1989.
53 Ibid., p.1509.

"mundo do texto" e "mundo do leitor", noções que Roger Chartier retoma de Paul Ricoeur, mas numa perspectiva especificamente histórica de restituição das práticas, dos suportes, das mentalidades concretas do ato de escrever e de ler. Roger Chartier situa o novo espaço de pesquisa no cruzamento entre uma história das práticas socialmente diferenciadas e uma história das representações que assume como objetivo explicar as diversas formas de apropriação. Essa pluralização das construções culturais põe em xeque um recorte puramente dualista, dominantes/dominados, utilizado até então como forma de tornar coerentes descrições estilhaçadas dentro da hierarquia socioprofissional. O questionamento da capacidade organizadora desses parâmetros de leitura atribui posição central às formas de apropriação.

Essa história das apropriações contribuiu fortemente para a redescoberta de Norbert Elias. A concepção de Roger Chartier acerca dessa história das apropriação deve muito a Michel de Certeau, que estudou as práticas cotidianas de apropriação caracteristicamente efêmeras, instáveis e sem lugar.[54] Roger Chartier cruza assim com as mesmas interrogações de Michel Foucault, sobretudo as de *Surveiller et punir* [*Vigiar e punir*], quando formula a questão de saber como explicar por meio do discurso práticas não discursivas. Essa noção de apropriação e sua autonomização em relação às categorizações sociais não deve, porém, redundar numa espécie de equivalência generalizada. Sair do esquema do reflexo em termos de posições de dominação não deve levar a esquecer que o poder de produzir, o poder de impor e de denominar as representações é desigualmente repartido, o que implica ligar os fenômenos de apropriação às práticas. Nesse aspecto, a história sociocultural exclusivamente articulada em torno das classificações socioprofissionais "viveu durante tempo excessivo numa concepção mutilada do social".[55] Ela não deu lugar a outras distinções tão pertinentes quanto às de sexo, ascendência, religião, território etc. Disso resulta a atenção dada às redes, atenção que se soma à de outras disciplinas como a sociologia ou a antropologia e que tem valor paradigmático: "Donde a necessidade de um segundo deslocamento que dirija a atenção às redes de práticas que organizam os modos, histórica e socialmente diferenciado, de relação com os textos"[56] a fim

---

54 Certeau, M. de. L'invention du quotidien, *Arts de Faire*, U.G.E., v.I, p.10-8.
55 Chartier, Le monde comme répresentation, *Annales, E.S.C.*, n.6, p.1511, 1989.
56 Ibid., p.1512.

de inverter a história social da cultura, convertendo-a em história cultural do social. Essa noção de redes permite sobretudo não esquecer que há variações históricas sensíveis, hierarquias sociais e indústrias culturais, sem, porém, reduzir o consumidor de cultura a uma espécie de ectoplasma, totalmente submetido a esses poderes. Assim, poderia ser restituída a dinâmica da luta das representações, as implicações das estratégias simbólicas em confronto. É nesse espírito que o conceito de representação pode ser fecundo, desde que seja concebido a partir de sua capacidade de articular o espaço dos possíveis dentro do qual se inserem as produções, as decisões, as intenções explícitas. Há toda uma série de injunções que, conforme se dizia em geral, determinavam, comandavam, refreavam a ação, estabelecendo entre elas uma relação mecânica de causalidade, enquanto seria preferível utilizar a expressão inscrições sociais que, não obstante desconhecidas pelos agentes, agem neles tanto quanto eles agem nelas.

No âmago da mudança de paradigmas da disciplina histórica, conforme análise de Marcel Gauchet, encontra-se a necessidade de o historiador compreender como o simbolismo age na sociedade. Esse novo campo de investigação deve ser descriptado pelo historiador a partir da repartição realizada entre a parte explícita e a parte inconsciente das representações. Em ruptura com o historicismo radical do período da história das mentalidades, a reativação das questões clássicas sob um novo ângulo da história das representações leva a postular estruturações profundíssimas da experiência que, aliás, possibilitam a história. Considerar que se pode ter acesso ao passado implica pensar que, além das variações, das mudanças e das rupturas entre a cultura de hoje e a cultura de ontem, existe algo que permite a comunicação entre elas, portanto, uma humanidade comum, o que Joëlle Proust chama de "tópica comparativa", que permite reencontrar, por exemplo, o sentido do belo em Platão ou qualquer outro valor cultural de uma sociedade que já não é a nossa.

A história das representações tem grandes probabilidades de renovar a história social, desde que não seja considerada um compartimento suplementar que viesse somar-se a um plano compartimentado que partisse do econômico em direção ao domínio das sensibilidades. É exatamente essa lógica hermenêutica que, após o sucesso inconteste da tradição durkheimiana e cientificista dos anos 1960, deve guiar a prática histórica. Equivale a situar a história na dependência da questão da compreensão do passado em relação à intersubjetividade entre o Mesmo e o Outro afastado no tempo, cuja estranheza se comunica conosco graças à humanidade comum. A reorientação da história social para a consideração do paradigma subjetivista leva a dar atenção à intencionalidade e a levar em conta a vivência. Toda a dimensão do sentimento torna-se objeto do historiador. Esta pareceu essencial a Gérard Noiriel em seus trabalhos de pesquisa histórica sobre a imigração.[57] Neles ele mostrou sobretudo até que ponto todo um universo de signos simbólicos pode funcionar numa comunidade, desde que em adequação com a vivência dos indivíduos.

Diante do fenômeno das crenças coletivas, o historiador pode retomar o conceito de "irredução"[58] utilizado por Bruno Latour e o de "competência" dos atores, extraído de Luc Boltanski e Laurent Thévenot. O crer torna-se ato nos recentes trabalhos históricos sobre as crenças. Ocorre a pergunta enigmática sobre o que é abrangido pelo fato de crer. Isso implica toda uma nova leitura dos arquivos, a partir da qual o historiador se pergunta como os rituais agem e produzem efeitos concretos na mente das pessoas. Segundo Marcel Gauchet, os historiadores são levados a traduzir para o plano do passado o programa heurístico definido por Claude Lévi-Strauss em seu artigo sobre "a eficácia simbólica".[59] O imperativo cognitivo pode contribuir com alguns esclarecimentos para sabermos em que consiste realmente essa eficácia simbólica e assim irmos além do simples descritivismo da escola cerimonialista americana. A crença é um campo de investigação essencialíssimo, segundo Marcel Gauchet. Ela permite formular um problema particularmente difícil quando não nos contentamos em falar de simples consciência mistificada. O historiador tenta então entender a crença como um crisol dos laços sociais a partir de sua articulação com a coerência das coletividades em questão.

Nesse campo, os historiadores italianos da *micro-storia*, Carlo Ginzburg, Edoardo Grendi, Giovanni Levi e Carlo Poni, desempenham

---

57 Noiriel, *Le Creuset français, histoire de l'immigration XIXᵉ-XXᵉ siècle*.
58 Latour, *Les Microbes*: guerre et paix, seguido de *Irréductions*.
59 Lévi-Strauss, L'efficacité symbolique, *Revue d'Histoire des Religions*, n.l, p.5-27, 1949. (Transcrito em *Anthropologie structurale*. p.205-26).

o papel de precursores. Atendo-se a estudos de caso, a microcosmos, valorizando as situações-limite de crise, dirigiram a atenção para estratégias individuais, para a interatividade, para a complexidade dos interesses e para o caráter imbricado das representações coletivas. Os casos de ruptura cuja história eles escreveram não são concebidos como uma caça à marginalidade, ao avesso, ao reprimido, mas como uma maneira chã de revelar a singularidade como entidade problemática definida pelo oximoro "exceção normal".[60]

Outra "escapada" das mentalidades, muito em voga hoje, é a preconizada por Pierre Nora, uma "escapada" pela memória. A principal razão dessa explosão memorativa vem da dissociação recente do par incestuoso história/memória, que, sobretudo na França, sempre funcionou numa relação especular. A memória nacional era de total incumbência de um Estado-Nação possuidor de uma história-memória cuja idade de ouro foi o momento lavissiano da Terceira República. Declinando de modos diferentes segundo o modelo romântico da exaltação metafísica e organicista numa França transformada em pessoa e exemplificada por Michelet, ou segundo o modelo metódico de uma crítica meticulosa das fontes históricas à Langlois e Seignobos, o esquema nacional realizava por inteiro a empresa historiadora e sua função identitária. O tempo da revista dos *Annales* constituiu, incontestavelmente, uma ruptura em relação a esse esquema, ao desenvolver a sua busca historiográfica dentro de outros moldes estruturantes, os das ciências sociais. Mas o esmigalhamento do discurso histórico, ademais de sua fecundidade e de sua faculdade de patentear novos objetos tão logo entronizados no "território do historiador", não podia ser satisfatório por muito tempo no que diz respeito aos fundamentos da função historiadora. Chegara o tempo dos "rendimentos decrescentes", segundo a expressão de Pierre Chaunu.

A escrita histórica induzida por essa nova relação com a memória exige que se revisite sob novo ângulo todo o passado. A noção central é a de vestígio, ao mesmo tempo ideal e material; ele é a mola essencial do intento de Pierre Nora. Constitui o elo indizível que liga o passado a um presente transformado em categoria pesada, na reconfiguração do tempo, por intermédio de seus vestígios na memória.

---

60 Grendi, Micro-analisi e storia sociale, *Cuaderni Siorici*, v.35, p.506-20, 1972.

Pierre Nora vê aí uma nova descontinuidade na escrita da história "que não se pode chamar de outro modo, senão *historiográfica*".[61] Essa ruptura inflete nosso olhar e obriga a comunidade dos historiadores a revisitar com outra atitude os mesmos objetos a partir dos vestígios deixados na memória coletiva por fatos, homens, símbolos, emblemas do passado. Esse desatar/reatar de toda a tradição histórica por tal momento memorativo que vivemos abre caminho para uma história completamente diferente: "não mais os determinantes, porém seus efeitos; não mais as ações memorizadas nem mesmo comemoradas, mas o vestígio dessas ações e o jogo dessas comemorações; não os acontecimentos por si mesmos, porém sua construção no tempo, o desaparecimento e a ressurgência de suas significações; não o passado tal como se passou, mas suas reutilizações permanentes, seus usos e seus abusos, sua pregnância sobre os presentes sucessivos; não a tradição, mas a maneira como ela se constituiu e transmitiu".[62] Esse vasto canteiro aberto sobre a história das metamorfoses da memória, sobre uma realidade simbólica ao mesmo tempo palpável e indeterminável, permite, por sua dupla problematização da noção de historicidade e da noção da memória, exemplificar esse terceiro tempo definido por Ricoeur como ponte entre tempo vivido e tempo cósmico.

O trabalho de desmitologização e de historicização da memória fora empreendido já nos anos 1960 por Georges Duby.[63] Numa coleção particularmente tradicional, "Trinta dias que fizeram a França", Duby relativizara duplamente o acontecimento fundador de Bouvines, mostrando que a batalha em si se reduzia a pouca coisa e ressituando-a numa temporalidade mais longa, a temporalidade das variações múltiplas de sua lembrança. O objetivo não é tanto saber o que realmente ocorreu no dia 27 de julho de 1214, pois "ninguém entenderá jamais em sua verdade total aquele turbilhão de mil atos imbricados que, na planície de Bouvines, se mesclaram inextricavelmente naquele dia, entre o meio-dia e as cinco horas da tarde".[64] Georges Duby deslocava então o olhar do historiador a fim de perscrutar melhor as diversas maneiras de pensar e agir. O mais importante é que o acontecimento

---

61 Nora, *Les Lieux de mémoire*, t.III, v.1, p.26.
62 Ibid., p.24.
63 Duby, *La Dimanche de Bouvines*.
64 Ibid., p.12.

era considerado ao mesmo tempo surgimento do inesperado e inscrição, vestígio na duração. Os limites de Bouvines já não são as de um ilustre Domingo, mas a sequência de suas metamorfoses, de suas permanências e omissões na memória coletiva. O objeto histórico torna-se então "o destino de uma lembrança dentro de um conjunto móvel de representações mentais".[65]

Naqueles mesmos anos 1970, Philippe Joutard fora um dos precursores de uma investigação sistemática da memória coletiva quando, assumindo o projeto de examinar os fundamentos do rancor que opunha persistentemente as duas comunidades de Cévennes, constatou que essa divisão na verdade só datava da segunda metade do século XIX. Joutard aventa a hipótese, que ele testa junto aos camponeses da região, de uma memória oral subterrânea, que dá início à primeira e verdadeira pesquisa histórico-etnográfica a partir de 1967. Essa pesquisa verifica a existência de uma tradição oral em torno do acontecimento traumático da revolta dos camisardos e de sua repressão, memória recalcada, porém enraizada: "Esse estudo espera ter mostrado que uma pesquisa historiográfica não pode ser separada de um exame das mentalidades coletivas".[66]

A memória pluralizada, fragmentada, extravasa hoje por todos os lados o "território do historiador". Importante instrumento dos elos sociais, da identidade individual e coletiva, ela está no cerne de uma questão essencial. Depois de ter sido instrumento de manipulação durante muito tempo, ela pode ser reinvestida numa perspectiva interpretativa aberta para o futuro, fonte de reapropriação coletiva, e não simples museografia desvinculada do presente. A memória, supondo a presença de um ausente, continuará sendo o ponto de união entre passado e presente.

Assim, multiplicam-se trabalhos a respeito das zonas sombrias da história nacional. Quando Henry Rousso trata do regime de Vichy, não é para fazer um repertório do que ocorreu de 1940 a 1944. Seu objetivo histórico começa quando Vichy já não é um regime político em exercício, mas mostra-se como sobrevivência das fraturas que engendrou da consciência nacional. É então que ele pode evocar "o

---

65 Ibid., p.14.
66 Joutard, *La Légende des camisards*, p.356.

futuro do passado".⁶⁷ Sua periodização utiliza explicitamente as categorias psicanalíticas, ainda que estas sejam manejadas de maneira puramente analógica. Ao trabalho de "luto" de 1944-1954 segue-se o tempo do recalque, depois o do retorno do recalcado, antes que a neurose traumática se transforme em fase obsessiva.

A guinada memorativa atual permite compreender melhor os fatores do comportamento humano. Nesse sentido, ele participa plenamente da guinada pragmática do conjunto das ciências sociais, até no objeto mais indefinido de que é dotada, ao mesmo tempo material e ideal, flutuante, sempre aberto a novas metamorfoses e a novas inversões de sentido. Seu objeto "furta-se constantemente a qualquer definição simples e clara".⁶⁸ Em vez de confinar-se no *status* de resíduo ilusório e mistificador de atores manipulados, a memória convida a levar a sério os atores e suas competências, e nos lembra de que ela muitas vezes comanda a história que se faz.

Tomado dentro de outra dialética, a da *arqué* e do *télos*, o regime de historicidade é atravessado por inteiro pela tensão entre espaço de experiência e horizonte de expectativa. Ricoeur recusa, nesse aspecto, o fechamento do discurso historiador que hoje se vê desenvolver-se numa relação puramente memorativa de retomada do passado, separado este de um futuro que de repente se tornou precluso. Pierre Nora, aliás, admite que nosso presente memorativo talvez não passe de um momento, de uma conjuntura intelectual, quando, em sua fase de conclusão dos sete volumes de *Les Lieux de mémoire,* ele afirma que essa tirania da memória talvez só dure certo tempo, "mas seria o nosso".⁶⁹

Além da conjuntura memorativa atual, sintomática da crise de uma das duas categorias meta-históricas – o horizonte de expectativa, ausência de projeto de nossa sociedade moderna –, Ricoeur lembra a função do agir, da dívida ética da história em relação ao passado. O regime de historicidade, sempre aberto para o futuro, sem dúvida já não é a projeção de um projeto plenamente pensado, fechado em si mesmo. A própria lógica da ação mantém aberto o campo das possibilidades. Nesse sentido, a noção de utopia, quando não é suporte de

---

67 Rousso, *Le Syndrome de Vichy.*
68 Rousso, La mémoire n'est plus ce qu'elle était, *Écrire l'Histoire du Temps Présent,* CNRS, p.105, 1993.
69 Nora, *Les Lieux de mémoire,* p.1012.

alguma lógica insensata, ainda pode exercer uma função libertadora capaz de "impedir que o horizonte de expectativa se funda com o campo de experiência. É o que mantém a separação entre esperança e tradição".[70]

Significaria isso que a perspectiva da história se limitaria a simples ecletismo de interpretações plurais, quebra-cabeça pós-moderno puramente eclético? Certamente não, desde que se mantenham juntas a função de identidade, de fidelidade, que a memória detém, e a busca de verdade própria da história. Essa história controversível e plural é hoje o imperativo na hora do diálogo que deve ser promovido entre culturas diferentes, tanto para construir um espaço comum (a Europa) quanto para valorizar certos universais em face dos diversos fundamentalismos. Nesse aspecto, a história, como lugar de controvérsias, como lugar privilegiado do conflito de interpretações, pode ter função terapêutica. Ela pode apoiar-se na conscientização recente de que existem diversos relatos possíveis das mesmas ações, dos mesmos acontecimentos. Nesse sentido, a história pode retroagir positivamente sobre a memória ao pôr a memória coletiva, nacional, em situação de abertura, de discussão, de controvérsia. Desse modo, ela permite que a memória não se recolha na fossilização da compulsão repetitiva e que se abra para a memória do outro.

O que está em jogo nessa guinada interpretativa, nessa abertura para um novo espaço dialógico é, além de problemas metodológicos, o questionamento recente das ciências humanas sobre esse enigma nunca resolvido do "estar junto", do elo social, sacrificado até hoje às diversas formas de reducionismo, seja em nome da determinação holista de grandes causalidades econômicas ou estatais, seja em nome da simples maximização do interesse individual, portanto de um utilitarismo generalizado. Parecemos estar entendendo melhor que os monocausalismos não conseguiram penetrar o enigma do elo social e que o pluralismo explicativo, a combinatória de modelos, a controvérsia de interpretações são mais apropriados aos objetos das ciências humanas. A via de acesso então não consiste mais na ilusão do caminho direto, mas sim em rumar por trilhas de múltiplas mediações, graças às quais os atores são vistos como atores munidos, insubstituíveis, portanto

---

70 Ricoeur, *Du texte à l'action*, p.391.

mais explícitos, mais refletidos. Por isso, a característica comum às pesquisas em curso é a consideração dessas múltiplas mediações imperfeitas que constituem o elo social e permitem superar a falsa clivagem entre holismo e individualismo metodológico: o texto com suas regras discursivas e com os diversos mecanismos de apropriação por parte dos leitores, o arquivo e sua eficácia, a memória em seus diversos procedimentos de efetivação, os objetos em ação, as convenções como processos regulamentados e flutuantes, a cognição local e distribuída, a enação... campos de trabalhos que arregimentam a nova antropologia das ciências, a nova sociologia da ação, as ciências cognitivas para a exploração das formas de acontecimentos autorreflexivos. Essa multiplicação de interpretadores, de mediações, confirma que já não está em questão o simples retorno de um sujeito transparente para si mesmo e senhor do sentido de sua ação.

3
Paul Ricoeur revoluciona a história[1]

O diálogo entre filosofia e história é particularmente difícil na França. O momento de interrogações e dúvidas por que os historiadores estão passando hoje poderá ser fértil se permitir lançar as bases de uma verdadeira interrogação acerca dos conceitos que eles utilizam. Nesse sentido, a consideração da reflexão de Paul Ricoeur sobre o tempo histórico é uma trilha pela qual o historiador precisa enveredar para entender melhor o que significa sua prática disciplinar. Essa reflexão é testemunha da inauguração de um novo momento de operação historiográfica: sua entrada na idade interpretativa.

À lógica dos grandes cortes, das rupturas fundadoras, conhecidíssimas dos historiadores, visto que cada geração, ao rechaçar a precedente, se apresenta como portadora de uma nova revolução copérnico-gali-

---

1 Este título pretende lembrar o título formulado por Paul Veyne a respeito de Michel Foucault: "Foucault revoluciona a história", mas não significa de modo algum a ruptura, a descontinuidade que Paul Veyne evidenciava na obra de Foucault. Ao contrário, remeteria mais à concepção de Hannah Arendt sobre a revolução: a de "retorno para...", de estender-se sobre o passado a partir do presente. Artigo publicado em *Espaces Temps*, n.59-61, 1995 e em *Cahiers de Recherche Sociologique* (*Quebec*), n.26, 1996.

leana, Paul Ricoeur sempre soube opor uma posição média que leva em conta a dupla polaridade da prática historiadora presa entre o estudo das condições do pensável e o próprio conteúdo desse pensável, entre o explicar e o compreender, entre a subjetividade e a objetividade, entre a narratividade e seu referente, entre uma arqueologia do saber e uma teleologia histórica, entre uma idiografia e uma nomotética.

Privilegiando as mediações imperfeitas, Paul Ricoeur propõe a longa trilha hermenêutica como caminho indispensável da compreensão histórica. Essa voz/via não foi realmente ouvida e seguida, pois representa uma escolha exigente que recusa os atalhos fáceis e os falsos dilemas. Paul Ricoeur atuava no campo da epistemologia histórica já em 1955.[2] Nos anos 1950 e 1960, assiste-se ao sucesso de uma tese fisicalista, objetivista, com o triunfo progressivo do estruturalimo,[3] que transformou profundamente a disciplina histórica no sentido de se dar atenção a plataformas cada vez mais imóveis, a um descentramento do homem, à valorização do que escapa à parte explícita da ação humana. O clima intelectual era então pouco favorável à acolhida das teses de Ricoeur sobre a história. O declínio dos grandes paradigmas unificadores, marxismo e estruturalismo, e a mudança de paradigma daí resultante[4] permitem finalmente levar em consideração a contribuição de Ricoeur, decisiva para o historiador. Não temos aqui a ambição de abarcar a imensa obra de Paul Ricoeur, nem que fosse em sua relação com a temporalidade, mas sim evidenciar o que pode ser sugestivo do lado extrafilosófico, do lado da disciplina histórica. Em suma, trata-se de captar a vitalidade potencial das orientações de Paul Ricoeur para os historiadores de formação e de traçar os caminhos de uma possível apropriação destas dentro de uma configuração marcada por maior preocupação interpretativa.

Esboço de debate

A publicação da trilogia *Temps et récit* entre 1983 e 1985 não podia deixar indiferente por muito tempo toda uma comunidade de

---

2 Ricoeur, *Histoire et vérité*.
3 Dosse, *Histoire du structuralisme*.
4 Gauchet, Changement de paradigme en sciences sociales?, *Le Débat*, n.50, p.165-70, maio--ago. 1988.

historiadores, apesar de na época ela estar muito satisfeita consigo mesma, acomodada no conforto do triunfo público da escola dos *Annales*, depois de rebatizada de "nova história", apresentando a natural tendência a rejeitar qualquer diálogo com a filosofia, em nome mesmo da profissão de historiador. O primeiro a discutir as teses de Ricoeur foi aquele espantoso franco-atirador, transgressor de fronteiras disciplinares, que era Michel de Certeau. Com a publicação do primeiro tomo de *Temps et récit*, ele participa de uma mesa-redonda com Jean Greisch, Pierre-Jean Labarrière e o próprio Paul Ricoeur. Michel de Certeau interroga Ricoeur sobre quatro pontos: a questão do discurso histórico como produção de um lugar institucionalizado, situado; o problema do eclipse do acontecimento e de sua correlação com registros diferentes por natureza; as relações entre narrativa e processo explicativo; e a intencionalidade histórica. Michel de Certeau dá destaque à multiplicidade das narrativas nas quais "o processo explicativo intervém como erosão, deslocamento, modificação do campo da narrativa social".[5] Embora ambos estivessem de acordo quanto à importância da narrativa, é perceptível a diferença de sensibilidade, no tópico escala das narrativas possíveis, entre Paul Ricoeur, que insiste no retorno das grandes narrativas, e Michel de Certeau, que se felicita pela multiplicação de narrativas atomizadas. Ricoeur, aliás, citara muito a obra de Certeau sobre a escrita histórica,[6] demonstrando seu desacordo na questão do paralelismo feito entre realidade histórica e alteridade radical, mas retomando em seus próprios termos "a noção de dívida".[7]

Esse debate sobre a operação historiográfica não repercutiu muito. Só alguns historiadores logo tiveram noção da importância da intervenção de Ricoeur no campo da história e discutiram suas teses. Éric Vigne e Roger Chartier participaram ativamente das jornadas dedicadas a Paul Ricoeur em junho de 1987, cujos trabalhos foram publicados num número especial de *Esprit*, dedicado a ele.[8] Éric Vigne registra o lugar de mediação central ocupado pelo enredo entre o acontecimento

---

5 Certeau, Débat autour du livre de Paul Ricoeur *Temps et récit*. Confrontations, *Cahiers Recherches-Débats*, p.24, 1984.
6 Id., *L'Absent de l'histoire*; *L'Écriture de l'histoire*.
7 Mongin, *Paul Ricoeur*, p.133.
8 *Esprit*, número especial dedicado a Paul Ricoeur, n.7-8, jul.-ago. 1988.

e a história em Ricoeur. A poética da narrativa elabora um terceiro tempo, o tempo histórico, este, por sua vez, mediador entre tempo vivido e tempo cósmico: "A história, nesse sentido, pertence à hermenêutica da experiência humana em sua dimensão temporal".[9] Ele reconhece em Ricoeur uma renovação dos termos do debate entre o explicar e o compreender, suscitado já no século XIX como alternativas. Ricoeur de fato mantém distância em relação à ilusão nominalista de compreensão imediata entre duas subjetividades, mas também da ilusão racionalista da explicação do texto pelo simples jogo de sua combinatória interna. Éric Vigne distancia-se, porém, de um ponto de vista hermenêutico que se situe no plano da generalização filosófica, ao passo que a prática historiadora é fundamentalmente plural pela construção de seus objetos e pelo encontro com seus leitores: "A história feita enredo não passa de uma resposta possível a uma busca de identidade que a antecipa, a excede e nunca se detém nela. No jogo da apropriação, poderá a hermenêutica então persistir em só querer limitar-se à intriga do texto?".[10]

Quanto a Roger Chartier, se faz questão de manifestar sua distância e a estranheza que sente como historiador, nem por isso deixa de considerar o livro de Ricoeur, *Temps et récit*, "como o mais importante publicado sobre história nos últimos dez anos".[11] O primeiro mérito de Ricoeur, segundo Roger Chartier, é romper com a tradição dos historiadores franceses que consiste em recusar as intervenções de filosofias da história, estranhas à prática histórica: "Ele aglutina certo número de obras históricas [...] para integrá-las numa reflexão filosófica sobre a história".[12] Ricoeur, ao contrário das intervenções habituais dos filósofos no terreno da história, atravessou as obras históricas de Braudel, Duby e Furet, para só citar alguns, sendo, portanto, um dos raros filósofos a não se contentar com metanarrativas sobre a história. Ele assimila assim o verdadeiro trabalho de pesquisa histórica. Outro mérito, na opinião de Roger Chartier, é Ricoeur demonstrar que o discurso historiador pertence à classe das narrativas e, por isso, situa-se, por um lado, numa relação de proximidade particular com a ficção e,

---

9 Vigne, L'intrigue mode d'emploi, *Esprit*, n.7-8, p.253, jul.-ago. 1988.
10 Ibid., p.256.
11 Chartier, Débat sur l'histoire, *Esprit*, n.7-8, p.258, jul.-ago. 1988.
12 Ibid., p.258-9.

por outro, na impossibilidade – ao contrário do que por muito tempo se acreditou nos *Annales* – de romper com a narrativa para construir um discurso puramente formalizável, nomológico. Embora a história seja narrativa, não é um tipo qualquer de narrativa. Com efeito, Ricoeur discute, mas não adota, as teses dos narrativistas americanos, alguns dos quais tentaram abolir qualquer distinção entre escrita de história e escrita de ficção. Ricoeur mantém a tensão interna à escrita histórica que com a ficção tem em comum as mesmas figuras retóricas, mas que também pretende ser sobretudo um discurso sobre a verdade, um discurso de representação de algo real, de um referente passado. Nesse sentido, diz Chartier: "Acredito que Ricoeur terá um espaço para todas as tentativas que visem articular a explicação histórica em torno da compreensão narrativa".[13] Roger Chartier, como os sociólogos, também está muito interessado num segundo ponto de encontro com Ricoeur, que é a centralidade da leitura. Erigida em paradigma, essa teoria da leitura está no cerne do projeto hermenêutico de Ricoeur, desenvolvido sobretudo em *Du texte à l'action* [*Do texto à ação*]. "O conceito que ele considera central, o da apropriação",[14] pode ser fonte de inspiração decisiva para os historiadores, a fim de entenderem como pode ser reconfigurada a experiência do tempo. Com a leitura, toca-se nas condições de uma hermenêutica da consciência histórica. É nesse ponto que Roger Chartier toma caminho diferente do de Ricoeur. Esse mundo dos textos, para Roger Chartier, historiador, não se refere o suficiente a formas de inscrição, a suportes produtores de sentido. Por outro lado, o leitor deve ser historicizado, e não apresentado como a encarnação de um universal abstrato, de um invariante a-histórico. Há nesse campo todo um processo de diferenciação sociológica e histórica dos leitores que convém realizar para delimitar suas competências e convenções diferentes. Mas sua crítica final no que tange à ausência de historicização em Ricoeur não é realmente fundamentada, visto que Ricoeur não teve a pretensão de substituir o historiador profissional, mas de estudar, como filósofo, as diversas configurações da narrativa histórica como lugares de efetivação da identidade narrativa, fonte "mediada" do conhecimento de si.

---

13 Ibid., p.261.
14 Ibid., p.262.

Um outro debate, organizado por François Hartog, ocorreu em junho de 1988 no *Centre de Recherches Historiques*, com a participação de Roger Chartier e Jacques Revel, em torno de Paul Ricoeur, respondendo às perguntas dos historiadores. O debate ficou nisso, confidencialíssimo, e sem vestígios escritos...

Uma objetividade incompleta

Paul Ricoeur mostrou, numa comunicação feita durante a realização das *Journées Pedagogiques*, jornadas pedagógicas de coordenação entre o ensino da filosofia e o da história, em 1952, que a história depende de uma epistemologia mista, de um entrelaçamento de objetividade e subjetividade, de explicação e compreensão. Dialética entre o Mesmo e o Outro, distante no tempo, confrontação entre a linguagem contemporânea e uma situação passada, "a linguagem histórica é necessariamente *equívoca*".[15] Levando em conta a necessária consideração do acontecimento, do contingente, assim como do estrutural, das permanências, Paul Ricoeur define a função do historiador, a justificação de seu intento como função de exploração daquilo que diz respeito à humanidade:

> Essa lembrança soa às vezes como um alerta quando o historiador é tentado a renegar sua intenção fundamental e a ceder à *fascinação da falsa objetividade* da história na qual só houvesse estruturas, forças, instituições, e não mais homens e valores humanos.[16]

Paul Ricoeur intervém, portanto, bem cedo no campo de trabalho do historiador para mostrar até que ponto este se situa em tensão entre a objetividade necessária de seu objeto e sua subjetividade própria. Bem antes que Jacques Rancière instasse à reconciliação do historiador com seu objeto, convidando-o a não ceder às sereias que o incitam regularmente à eutanásia,[17] Ricoeur não dizia coisa diferente. As próprias regras que presidem ao ofício de historiador esteiam sua demonstração, que, aliás, se apoia essencialmente na definição dada

---
15 Ricoeur, Objectivité et subjectivité en histoire, dez. 1952. (Transcrito em *Histoire et vérité*, p.30.)
16 Ibid., p.43.
17 Rancière, *Les Noms de l'histoire*.

por Marc Bloch: "Ofício de historiador: todos sabem ser esse o título que Marc Bloch apõe à sua *Apologie pour l'histoire* [*Apologia da história*]. Esse livro, infelizmente inacabado, contém, no entanto, tudo o que é preciso para lançar as primeiras bases de nossa reflexão".[18] Ricoeur rejeita a falsa alternativa que vai influir cada vez mais na operação historiográfica, entre o horizonte de objetivação, com sua ambição cientificista, e a perspectiva subjetivista, com sua crença numa experiência da imediação quanto à capacidade de proceder à ressurreição do passado. O objetivo é mostrar que a prática historiadora é uma prática em tensão constante entre uma objetividade para sempre incompleta e a subjetividade de um olhar metódico que deve desprender-se de uma parte de si mesmo clivando-se numa boa subjetividade, "o eu investigador", e uma subjetividade ruim, "o eu patético". Todo o esforço de Ricoeur, nesse campo como em outros, consiste em demonstrar que as vias de passagem da pesquisa da verdade são representadas por trilhas necessárias e rigorosas. A história procede por retificações ditadas pelo mesmo espírito "da retificação representada pela ciência física em relação à primeira organização das aparências na percepção e nas cosmologias que continuam suas tributárias".[19] O historiador está ao mesmo tempo em posição de exterioridade em relação a seu objeto, em razão da distância temporal que dele o afasta, e em situação de interioridade em virtude de sua intencionalidade de conhecimento. Ricoeur lembra as regras que governam esse contrato em torno da verdade, que, desde Tucídides e Heródoto, dirige toda investigação histórica e fundamenta sua metodologia. Esta constitui o primeiro estrato do trabalho de elaboração, o da tentativa de explicação. Nesse primeiro nível, a subjetividade de reflexão está empenhada na construção mesma dos esquemas de inteligibilidade.

Lucien Febvre já reivindicara a história como algo que está do lado do criado, do construído, em sua aula inaugural no Collège de France no início dos anos 1930. Ricoeur, nesse aspecto, dá provas de uma lucidez notável, mostrando que não cai no conto da infamação da escola metódica, contra a qual se constituiu a escola dos *Annales*, quando reivindica a ascese objetivista como estágio necessário: "Objetividade é precisamente isto: uma obra da atividade metódica. É por essa razão

---

18 Ricoeur, *Histoire et verité*, p.25.
19 Ibid., p.24.

que tal atividade recebe o belo nome de 'crítica'".[20] Não se pode deixar de pensar aqui na famosa *Introdução aos estudos históricos* de Langlois e Seignobos, cujas palavras-chave são crítica interna e externa das fontes. Em oposição ao ponto de vista de Michelet sobre a necessária ressurreição de um passado que passaria por uma verdadeira reencarnação no Outro, por uma imediação do emocional, Ricoeur privilegia a preocupação analítica de decomposição do passado em categorias de inteligibilidade, em séries distintas, à cata de relações causais, em deduções lógicas a partir da teoria. Nesse aspecto, a perspectiva é complementar entre explicação e compreensão: "A compreensão, portanto, não se opõe à explicação; é no máximo seu complemento e contrapartida".[21] Percebe-se, assim, até que ponto todos aqueles que apresentam a posição hermenêutica de Ricoeur como expressão de uma subjetividade selvagem estão, na melhor das hipóteses, em erro; na pior, em má-fé.

A incompletude da objetividade em história torna necessária uma participação forte da subjetividade em vários níveis. Em primeiro lugar, esta intervém por meio da própria noção de escolha, explícita ou implícita, mas em todo caso inevitável, do historiador quanto a seu ou seus objetos de análise. O historiador propõe um "juízo de importância"[22] que preside à seleção dos acontecimentos e de seus fatores. Na seleção feita prevalece a teoria situada a montante da observação. A subjetividade intervém, portanto, ao longo de toda a sua busca no tópico dos esquemas interpretativos que servirão de parâmetro de leitura. Em segundo, o historiador investe-se de subjetividade nos nexos de causalidade que põe em destaque, e, nesse plano, a prática historiográfica é no mais das vezes ingênua. Nesse aspecto, Ricoeur apoia-se no esforço metodológico de Fernand Braudel para dissociar causalidades de diversas ordens, mas desenvolverá sobretudo esse tema mais tarde em *Temps et récit*, na atenção dada à maneira como se desenvolve a narrativa histórica na qualidade de narração que contém esquemas de explicação. Em terceiro, a subjetividade em história insere-se na distância histórica que opõe o Mesmo ao Outro. O historiador tem a tarefa de traduzir, de denominar em termos contemporâneos o que já não é, o que foi outro.

---

20 Ibid., p.26.
21 Ibid.
22 Ibid., p.28.

Aí se choca com uma impossível adequação perfeita entre sua língua e seu objeto, o que o obriga a um esforço de imaginação para obter a transferência necessária para um outro presente que não é o seu e agir de tal modo que ele seja legível por seus contemporâneos. A imaginação histórica intervém, pois, como um meio heurístico de compreensão, e essa dimensão é hoje reivindicada por numerosos historiadores de formação, como ocorre particularmente com Georges Duby.[23] A subjetividade acaba então sendo a intermediária necessária para se ter acesso à objetividade. Por fim, uma quarta dimensão torna a subjetividade inevitável, é o aspecto humano do objeto histórico: "O que a história quer explicar e compreender em última análise são os *homens*".[24] De tal modo que, por meio da vontade de explicar, o historiador é movido pela vontade de encontrar-se com. O que anima sua preocupação com a veridicidade não é tanto compartilhar a fé daqueles cuja história ele relata, mas efetuar esse trabalho sobre o passado, no sentido quase psicanalítico de pôr-se em trabalho, para partir em busca do Outro numa transferência temporal que é também "um transporte para outra subjetividade".[25]

A constituição da objetividade em história para melhor captar o instrumental mental e o comportamento dos homens do passado é, portanto, o correlato da subjetividade em história. Desemboca numa intersubjetividade sempre aberta a novas interpretações, a novas leituras. A incompletude da objetividade em história permite deixar o debate sobre a herança histórica para as gerações futuras, numa busca indefinida de sentido. Mas não permite qualquer coisa, em razão da dissociação operada por Ricoeur entre o eu investigador, que deve ser exaltado, e o "eu patético", do qual é preciso separar-se. A objetividade em história passa então de suas ilusões lógicas para a sua necessária dimensão ética.

A história é uma hermenêutica

Essa lucidez precoce num momento fértil em reificações de todas as espécies e em ilusões cientificistas sobre um discurso histórico que

---
23 Duby, *L'Histoire continue*.
24 Ricoeur, *Histoire et verité*, p.31.
25 Ibid., p.32.

teria a capacidade de seguir o caminho das ciências da natureza foi possível porque Ricoeur se situou firmemente em sólida filiação hermenêutica. A partir de Schleiermacher, a hermenêutica saiu de seu horizonte regional, religioso, para dotar-se de um programa geral de elaboração de regras universais válidas, a fim de aproximar o que está longe, de superar a distância cultural, portanto de fazer progredir a compreensão do Outro. Mas é sobretudo com Dilthey que se realiza o projeto de Schleiermacher no plano de uma interrogação propriamente histórica. No momento em que Ranke e Droysen dirigem a atenção às ciências da natureza para conferir dimensão científica à história, Dilthey lhes opõe o horizonte da compreensão e distingue duas epistemologias: a que é própria ao mundo físico e a que diz respeito ao mundo psíquico. Dilthey procura fundamentar a história como conhecimento científico, superando a simples intuição, a partir da hipótese segundo a qual a vida, em seu brotar, produz formas que se estabilizam em diversas configurações, em normas que se aparentam naquilo que mais tarde Norbert Elias descreverá com o termo "configuração", e Max Weber com "tipo ideal". A hermenêutica, portanto, não está associada, nesse sentido, a nenhum psicologismo selvagem, como se acredita com excessiva frequência, mas a uma preocupação de captar a camada objetivada da compreensão. Ela diz respeito a uma reflexão sobre a histórica, sobre suas próprias condições de ser. Ainda que Dilthey chegue a uma aporia por ter subordinado demais o problema hermenêutico ao problema psicológico, nem por isso deixa de ter percebido "o nó central do problema, a saber, que a vida só capta a vida pela mediação das unidades de sentido que se elevam acima do fluxo histórico".[26]

Essa reflexão sobre o histórico será retomada mais tarde por Husserl, sobretudo em sua última fase, a da *Krisis*. O programa fenomenológico de Husserl, inflectido naqueles anos 1930 pelo curso trágico da história alemã, volta-se para a história como momento privilegiado de compreensão de nós mesmos. Mas o sentido procurado é interior, ponto de chegada de uma busca eidética, de um tempo imanente à própria consciência: "Como a história é *nossa* história, o sentido da história é nosso sentido".[27] A conexão, feita a partir da noção de inten-

---
26 Ricoeur, *Du texte à l'action*. p.87.
27 Id., *À l'école de la phénoménologie*, p.34.

cionalidade histórica, entre o processo de retenção e o de protenção permite a Husserl mostrar que o presente não se reduz a um instante pontual, mas comporta uma intencionalidade longitudinal "que garante a continuidade mesma da duração e preserva o Mesmo no Outro".[28] São então incluídas reformulações sucessivas e diferenças na continuidade temporal, e o presente é ao mesmo tempo o que vivemos e as previsões realizadas de um passado rememorado: "Nesse sentido, o presente é a efetivação do futuro rememorado".[29] Portanto, só se pode pensar em descontinuidade com base num fundo de continuidade que é o próprio tempo. Essa apropriação foi bastante ressaltada por Gadamer, cuja hermenêutica histórica rejeita as divisões abstratas entre tradição e ciências históricas, entre o curso da história e o saber sobre a história. A compreensão não provém de alguma subjetividade em posição de mestria, mas da "inserção no processo de transmissão em que medeiam constantemente o passado e o presente".[30] O projeto hermenêutico assume a tarefa de investir esse permeio entre familiaridade e estranheza que constitui a tradição. A descontinuidade que opõe nosso presente ao passado torna-se então um trunfo para o desenvolvimento de uma nova consciência historiográfica: "A distância temporal não é, pois, um obstáculo por superar [...]. Na realidade, o que importa é ver na distância temporal uma possibilidade positiva e produtiva dada à compreensão".[31] Foi essa exigência de pensar dentro da tensão entre exterioridade e interioridade, pensamento do fora e do dentro, que incitou Ricoeur a procurar superar diversas aporias da postura puramente especulativa em torno da temporalidade, assim como da abordagem reificante que se faz a esta.

Pensar na articulação da clivagem entre um tempo que deve aparecer e um tempo que é concebido como condição dos fenômenos é o objetivo da obra por ele publicada sobre história em meados dos anos 1980.[32] Paul Ricoeur retoma e amplia sua reflexão sobre os regimes de historicidade concebidos como terceiro tempo, terceiro discurso em tensão entre a concepção puramente cosmológica do movimento temporal e uma abordagem íntima e interior do tempo. À associação

---

28 Id., *Temps et récit*, p.53-4.
29 Ibid., p.68.
30 Gadamer, *Vérité et méthode*, p.130.
31 Ibid., p.137.
32 Ricoeur, *Temps et récit*.

feita por Platão entre o tempo e as revoluções dos corpos celestes, Aristóteles opõe uma dissociação entre, por um lado, a esfera das mudanças, localizável, própria do mundo sublunar, e, por outro, um tempo imutável, uniforme, simultaneamente o mesmo em todo lugar. O universo aristotélico é, portanto, subtraído ao tempo. Só que Aristóteles colide com o paradoxo de um tempo que não é movimento, mas para o qual uma das condições é o movimento: "Está claro, então, que o tempo não é nem movimento nem sem movimento".[33] Aristóteles não consegue estabelecer conexão entre o tempo medido pelo Céu, à maneira de um relógio natural, e a constatação de que as coisas e os homens sofrem a ação do tempo. Aliás, retoma em seus próprios termos o ditado segundo o qual "o tempo consome, e tudo envelhece sob a ação do tempo".[34] A essa vertente cosmológica do tempo opõe-se a vertente psicológica, íntima, segundo Santo Agostinho, que formula frontalmente a interrogação: "O que é tempo? Se ninguém me perguntar, sei; mas se alguém me perguntar e eu quiser explicar, já não sei".[35] Ele parte do paradoxo, segundo o qual, se o passado já não é, e se o futuro ainda não é, como entender o que pode ser o tempo? Santo Agostinho responde voltando-se para o presente, um presente estendido para uma temporalidade larga que engloba a memória das coisas passadas e a expectativa das coisas futuras: "O presente do passado é a memória; o presente do presente é a visão; o presente do futuro é a expectativa".[36] Portanto, para ele só há futuro e passado por meio do presente. Essa antinomia entre tempo cosmológico e tempo íntimo não é resolvida pela especulação filosófica, como mostra Paul Ricoeur ao retomar a confrontação que opõe dessa vez as teses de Kant e as de Husserl, redundando numa aporia comparável: "Fenomenologia e crítica só fazem empréstimos mútuos desde que se excluam mutuamente".[37]

Entre o tempo cósmico e o tempo íntimo situa-se o tempo contado do historiador. Ele permite reconfigurar o tempo por meio de conectores particulares. Paul Ricoeur situa, pois, o discurso histórico numa tensão que lhe é própria, entre identidade narrativa e ambição

---

33 Aristóteles, *Física IV* (219 a 2), apud Ricoeur, *Temps et récit*, t.3, p.26.
34 Ibid. (221 a 30-221 b 2), p.33.
35 Santo Agostinho, *Les Confessions*, p.264.
36 Ibid., cap.XX, p.269.
37 Ricoeur, *Temps et récit*, t.3, p.106.

de verdade. A poética da narrativa aparece como a maneira de superar as aporias da apreensão filosófica do tempo. Nesse aspecto, Ricoeur prefere a noção de refiguração à de referência, pois a questão é redefinir a noção mesma de "realidade" histórica a partir dos conectores próprios ao terceiro tempo histórico, no mais das vezes utilizados pelos historiadores de formação sem problematização. Entre esses conectores, encontram-se categorias familiares ao historiador: o de "tempo do calendário é a primeira ponte lançada pela prática historiográfica entre o tempo vivido e o tempo cósmico".[38] Ele se aproxima do tempo físico por ser mensurável e toma algo ao tempo vivido. O tempo do calendário "cosmologiza o tempo vivido" e "humaniza o tempo cósmico".[39] A noção de geração, que se tornou categoria essencial de análise hoje, desde os trabalhos de Jean-François Sirinelli, é considerada por Ricoeur uma mediação importante da prática historiográfica, que também permite, como mostrou Dilthey, encarnar essa conexão entre tempo público e tempo privado. A noção de geração permite atestar o débito, para além da finitude da existência, além da morte que separa os ancestrais dos contemporâneos. Há por fim a noção de vestígio, que adquiriu tal amplitude hoje em dia que Carlo Ginzburg concebe um novo paradigma diferente do paradigma galileano, por ele definido como o do vestígio indiciário.[40] Objeto usual do historiador, a noção de vestígio, materializado pelos documentos, pelos arquivos, nem por isso deixa de ser enigmática e essencial para a reconfiguração do tempo. Ricoeur vai buscar a expressão significância do vestígio em Emmanuel Levinas,[41] como desarranjo de uma ordem, que significa sem mostrar. Mas inclui também a noção de vestígio em seu lugar histórico. Essa noção é utilizada na tradição histórica há já muito tempo, pois é encontrada em Seignobos, assim como em Marc Bloch. Essa concepção de ciência histórica por vestígios corresponde à sua contrapartida referencial, numa ambivalência que resiste ao fechamento do sentido, pois o vestígio está imerso no presente ao mesmo tempo que é o suporte de uma significação que já não está lá.

---

38 Ibid., p.190.
39 Ibid., p.197.
40 Ginzburg, Traces, racines d'un paradigme indiciaire. *Mythes, emblèmes, traces*, p.139-80.
41 Levinas, La trace. *Humanisme de l'autre homme*, p.57-63.

Essa noção de vestígio, ao mesmo tempo ideal e material, é a mola essencial do grande afresco dirigido por Pierre Nora, *Les Lieux de mémoire* [Lugares de memória]. Constitui o elo indizível que liga o tempo por intermédios de seus vestígios memorativos. Pierre Nora vê uma nova descontinuidade na escrita da história "que não se pode chamar de outro modo, senão *historiográfica*".[42] Essa ruptura inflete nosso olhar e obriga a comunidade dos historiadores a revisitar com outra atitude os mesmos objetos a partir dos vestígios deixados na memória coletiva por fatos, homens, símbolos, emblemas do passado. Esse desatar/reatar de toda a tradição histórica por tal momento memorativo que vivemos abre caminho para uma história completamente diferente:

> Não mais os determinantes, porém seus efeitos; não mais as ações memorizadas nem mesmo comemoradas, mas o vestígio dessas ações e o jogo dessas comemorações; não os acontecimentos por si mesmos, porém sua construção no tempo, o desaparecimento e a ressurgência de suas significações; não o passado tal como se passou, mas suas reutilizações permanentes, seus usos e seus abusos, sua pregnância sobre os presentes sucessivos; não a tradição, mas a maneira como ela se constituiu e transmitiu.[43]

Esse vasto canteiro aberto sobre a história das metamorfoses da memória, sobre uma realidade simbólica ao mesmo tempo palpável e indeterminável, permite, por sua dupla problematização da noção de historicidade e da noção da memória, exemplificar esse terceiro tempo definido por Ricoeur como ponte entre tempo vivido e tempo cósmico. Constitui o campo de investigação daquilo que Reinhart Koselleck chama nosso espaço de experiência, ou seja, o passado que se tornou presente. Permite explorar o enigma da *passadidade*, pois o objeto de memória, em seu lugar material ou ideal, não se descreve como simples representações, mas, como definiu Ricoeur, como "representância ou de lugar-tenência, significando com isso que as construções da história têm a ambição de ser reconstruções capazes de responder à solicitação de um cara a cara".[44] Ricoeur deseja, com essas palavras, dizer – e o projeto de Pierre Nora não está muito longe disso – que a

---
42 Nora, *Les Lieux de mémoire*, t.III, v.1, p.26.
43 Ibid., p.24.
44 Ricoeur, Temps et récit, t.3, p.228, apud Mongin, *Paul Ricoeur*.

passadidade de uma observação não é por si mesma observável, mas apenas memorável. Propõe de chofre a questão de saber-se o que constitui a memória. Insistindo no papel dos acontecimentos fundadores e em sua ligação com o relato como identidade narrativa, Ricoeur abre a perspectiva historiográfica atual, na qual o empreendimento de Pierre Nora se insere como monumento de nossa época.

A tentativa dos *Annales,* nos anos 1970, de romper com a narrativa foi, segundo Ricoeur, ilusória e contraditória em relação ao projeto historiográfico. Sem dúvida, a escola dos *Annales,* mesmo admitindo que o historiador constrói, problematiza e projeta sua subjetividade no seu objeto de pesquisa, parecia *a priori* aproximar-se da posição de Ricoeur. Mas na verdade não era para adotar o ponto de vista hermenêutico da explicação compreensiva. Os *Annales* tinham como alvo essencial a escola metódica. Tratava-se, pois, ao contrário, de afastar-se do sujeito para romper a narrativa historizante e fazer prevalecer a cientificidade de um discurso histórico renovado pelas ciências sociais. Para evidenciar melhor a ruptura epistemológica operada pelos *Annales,* seus instigadores e discípulos pretenderam acabar com aquilo que se designava pejorativamente como história historizante: o acontecimento e seu relato. Houve um deslocamento de objetivos, uma reavaliação dos fenômenos econômicos nos anos 1930 e depois uma valorização das lógicas espaciais nos anos 1950. Fernand Braudel denunciou a brevidade do tempo associado ao ilusório em comparação com a permanência das grandes plataformas da geo-história, de longa duração. No entanto, como bem mostrou Paul Ricoeur, as regras da escrita histórica o impediram de voltar-se para a sociologia, pois a longa duração continua duração. Braudel, na qualidade de historiador, permanecia fiel às formas retóricas próprias da disciplina histórica. Contrariando suas proclamações tonitruantes, ele também prosseguia, em sua tese, a realizar um relato: "A própria noção de história de longa duração deriva do acontecimento dramático [...] ou seja, do acontecimento transformado em 'enredo'".[45] É verdade que um enredo cujo tema já não é Felipe II, porém o Mediterrâneo, é um enredo de outro tipo, mas não deixa de ser enredo. O Mediterrâneo representa quase uma personagem cujo último momento de glória foi o século XVI, antes de se assistir à guinada rumo ao Atlântico e à América, período

---

45 Ricoeur, *Temps et récit,* t.3, p.289.

durante o qual "o Mediterrâneo sai da grande história".⁴⁶ A formação do enredo impõe-se, portanto, a todo historiador, mesmo àquele que mais se afasta da narrativa clássica do factual político-diplomático.

A narração constitui, portanto, a mediação indispensável para fazer obra histórica e ligar o espaço de experiência com o horizonte de expectativa de que fala Koselleck: "Nossa hipótese de trabalho equivale, pois, a tomar a narrativa como guardiã do tempo, uma vez que não haveria tempo pensado que não fosse narrado".⁴⁷ Assim vista, a configuração histórica se desloca entre um espaço de experiência que evoca a multiplicidade dos percursos possíveis e um horizonte de expectativa que define o futuro tornado presente, não redutível à simples derivada da experiência presente: "Assim, esse espaço de experiência e o horizonte de expectativas fazem mais do que opor-se polarmente; eles se condicionam mutuamente".⁴⁸ A construção dessa hermenêutica no tempo histórico oferece um horizonte não mais tecido apenas pela finalidade científica, mas estendido para um fazer humano, um diálogo por ser instituído entre as gerações, um agir sobre o presente. É nessa perspectiva que convém reabrir o passado, revisitar suas potencialidades. Recusando a relação puramente antiquária com a história, a hermenêutica histórica visa "tornar nossas expectativas mais determinadas e nossa experiência mais indeterminada".⁴⁹ O presente reinveste o passado a partir de um horizonte histórico desligado dele. Transforma a distância temporal morta em transmissão geradora de sentido.⁵⁰ O vetor da reconstituição histórica encontra-se então no cerne do agir, do presentificar que define a identidade narrativa em sua dupla forma de mesmidade (Idem) e de individualidade (Ipseidade). A centralidade da narrativa relativiza a capacidade da história de encerrar seu discurso numa explicação fechada sobre mecanismos de causalidade. Ela não permite nem voltar "à pretensão do sujeito de dominar o sentido",⁵¹ nem renunciar à ideia de uma globalidade da história segundo suas "implicações éticas e políticas".⁵²

---

46 Ibid., p.297.
47 Ibid., p.435.
48 Ibid., p.377.
49 Ibid., p.390.
50 Ibid., p.399.
51 Ibid., p.488.
52 Ibid., p.489.

A atenção aos procedimentos textuais, narrativos, sintáticos, por meio dos quais a história enuncia seu regime de verdade, leva à adoção das conquistas dos trabalhos de toda a filiação narratologista que se desenvolveu sobretudo no mundo anglo-saxônico e ficou conhecida na França graças a Paul Ricoeur.[53] O desenvolvimento das teses narrativistas nutriu-se do *linguistic turn*, da crítica ao modelo nomológico e da consideração dada à narrativa como repositório de saber, como exposição de recursos de inteligibilidade. Os narrativistas permitiram, assim, mostrar a maneira como o modo da narrativa tem valor explicativo, no mínimo pelo emprego constante da conjunção subordinativa "porque", que abrange e funde duas funções distintas, a consecução e a consequência. Os elos cronológicos e os nexos lógicos são assim afirmados sem serem problematizados. Convém desimbricar essa palavra mágica, o "porque", de uso díspar. Foi esse trabalho, sobre as capacidades explicativas próprias da narrativa, que a corrente narrativista realizou. William Dray mostrou, já nos anos 1950, que a ideia de causa deve ser dissociada da ideia de lei.[54] Defendeu um sistema causal irredutível a um sistema de leis, criticando ao mesmo tempo os que praticam essa redução e os que excluem qualquer forma de explicação. Um pouco depois, Georg Henrik von Wright preconizava um modelo misto, baseado numa explicação chamada de quase causal[55] e considerada a mais apropriada à história e às ciências humanas em geral. As relações causais, segundo ele, têm estreita relação com seu contexto e com a ação nele desenrolada. Inspirando-se em trabalhos de Elisabeth Anscombe, ele privilegia as relações intrínsecas entre as razões da ação e a ação em si. Von Wright opõe então o nexo causal não lógico, puramente externo, que se refere aos estados de sistema, e o nexo lógico, que se refere às intenções e assume forma teleológica. O elo entre esses dois níveis heterogêneos situa-se nas características que configuram a narrativa: "O fio condutor, a meu ver, é o enredo, como síntese do heterogêneo".[56]

Arthur Danto, por sua vez, discerne as diversas temporalidades no interior da narrativa histórica e questiona a ilusão de um passado

---

53 Ricoeur, *Temps et récit*, t.1, p.173-246.
54 Dray, *Laws and Explanation in History*.
55 Wright, *Explanation and Understanding*.
56 Ricoeur, *Temps et récit*, t.1, p.202.

como entidade fixa em relação à qual só o olhar do historiador seria móvel. Distingue, ao contrário, três posições temporais inerentes à narração.[57] O domínio do enunciado implica já duas posições diferentes: a do acontecimento descrito e a do acontecimento em razão do qual ele é descrito. Cabe ainda acrescentar o plano da enunciação, que se situa em outra posição temporal, a do narrador. A consequência epistemológica de tal diferenciação temporal tem aparência de paradoxo da causalidade, pois um acontecimento ulterior pode trazer à tona um acontecimento anterior em situação causal. Por outro lado, a demonstração de Danto equivale a considerar indistintas explicação e descrição, sendo a história um contínuo, segundo expressão sua. Alguns foram ainda mais longe, como Hayden White,[58] na perspectiva de construção de uma poética da história, pressupondo que o registro do historiador não é fundamentalmente diferente do da ficção no que se refere à estrutura narrativa. A história seria, portanto, em primeiro lugar, escrita, artifício literário. Hayden White situa a transição entre narrativa e argumentação na noção de formação de enredo.

Paul Ricoeur está, portanto, muito próximo dessas teses. Aliás, admira duas conquistas nos narrativistas. Em primeiro lugar, eles demonstram que "contar é já explicar [...]. O 'um pelo outro', que, segundo Aristóteles, estabelece a conexão lógica da intriga, é então o ponto de partida obrigatório de toda discussão sobre a narração histórica".[59] Em segundo, à diversificação e à hierarquização dos modelos explicativos os narrativistas opuseram a riqueza dos elementos explicativos internos à narrativa. No entanto, apesar desses dois progressos na compreensão do que é um discurso historiador, Paul Ricoeur não segue as teses mais radicais dos narrativistas quando elas postulam a indistinção entre história e ficção. Apesar de sua proximidade, subsiste uma divisão epistemológica fundada no regime de veridicidade próprio ao contrato do historiador em relação ao passado. Nesse aspecto, ele compartilha a posição de Roger Chartier quando este afirma:

> O historiador tem a função de transmitir um conhecimento apropriado, verificado, dessa "população de mortos" personagens, menta-

---

57 Danto, *Analytical Philosophy of History*.
58 White, *Metahistory*: The Historical Imagination in Nineteenth-Century Europe.
59 Ricoeur, *Temps et récit*, t.1, p.251.

lidades, prêmio que constitui seu objeto. Abandonar essa pretensão, talvez desmedida mas fundadora, seria deixar o campo livre para todas as falsificações, para todos os falsários.[60]

Essa lembrança do contrato de veridicidade, que une o historiador a seu objeto desde Heródoto e Tucídides, é de primordial importância para quem se opõe a todas as formas de falsificação e de manipulação do passado. Não é contraditória com o fato de estar atento à história como escrita, como prática discursiva.

A atenção aos regimes de discurso implica voltar a essa zona de indeterminação para captar o modo como são fabricados os regimes de verdade e o estatuto de erro, o caráter incomensurável ou não das diversas asserções dadas como científicas. Ricoeur não adota, portanto, a tentativa desconstrutora de Michel Foucault e de Paul Veyne, que se inspira em Nietzsche e preconiza uma simples genealogia das interpretações que abranja os fatos históricos. Recusando ao mesmo tempo a tentação positivista e a tentação genealógica, Ricoeur lhes opõe uma análise da realidade histórica que ele situa "sob o signo da 'representância' para sublinhar seu duplo estatuto de realidade e ficção: uma função vicária de lugar-tenência".[61] Portanto, Ricoeur não se encerra num discurso fechado em si mesmo. À fórmula provocadora de Roland Barthes, segundo a qual "o fato sempre só tem existência linguística", ele opõe o que qualifica de "quadrilátero do discurso": o locutor, que toma a palavra singular como acontecimento; o interlocutor, que remete ao caráter dialógico do discurso; o sentido, que é o tema do discurso; e a referência, que remete àquilo de que se fala, a uma exterioridade do discurso.

O acontecimento e seu sentido

Entre dissolução e exaltação, o acontecimento, segundo Ricoeur, sofre uma metamorfose inerente à sua retomada hermenêutica. Reconciliando abordagem continuísta e descontinuísta, ele propõe distinguir três níveis de abordagem do acontecimento: "1. o aconte-

---

60 Chartier, *Le Monde*, 18 mar. 1993.
61 Ricoeur, Histoire et rhétorique, *Diogène*, n.168, p.25, 1994.

cimento infrassignificativo; 2. ordem e reino do sentido, em última análise, não acontecimento; 3. emergência do acontecimento suprassignificativo, supersignificante".[62] O primeiro emprego corresponde simplesmente ao descritivo "daquilo que acontece" e provoca surpresa, uma nova relação com o instituído. Corresponde, aliás, às orientações da escola metódica de Langlois e Seignobos, de estabelecimento crítico das fontes. Em seguida, o acontecimento é visto no interior de esquemas explicativos que o põem em correlação com regularidades, leis. Esse segundo momento tende a subsumir a singularidade do acontecimento ao registro da lei no qual ele se enquadra, a ponto de chegar aos limites da negação do acontecimento. Pode-se aí reconhecer a orientação da escola dos *Annales*. A esse segundo estágio da análise deve suceder o terceiro momento, interpretativo, de retomada do acontecimento como emergência, mas dessa vez supersignificado. O acontecimento é então parte integrante de uma construção narrativa constitutiva de identidade fundadora (tomada da Bastilha) ou negativa (Auschwitz). O acontecimento que está de volta não é, portanto, o mesmo que foi reduzido pelo sentido explicativo, nem aquele infrassignificado que era exterior ao discurso. Ele mesmo engendra o sentido: "Essa salutar retomada do *acontecimento supersignificado* só prospera nos limites do sentido, no ponto em que este malogra por excesso e por falta: por excesso de arrogância e por falta de captação".[63]

Os acontecimentos são discerníveis apenas a partir de seus vestígios, discursivos ou não. Sem reduzir o real histórico à sua dimensão linguística, a fixação do acontecimento, sua cristalização, efetua-se a partir de sua denominação. É o que mostram, numa perspectiva não essencialista, as pesquisas de Gérard Noiriel sobre a construção da identidade nacional. Ele constata, a propósito da imigração, que certos fenômenos sociais podem existir mesmo sem terem atingido visibilidade. Durante o Segundo Império havia já mais de um milhão de imigrantes que, segundo pesquisas de Le Play, eram assimilados sem problema nas regiões francesas sem serem percebidos como tais. Foi só nos anos de 1880 que a palavra "imigrante" passou a difundir-se realmente, a fixar-se e tornar-se acontecimento cheio de consequências ulteriores. Constitui-se, portanto, uma relação essencialíssima entre

---

62 Id., Événement et sens, *L'Événement en perspective. Raisons pratiques*, n.2, p.51-2, 1991.
63 Ibid., p.55.

linguagem e acontecimento, que é hoje amplamente tratada e problematizada pelas correntes da etnometodologia, do interactionismo e, evidentemente, pela abordagem hermenêutica. Todas essas correntes contribuem para lançar as bases de uma semântica histórica. Esta toma em consideração a esfera do agir e rompe com as concepções fisicalistas e causalistas. A constituição do acontecimento depende de sua transformação em enredo. Este é a mediação que garante a materialização do sentido da experiência humana do tempo "nos três níveis de: *prefiguração prática, configuração epistêmica* e *reconfiguração hermenêutica*".[64] O enredo desempenha o papel de operador, de criação de relações entre acontecimentos heterogêneos. Substitui a relação causal da explicação fisicalista.

A hermenêutica da consciência histórica situa o acontecimento numa tensão interna entre duas categorias meta-históricas detectadas por Koselleck, a de espaço de experiência e a de horizonte de expectativa. Essas duas categorias permitem uma tematização do tempo histórico que se deixa ler na experiência concreta, com deslocamentos significativos como o da dissociação progressiva entre experiência e expectativa no mundo moderno ocidental. O sentido do acontecimento, segundo Koselleck, é, portanto, constitutivo de uma estrutura antropológica da experiência temporal e de formas simbólicas historicamente instituídas. Koselleck desenvolve, pois, "uma problemática da individuação dos acontecimentos que situa a identidade destes sob os auspícios da temporalização, da ação e da individualidade dinâmica".[65] Ele visa, portanto, a um nível mais profundo que o da simples descrição, atendo-se às condições de possibilidade do que tem caráter de acontecimento. Sua abordagem tem o mérito de mostrar o caráter operacional dos conceitos históricos, sua capacidade estruturante e ao mesmo tempo estruturada por situações singulares. Esses conceitos, em torno de experiência e expectativa, não são simples epifenômenos linguísticos opostos à história "verdadeira"; eles têm "uma relação específica com a linguagem a partir da qual influem sobre cada situação e acontecimento em que reagem".[66] Os conceitos não são redutíveis a

---

64 Petit, La constitution de l'événement social, *L'Événement en perspective. Raisons pratiques*, n.2, p.15, 1991.
65 Quéré, Evénement et temps de l'histoire, *L'Événement en perspective. Raisons pratiques*, n.2, p.267, 1991.
66 Koselleck, *Le Futur passé, contribution à la sémantique des temps historiques*, p.264.

nenhuma figura retórica nem constituem simples instrumento de classificação em categorias. Estão ancorados no campo da experiência do qual nasceram para subsumir uma multiplicidade de significações. Será possível afirmar, então, que esses conceitos conseguem saturar o sentido da história até permitir uma fusão total entre história e linguagem? Assim como Paul Ricoeur, Koselleck não chega até aí; ao contrário, considera que os processos históricos não se limitam à sua dimensão discursiva: "A história não coincide nunca perfeitamente com o modo como a linguagem a capta e a experiência a formula".[67] Como pensa Paul Ricoeur, é o campo prático que constitui o enraizamento último da atividade de temporalização.

Esse deslocamento da noção de acontecimento para a de seus vestígios e seus herdeiros provocou um verdadeiro retorno da disciplina histórica para si mesma, naquilo que se poderia qualificar de círculo hermenêutico ou virada historiográfica. Esse novo momento convida a seguir as metamorfoses do sentido nas mutações e deslizamentos sucessivos da escrita histórica entre o próprio acontecimento e a posição presente. O historiador interroga-se então sobre as diversas modalidades de fabricação e percepção do acontecimento a partir de sua trama textual. Esse movimento de revisitação do passado pela escrita histórica acompanha a exumação da memória nacional e reforça mais o atual momento memorativo. Por meio da renovação historiográfica e memorativa os historiadores assumem o trabalho de despedir-se do passado em si e dão sua contribuição para o esforço reflexivo e interpretativo atual nas ciências humanas.

O presente em posição de preeminência

Dominado pela globalização das informações, em ritmo cada vez mais acelerado, o mundo contemporâneo passa por uma "extraordinária dilatação da história, por um surto de sentimento histórico de fundo".[68] Essa presentificação teve como efeito uma experimentação moderna da historicidade. Ela implicava a redefinição da noção de acontecimento como abordagem a uma multiplicidade de possíveis,

---

67 Ibid., p.195.
68 Nora, De l'histoire contemporaine au présent historique. In: IHTP (Institute d'Histoire du Temps Present). *Écrire l'histoire du temps présent*, p.45.

de situações virtuais, potenciais, e não mais como algo consumado em sua fixidez. O movimento apoderou-se do tempo presente até modificar a relação moderna com o passado. A leitura histórica do acontecimento já não é redutível ao acontecimento estudado, mas é vista em seu vestígio, situado numa cadeia de acontecimentos. Todo discurso sobre um acontecimento veicula, conota uma série de acontecimentos anteriores, o que confere toda importância à trama discursiva que os liga, formando um enredo. Como se pode calcular, a história do tempo presente não enceta apenas a abertura de um período novo, em que o que está muito próximo se mostra ao olhar do historiador. Ela é também uma história diferente, que participa das orientações novas de um paradigma buscado na ruptura com o tempo único e linear e que pluraliza os modos de racionalidade.

À história do tempo presente houve quem opusesse argumentos que comportavam certo número de obstáculos insuperáveis. Em primeiro lugar, a desvantagem da proximidade não permitiria hierarquizar de acordo com uma ordem de importância relativa a massa das fontes disponíveis. Segundo essa crítica, não se pode definir o que é histórico e o que tem caráter de epifenômeno. Em segundo, é censurada a utilização de um tempo truncado de seu futuro. O historiador não conhece a destinação temporal dos fatos estudados, dado que na maioria das vezes o sentido só se revela depois. A respeito, Paul Ricoeur, que inscreve sua intervenção no âmbito da defesa da legitimidade da história do tempo presente, chama a atenção para as dificuldades de uma configuração inserida na perspectiva da distância temporal curta. Preconiza distinguir, no passado recente, por um lado, o tempo inacabado, o devir em curso, quando dele se fala em meio à correnteza – "o que constitui uma desvantagem para essa historiografia é a considerável oportunidade de fazer previsões e conjecturas na compreensão da história em curso"[69] –, e, por outro, o tempo encerrado, o da Segunda Guerra Mundial, da descolonização, do fim do comunismo... e nesse aspecto o ano de 1989 torna-se uma data interessante de desfecho que permite configurar conjuntos inteligíveis depois de terminado certo ciclo. A essas desvantagens soma-se a lei dos trinta anos, que não permite o acesso imediato aos arquivos. É preciso ainda acrescentar a falta de distanciamento crítico que especifica a atitude historiográfica.

---

69 Ricoeur, Remarques d'un philosophe. In: *Écrire l'histoire du temps présent*, op. cit., p.38.

Mas a história do tempo presente também tem a capacidade de transformar vários desses inconvenientes em vantagens, como demonstra Robert Frank, sucessor de François Bédarida na direção do Institut des Hauts Travaux Pratiques (IHTP) até 1994.[70] O trabalho de investigação sobre o inacabado contribui para "desfatalizar" a história, para relativizar as cadeias causais que constituíam os parâmetros de leitura, o prato feito do historiador. A história do tempo presente é, nesse aspecto, um bom laboratório para romper o fatalismo causal. Por outro lado, ainda que seu manejo apresente problemas metodológicos sérios, o trabalho do historiador tem a possibilidade de passar pelo crivo dos testemunhos dos acontecimentos que ele analisa. Ele dispõe de fontes orais que são um trunfo certo, mesmo que estas devam ser tratadas com prudência e distância crítica, pois são "uma fonte sobre um tempo passado, e não, como numerosas fontes escritas, contemporâneas do acontecimento".[71] Essa interatividade, que põe o historiador diante de uma pesquisa de campo, à maneira do sociólogo, coloca-o em boa posição "para fazer uma história objetiva da subjetividade".[72]

Essa história do tempo presente terá contribuído para inverter a relação história/memória. A oposição tradicional entre uma história crítica situada ao lado da ciência e uma memória dependente de fontes flutuantes e em parte fantasistas está em vias de transformação. Enquanto a história perde uma parte de sua cientificidade, a problematização da memória leva a atribuir papel crítico à abordagem da noção de memória. As duas noções aproximaram-se, e o papel das fontes orais na escrita do tempo presente possibilita uma história da memória: "Erige-se a própria memória em objeto histórico".[73] Essa inversão tem valor heurístico, pois permite compreender melhor o caráter indeterminado das possibilidades abertas para atores de um passado que foi seu presente. A história do tempo presente modifica, portanto, a relação com o passado, sua visão e seu estudo. O historiador do tempo presente inscreve a operação historiográfica na duração. Ele não limita seu objeto ao instante. Deve fazer prevalecer uma prática

---

70 Frank, Enjeux épistémologiques de l'enseignement de l'histoire du temps présent. In: Institute Universitaie de formation des maîtres, *L'Histoire entre épistémologie et demande sociale*, p.161-9.
71 Ibid., p.165.
72 Ibid., p.166.
73 Ricoeur, Remarques d'un philosophe. In: *Écrire l'histoire du temps présent*, p.37.

consciente de si mesma, o que impede as ingenuidades frequentes diante da operação histórica.

Inscrito no tempo como descontinuidade, o presente é trabalhado por aquele que deve historicizá-lo com um esforço de apreensão de sua presença como ausência, do mesmo modo como Michel de Certeau definia a operação historiográfica.[74] Essa dialética é mais difícil de realizar por ser preciso proceder a um deslindamento voluntarista no que se refere à história do tempo presente, o que é mais natural quando se trata de tempo passado: "A questão é saber se, para ser histórica, a história do tempo presente não pressupõe um movimento semelhante de queda na ausência, de cujo fundo o passado nos interpelaria com a força de um passado que há pouco foi presente".[75] Percebe-se aí até que ponto a história do tempo presente é animada por motivações mais profundas do que as de um simples acesso ao mais contemporâneo. É a busca de sentido que guia suas pesquisas, tanto quanto a recusa do efêmero. Um sentido que já não é um *télos*, uma continuidade pré-construída, mas uma reação à "acronia contemporânea".[76] A história do tempo presente diferencia-se, portanto, radicalmente da história classicamente contemporânea. Ela está à cata da densidade temporal e procura ancorar um presente vivenciado com excessiva frequência numa espécie de imponderabilidade temporal. Graças à sua vontade reconciliadora no coração do vivenciado, do descontínuo e das continuidades, a história do presente como telescopagem constante entre passado e presente permite "um vibrato do inacabado a colorir bruscamente todo um passado, um presente aos poucos liberto de seu autismo".[77]

A reconfiguração do tempo pelo agir

O aclaramento dos jogos de linguagem, tarefa que Wittgenstein atribuía à filosofia, permite que Ricoeur elucide e relativize a noção comum aos esquemas explicativos do historiador: a noção de causa.

---

74 Certeau, *L'Absent de l'histoire*.
75 Ricoeur, Remarques d'un philosophe. In: *Écrire l'histoire du temps présent*, p.39.
76 Rioux, Peut-on faire une histoire du temps présent? In: Tétart, Chauveau, *Questions à l'histoire des temps présents*, p.50.
77 Ibid., p.54.

Ricoeur adere plenamente à fórmula de Charles Taylor, segundo a qual o homem é um *"self-interpreting animal"*.[78] Esse desvio pelo Outro no trabalho interpretativo de si mesmo é próprio do eixo da trajetória hermenêutica de Paul Ricoeur, pelo cerne da ação, da prática: "Nosso conceito do si mesmo sai muito enriquecido dessa relação entre interpretação do texto da ação e autointerpretação".[79] Essa posição implica a mesma distinção epistemológica defendida por Charles Taylor e Paul Ricoeur: "Isso significa que a procura de adequação entre nossos ideais de vida e nossas decisões, também vitais, não é passível da espécie de verificação que se pode esperar das ciências baseadas na observação".[80] A correlação estabelecida entre a intencionalidade e as leis narrativas é comum a Charles Taylor e a Paul Ricoeur, que dele extrai a ideia segundo a qual classificar uma ação como intencional é decidir a que tipo de lei ela deve sua explicação: "A condição de aparecimento de um acontecimento é que se realize um estado de coisas tal que ele produza o fim em questão, ou tal que esse acontecimento seja necessário àquele fim".[81] A semântica da ação deve então estabelecer o elo entre a forma de lei interna à explicação teleológica e os traços descritivos da ação. Esse aspecto, próprio do discurso histórico, foi amplamente analisado por Paul Ricoeur no tomo 1 de *Temps et récit*.

A intencionalidade revela-se na linguagem da ação, ou seja, onde a ação é dita nas narrativas, nas descrições, nas explicações, nas justificações. Essas noções de motivação, de razões de agir, de objetivos, exigem, portanto, uma passagem pela textualidade, própria da abordagem hermenêutica. Convém evitar dois escolhos quanto às relações entre a linguagem da ação e a própria ação. Por um lado, tende-se a atribuir qualidade de representação à linguagem da ação, postulando assim uma independência dos processos reais em relação à sua inserção em discurso. Essa posição traduz-se "por aquilo que Ricoeur chama de preocupação com a descrição verdadeira ou ainda pela criação de correspondência entre as proposições e o estado real do mundo".[82] O segundo escolho consiste em praticar o fechamento da linguagem

---

78 Taylor, *Philosophical Papers*. v.1: *Human Agency and Language*, p.45.
79 Ricoeur, *Soi-même comme un autre*, p.211.
80 Ibid., p.211.
81 Taylor, *The Explanation of Behaviour*. (Apud Ricoeur, *Soi-même comme un autre*, p.98.)
82 Quéré, Agir dans l'espace public, *Raisons pratiques*, n.1, p.90, 1990.

da ação em si mesma e em considerar que a estrutura intencional é inteiramente discernível dentro da estrutura gramatical. Mas há uma terceira posição possível, que consiste em reconhecer a função de estruturação do campo prático pela linguagem da ação. A explicitação discursiva permanece então aberta para o plano de sua temporalidade e aclara alguma coisa que foi configurada e possibilitada: "Ela lhe confere 'as características de sua própria determinidade' (Gadamer)".[83] Ora, o lugar natural da intencionalidade é o espaço público, no qual se realiza a ação concreta. Charles Taylor insiste particularmente na importância dessa encarnação da ação no espaço público, lugar de expressão privilegiado da intersubjetividade prática. Tal concepção opõe-se à abordagem dualista, uma vez que a ação não é a exteriorização de uma interioridade já existente, a que bastaria dar-se forma. A interioridade constitui-se por reapropriação, por internalização da expressão pública. Tal concepção introduz necessárias mediações para que seja praticada uma retomada interpretativa, ao passo que se tinha o costume de descrever o processo de subjetivação numa transparência postulada.

A principal consequência para a epistemologia da história é poder superar as aporias de uma teoria pura da compreensão (*Verstehen*), introduzindo o momento crítico numa abordagem baseada na comunicação imediata com a diferença, e "introduzir a mediação na relação imediata de intropatia".[84] Alguns optaram pela via da construção da história segundo o modelo das ciências da natureza, partindo do postulado de uma epistemologia comum. É o caso da teoria de Carl Hempel sobre as leis da história.[85] Entre essas duas orientações apresentadas como alternativas, a da compreensão e a da explicação, Ricoeur permite conciliar as duas exigências dando primazia à competência específica, que consiste em seguir uma história. Equivale a "compreender uma sucessão de ações, de pensamentos, de sentimentos que apresentam ao mesmo tempo certa direção e também surpresas (coincidências, reconhecimentos, revelações etc.). A partir daí, a con-

---

[83] Ibid., p.90.
[84] Ricoeur, *Du Texte à l'action*, p.177.
[85] Hempel, The function of general laws in history, *The Journal of Philosophy*, n.39, p.35-48, 1942.

clusão da história nunca é dedutível e previsível".[86] Essa perspectiva conduz o historiador a fazer o que Bruno Latour realiza no domínio da antropologia das ciências com seu princípio de simetria generalizada, um tratamento de emagrecimento das explicações.[87] A disciplina histórica combina as duas exigências teóricas – de estudo da textualidade e de estudo da ação – e assume, portanto, a ambição de construir "uma teoria da narrativa verdadeira das ações dos homens do passado".[88]

Do lado da filosofia analítica, nota-se também uma atenção especial ao discurso da ação, uma internalização das relações entre intenção e ação. É o caso da tese do filósofo analítico Donald Davidson. No centro de suas interrogações encontra-se a questão do agir, de sua interpretação, que nele ganha dimensão ética. Ele detecta a necessidade de fazer uma dissociação entre as razões dos atos dos indivíduo, tais como eles a representam, e as causas, que, fazendo-os agir, permanecem na penumbra.[89] Essa dualidade própria a toda ação impossibilita qualquer intento reducionista que restringisse os processos psíquicos a fenômenos neuronais. Baseando sua teoria da significação numa teoria do "ter-por-verdadeiro" do discurso do ator, Davidson valorizou o estudo do funcionamento do processo interpretativo recusando a divisão entre espírito e matéria. Para Davidson, a interpretação continua fundamentalmente indeterminada, mas apesar disso enquadrada pelas injunções de racionalidade normativa: "Por isso se pode chamar sua concepção de interpretação 'racionalizante'",[90] no que se refere à importante questão à qual a filosofia do espírito, de tradição analítica, tenta responder, e que consiste em saber quais são as condições de verdade das atribuições de conteúdos mentais. Davidson defende, portanto, uma interpretação que qualifica de "radical" e situa sua posição próxima à de Gadamer, "cuja abordagem hermenêutica da linguagem se assemelha a seu tratamento de interpretação 'radical'".[91]

A filiação dos trabalhos de Davidson, assim como dos trabalhos de Denett, deve ser aproximada da tradição analítica, que possibilitou

---

86 Ricoeur, *Du Text à l'action*, p.179.
87 Latour, *Nous n'avons jamais été modernes*.
88 Ricoeur, *Du Text à l'action*, p.181.
89 Davidson, *Actions et événements*.
90 Engel, *Introduction à la philosophie de l'esprit*, p.75.
91 Ibid.

alimentar a reflexão das ciências cognitivas acerca da ação, graças a uma passagem pelas "coisas mesmas". Entre a interpretação da ação segundo Paul Ricoeur e a interpretação "radical" de Davidson, há mais que simples nuanças, há muitas diferenças importantes de perspectiva. Paul Ricoeur, em seu diálogo constante e precoce com as posições da filosofia analítica, discutiu veementemente as teses de Davidson.[92] Em primeiro lugar, elogia o "notável rigor"[93] com que Davidson realiza uma dupla redução, lógica e ontológica, que o leva a ver na ação uma subclasse de acontecimentos dependentes de uma ontologia do acontecimento impessoal.[94] A explicação causal tem, portanto, a função de integrar as ações numa ontologia que erige a noção de acontecimento ao mesmo nível da noção de substância. A demonstração de Davidson de 1963[95] consiste em mostrar que a explicação que aduz razões assemelha-se a uma explicação causal, o que não remete necessariamente a uma concepção nomológica. Essa relação interna de descrição/explicação que rege os acontecimentos singulares converge, aliás, para as posições de Ricoeur desenvolvidas no primeiro tomo de *Temps et récit*. Mas a Davidson falta a dimensão fenomenológica da orientação consciente por um agente capaz de vivenciar-se como responsável por seus atos. Ele às vezes atenua o caráter temporal da intencionalidade e a referência ao agente. Essa é a principal crítica que Ricoeur formula em relação à posição de Davidson, ou seja, "ocultar a atribuição da ação a seu agente, uma vez que não é pertinente para a noção de acontecimento que ele seja suscitado, produzido por pessoas ou por coisas".[96] Na retificação feita pelo próprio Davidson quinze anos depois, em 1978, em seu novo ensaio sobre a ação,[97] ele reconhece que deixou de lado dimensões essenciais da intencionalidade: a da orientação para o futuro, do prazo de realização e da participação do agente. No entanto, nem por isso revisa sua concepção de explicação causal. A noção de pessoa continua impertinente: "Nem sua adscrição nem seu reconhecimento

---

92 Ricoeur, *Soi-même comme un autre*, p.93-108.
93 Ibidem, p.93.
94 Davidson, *Actions et événements*.
95 Id., Actions, reasons and causes. In: *Essays on Actions and Events*, p.3-19.
96 Ricoeur, *Soi-même comme un autre*, p.101.
97 Davidson, Intending. In: *Essays on Action and Events*, p.83-102.

poderiam ter lugar numa semântica da ação condenada por sua estratégia a permanecer como semântica da ação sem agente".[98]

A semântica da ação exige um agente situado historicamente, pois, para Ricoeur, o vivenciado e o conceito estão inextricavelmente ligados. Recusando tanto o convite a fechar-se numa ontologia fundamental, à maneira heideggeriana, quanto a encerrar-se num discurso puramente epistemológico, Ricoeur põe em cena "mediações imperfeitas", fontes de elaboração de uma "dialética inacabada". É nesse espaço intermediário entre *doxa* e *episteme* que se situa o domínio do *doxazein*, "que em Aristóteles corresponde justamente à 'dialética' e exprime a esfera da justa opinião, que não se confunde com a *doxa* nem com a *episteme*, mas com o provável e o verossimilhante".[99] A utilização de mediações imperfeitas convém à operação historiográfica principalmente porque ela deve permanecer aberta para novas leituras, novas apropriações pelas gerações vindouras. Preso numa dialética da *arquê* e do *télos*, o regime de historicidade é totalmente permeado pela tensão entre espaço de experiência e horizonte de expectativa. Ricoeur rejeita, portanto, o fechamento do discurso historiador que hoje se vê a desenvolver-se numa relação puramente memorativa de retomada do passado, separado de um futuro que de repente se tornou percluído. Pierre Nora admite, aliás, que nosso presente memorativo talvez não passe de um momento, de uma conjuntura intelectual, quando, em um sua frase de conclusão dos sete volumes de *Les Lieux de memóire*, deixa claro que essa tirania da memória talvez não dure mais que algum tempo, "mas esse tempo seria o nosso".[100]

Além da conjuntura memorativa atual, sintomática da crise de uma das duas categorias meta-históricas – o horizonte de expectativa, a ausência de projeto de nossa sociedade moderna –, Ricoeur lembra a função do agir, da dívida ética da história em relação ao passado. O regime de historicidade, sempre aberto para o devir, sem dúvida não passa da projeção de um projeto plenamente pensado, fechado em si mesmo. A própria lógica da ação mantém aberto o campo dos possíveis. Nesse aspecto, Ricoeur defende a noção de utopia, não quando

---

98 Ricoeur, *Soi-même comme un autre*, p.108.
99 Mongin, *Paul Ricoeur*, p.27.
100 Nora, *Les Lieux de mémoire*, t.3, v.3, p.1012.

nela assenta uma lógica insensata, mas como função libertadora a "impedir que o horizonte de expectativas se funda com o campo de experiência. É o que mantém distância entre esperança e tradição".[101] Ele defende com a mesma firmeza o dever, a dívida das gerações presentes para com o passado, fonte da ética de responsabilidade. A função da história, portanto, continua viva. A história não está órfã, como se acredita, desde que corresponda às exigências do agir. Assim, a renúncia aos valores teleológicos pode transformar-se em oportunidade de revisitar, a partir do passado, as múltiplas possibilidades do presente, a fim de pensar o mundo de amanhã.

---

101 Ricoeur, *Du Texte à l'action*, p.391.

4
Georges Duby,
o historiador da globalidade[1]

Caminhando pelo território do geógrafo, dos anos 1930, Georges Duby descobre, graças a seus mestres geógrafos, a escola dos *Annales*[2] e converte-se à história. Era a época em que a escola geográfica francesa, escola vidaliana, estava no ápice de seu prestígio e arrastava o conjunto das ciências humanas em sua esteira, oferecendo-lhes a perspectiva de grandes monografias regionais.

Georges Duby ficará muito marcado por suas primeiras pesquisas sobre a paisagem. A partir delas, perceberá a necessidade de dar atenção minuciosa à observação, à imbricação do material remodelado pelos elementos imateriais da cultura e, sobretudo, à ambição de globalidade como única perspectiva que permitiria restituir a riqueza da realidade na pluralidade das lógicas que a compõem.

Duby passará pela prova do trabalho de campo na ocasião de sua tese, orientada por Charles-Edmond Perrin, a partir dos arquivos da abadia de Cluny: *La Societé aux XIe et XIIe siècles dans la région*

---
1 Texto publicado em *Sciences Humaines*, 1991.
2 Cf. *Sciences Humaines*, n.1, artigo de F. Dosse.

mâconnaise [*A sociedade dos séculos XI e XII na região de Mâcon*]. Essa tese, publicada em 1953, é testemunha da fertilidade da escola geográfica francesa adaptada ao território do historiador, captada pela escola dos *Annales* desde a criação da revista *Annales d'Histoire Économique et Sociale* por Marc Bloch e Lucien Febvre em 1929. Georges Duby conhece Lucien Febvre em 1944, já convicto e entusiasta, fervoroso leitor da revista desde antes da guerra. Logo começa a participar do movimento da nova VI Secção da École Pratique des Hautes Études. Nomeado para Aix-en-Provence, escreve para a revista dos *Annales* e rapidamente se torna um dos representantes mais importantes de uma escola histórica que triunfa e renova profundamente o discurso historiográfico.

Herdeiro de Marc Bloch no que se refere à preocupação constante de delimitar bem as categorias sociais que estuda, Georges Duby também é herdeiro direto de Lucien Febvre, no que tange à atenção dada aos fenômenos das mentalidades, bem como de Fernand Braudel, que ele conhece em 1956 e cuja ambição de globalidade adotará, rejeitando a fragmentação do campo de estudo do historiador.

A ambição de construir uma história global

Ao longo de uma obra imensa que levou Georges Duby à consagração, com seu ingresso no Collège de France em 1970 e sua nomeação para a Academia Francesa em 1988, ele não renuncia em momento algum à ambição da primeira geração dos *Annales*, de construir uma história global, apesar da diversidade cada vez maior de seus objetos de estudo. Segundo ele, a história deve continuar sendo uma ciência das relações e, portanto, esforçar-se por reconstituir conjuntos acima da fragmentação aparente destes. O historiador deve assumir como objetivo final de seu trabalho essa reunião e correlação dos fragmentos dispersos, para restabelecer a complexidade da realidade e evitar, assim, qualquer forma de mecanicismo causal. Todos os domínios da sociedade medieval terão sido explorados por esse desbravador incansável que é Georges Duby, com sua preocupação constante de estar sempre ligando os novos continentes do saber histórico aos antigos, impedindo assim a deriva de objetos que, vistos como isolados biológicos, se apresentam destacados de qualquer conexão.

Já em sua tese sobre Mâcon, Georges Duby supera a simples monografia regional de uma paisagem social específica não só para dela extrair ensinamentos gerais, publicados em 1962 com *L'Économie rurale et la vie des campagnes dans l'Occident médiéval* [*A economia rural e a vida do campo no Ocidente medieval*], e depois em 1973 com *Guerriers et paysans* [*Guerreiros e camponeses*], mas para revelar a imbricação das múltiplas formas de inscrição do poder e de seu enraizamento no próprio mosaico dos territórios.

Entrelaçamento da economia com a política

O que ele extrai de seu arquivo, os documentos oficiais, é a correlação entre dois fenômenos de ordem diferente: o desmoronamento da monarquia carolíngia e um bloqueio do desenvolvimento econômico. A raridade da moeda e das trocas forçou uma organização social em entidades restritas, fechadas em si mesmas. Essa decomposição da autoridade central, com a dispersão dos centros do poder, é a própria característica desse período feudal instalado no século IX. A sociedade fecha-se então localmente em torno de seus castelos. Quanto aos senhores, tanto leigos quanto eclesiásticos impulsionam com vigor um crescimento produtivo que realize plenamente um modelo de consumo inspirado na vida principesca. A violência bélica reflui nas províncias fronteiriças, nos confins do mundo cristão, para permitir que a paz de Deus prospere. Essa violência acaba por encarnar-se nas grandes cruzadas externas, fonte de solidariedades internas.

Essa sociedade sofre também uma importante mudança em torno dos séculos XIV e XV, com o surto urbano que vai solapar o poder senhorial, deslocando os locais mais produtivos quanto a tributos. Estimulando a economia, as cidades tornam caducas as taxas feudais. Essa mutação produtiva essencial permite a afirmação de um poder de Estado monárquico centralizado, em detrimento do poder dos senhores. Georges Duby focaliza, portanto, em seu estudo da sociedade medieval, as múltiplas mutações a partir de suas imbricações e incidências em todos os níveis da atividade econômica, política e cultural. Nesse sentido, portanto, ele é um modelo, sejam quais forem as possíveis retificações que possam ser feitas no plano historiográfico. Nesse nível, a economia carolíngia é hoje objeto de controvérsias, e o historiador belga A. Verhulst deseja uma reconsideração desse campo de estudo a partir de bases diferentes dos pontos de vista de Henri Pirenne, Georges Duby ou Robert Fossier, por ele considerados catastróficos.

Uma dialética das durações

Para Georges Duby, uma das principais contribuições da escola dos *Annales* foi insistir nos fenômenos de longa duração, nas permanências, enquanto a história tradicional tinha tendência excessiva a deixar-se levar pelo ritmo curto das peripécias de superfície, privilegiando a inovação em relação às continuidades. Mas essa descoberta das temporalidades longas não se traduziu nele por uma rejeição ao acontecimento.

Duby substituiu o falso debate entre os defensores do acontecimento e os da longa duração pela vontade de combinar esses dois níveis de abordagem, reintroduzindo o acontecimento em seu enraizamento estrutural. É o que faz quando escreve uma biografia, a de *Guilherme, o Marechal* [*Guillaume le Maréchal*], em 1984. O fio condutor de seu texto é, evidentemente, a irresistível ascensão daquele que será proclamado "o melhor dos cavaleiros" por Filipe Augusto, mas é também a oportunidade de uma travessia pelo teatro da cavalaria, com seus torneios e ritos de guerra, para captar o seu significado naquele final do século XII e início do XIII. Da mesma maneira, quando Duby escreve a obra publicada na coleção "Les journées qui firent la France" ["Os dias que fizeram a França"], mais conhecida por privilegiar um tipo de narrativa ligada ao acontecimento, ao fato, ele demonstra, de forma veemente, o possível casamento entre acontecimentos e estruturas.

Le Dimanche de Bouvines, 27 juillet 1214 [*O domingo de Bouvines*], publicado em 1973 e dedicado à vitória de Filipe Augusto, serve, na verdade, de pretexto para uma verdadeira arqueologia da sociedade medieval naquele início do século XIII. Nesse caso, as estruturas são reveladas pelo acontecimento e dentro dele. O olhar de Georges Duby resgata o combate dentro das categorias mentais da época para evitar o pecado irremissível do historiador, que é o anacronismo. Essa narrativa permite esboçar uma verdadeira antropologia do fato militar, dos *cottereaux* recrutados no "populacho", combatentes a pé que manejam arco, balestras ou facas, ao lado dos cavaleiros: combatentes duplamente desprezados pela origem social e pelos métodos de combate que não respeitam as regras da cavalaria e atingem o adversário de longe ou por meio de golpes baixos.

Do material ao ideal

Embora fosse considerado especialista da vida rural da Idade Média, dando grande atenção aos dados materiais e arqueológicos, Georges Duby nem por isso fica restrito a esse nível de estudo e define, já em 1961, o lugar que deve ser ocupado pela história das mentalidades numa história global. Passando, com grande parte de sua geração, do porão ao sótão, segundo expressão de Michel Vovelle, Duby atribuía lugar importante ao campo mental. Esse nível, segundo ele, tem sua própria temporalidade, que ele subdivide em três ritmos diferentes: o rápido, das emoções de um momento, de uma conjuntura; depois, a evolução dos comportamentos e das crenças compartilhadas por um grupo social determinado; por fim, numa duração mais longa, as estruturas mentais mais resistentes às mudanças, a herança cultural, o sistema de crenças ou modelos de comportamento que perduram além do acontecimento.

Ele desloca então o olhar do historiador para a história das mentalidades, interrogando, a partir de genealogias, hagiografias e crônicas, as representações que a sociedade medieval tem de si mesma, reconstituindo o seu instrumental mental, segundo expressão de Lucien Febvre. Disso resulta um deslocamento da relação entre o historiador e suas fontes. Estas já não são concebidas como anteparos entre a realidade que deve ser encontrada e a reescrita histórica, mas tornam-se o próprio objeto de translucidação. Nesse trabalho, as representações e visões do mundo, porém, não devem ser vistas como um simples reflexo da vida material nem como modos de substituição dessa. O historiador deve, ao contrário, buscar uma articulação significante com a realidade. A história das mentalidades, para Georges Duby, não é um meio de esquivar-se da história social, mas, ao contrário, é um instrumento privilegiado para melhor construí-la, escrutando seu universo simbólico, permeado pelos conflitos subjacentes, implícitos, que a urdem. Assim como o geógrafo diante de uma carta geológica, o historiador deve então detectar as discordâncias, as lacunas, as discrepâncias entre realidade social e representações ideológicas e mentais que não evoluem segundo um ritmo sincrônico. Também aí se encontra a vontade de detectar incoerências no interior de uma totalidade complexa que anima esse novo terreno de trabalho decisivo do historiador.

O imaginário e sua tripartição

Georges Duby sentiu intensamente, com toda a sua geração, o desafio que os antropólogos lançavam aos historiadores, o que lhe permitiu passar para um novo tipo de interrogação sobre o imaginário, sobre o simbólico, esvaziando a mecânica da causalidade em uso até então nesse domínio. Ele a substitui pelas correlações. Isso o leva a pensar que tudo é determinado por tudo, que tudo determina tudo, remetendo, portanto, a uma totalidade significante. Contra o difundido mecanicismo do reflexo, Georges Duby opõe a coalescência dos níveis de uma sociedade em suas diversas manifestações materiais e mentais.

A obra de Duby mais influenciada pela voga estruturalista, podendo ser concebida como o exemplo mais bem-sucedido da adaptação desse método à história, é *Les Trois Ordres ou l'imaginaire du féodalisme* [*As três ordens ou o imaginário do feudalismo*] (1978), livro importante (o único que não foi escrito por encomenda), que traz a marca de Georges Dumézil.

Duby retoma o esquema trifuncional de Georges Dumézil (soberania, guerra, fecundidade), mas inverte a afirmação deste, segundo a qual esse esquema seria uma estrutura mental própria dos indo-europeus. Para Dumézil, no começo era o mito, enquanto Duby considera que a estrutura propõe e a história dispõe. Seu olhar se volta para a emergência do mito no tecido histórico, sua pregnância maior ou menor e sua significância nas práticas sociais em que é utilizado.

Ora, a sociedade que ele estuda é atravessada por zonas conflituosas que se deslocam e engendram representações do mundo cuja forma ou natureza se adapta à necessidade de coibir os conflitos. Nesse contexto, a ideologia desempenha um papel completamente diferente de um simples reflexo da dominação econômica. Ela produz sentido, portanto realidade, produz o social e, segundo terminologia althusseriana, chega a desempenhar papel dominante na sociedade feudal, uma função de organização das relações de produção. A esfera ideológica desempenha nesse caso o papel do lugar de ausência, modelo perfeito do imperfeito.

Georges Duby interpreta a emergência do esquema trifuncional na Europa ocidental como resultante da revolução feudal. No século IX, como o império carolíngio se dilatasse e sofresse pressões externas, assiste-se a um retorno dos valores ideológicos. O sistema militar, instalado nas províncias fronteiriças, passa para o centro do corpo social e se dilui no seu interior. O rei já não encarna o poder de fazer guerra, mas o de preservar a paz. O poder político muda de objetivo, pois deve proteger contra as turbulências internas, defender os lugares santos, as igrejas e os mosteiros. Mas, ao mesmo tempo, a autoridade monárquica desmorona, dissolve-se em múltiplos condados e principados. Com a falência do poder temporal, era grande a tentação, por parte do poder espiritual, representado pelo clero, de assumi-lo. A fronteira social desloca-se e passa a opor aqueles que portam armas aos outros. A resignação daqueles que suportam o peso de uma sociedade militarizada passa pela realização de um consenso ideológico que deve ser encontrado.

A revolução feudal precisa de um sistema de legitimação, de um modelo perfeito de representação da distribuição do trabalho social, da submissão aceita pela maioria. Ora, é nesse momento, em torno de 1025, que se encontra em dois bispos, Gérard de Cambrai e Aldabéron de Laon, a expressão de um esquema trifuncional da sociedade: "Uns oram, outros combatem, outros trabalham" (*Oratores, Bellatores, Laboratores*). Na ausência de poder político, são os clérigos que tentam restaurar o equilíbrio social. A figura ternária apresenta-se como o correspondente terrestre das distinções celestes. Duby mostra explicitamente que esse modelo imaginário permite justificar o monopólio do poder econômico e político por uma pequena minoria privilegiada e ocultar numa estrutura tripartite o dualismo subjacente que poderia abalar o sistema. O esquema trifuncional garante não só a cumplicidade das duas primeiras ordens, mas também a primazia do clero sobre os leigos, na luta encetada para ocupar o lugar vago, o do poder monárquico. Embora tal esquema fique como palavras de clérigos sem repercussão até o final do século XII, num período de latência, impõe-se depois a senhores e cavaleiros com o fim de implantar a distinção irredutível entre as três ordens constitutivas da sociedade francesa diante da ascensão da burguesia urbana.

Essa estruturação das três ordens passa então do ideológico ao social por um efeito de rebote, donde o seu poder criador; e quando Filipe, o Belo, no início do século XIV, convoca para a reunião dos estados gerais, a ordem celeste transforma-se em ordem socioprofissional: clero, nobreza e terceiro estado, divisão que subsiste até 1789. Com esse mergulho na eficácia de uma estrutura simbólica, Georges Duby mostra ao mesmo tempo que não se pode pensar uma sociedade a partir da simples mecânica do reflexo e que uma estrutura simbólica deve ser estudada em seu processo de historicização.

Quando volta a ser situada na conflitualidade em que emergiu, a estrutura não corresponde nesse caso a uma arma contra a história; ao contrário, é objeto de uma reconciliação possível entre as duas atitudes apresentadas no início como antagônicas.

A arte na história

Georges Duby também se dedicou ao estudo das diferentes manifestações anímicas da Idade Média em suas diversas formas pictóricas e arquitetônicas. Também aí, a consideração dessa nova dimensão, estética, não é feita de maneira desconexa de seu suporte social e cultural. Em seu longo estudo sobre a passagem da arte românica à arte gótica, *Le Temps des cathédrales* [*O tempo das catedrais*] (1966-1967), Georges Duby percebe a evolução das formas como signo, vestígios de um mundo em mutação. A arte medieval não é vista como um em si, um absoluto irreal, mas, ao contrário, o historiador busca a sua origem espacial, a era geocultural sobre a qual ela ganhou corpo, seus patrocinadores, sua função.

Desse modo, Duby detecta uma trajetória que vai do sagrado, da identificação entre universo celeste e terreno, ao mundo profano do qual o homem emerge na singularidade de seu corpo e de sua personalidade. No século XI, o nascimento da arte românica é expressão de estruturas sociais novas. O poder e o saber estão nas mãos do clero, que exprime a visão de um mundo perfeito, reprodução da perfeição divina. O espaço monástico exprime da melhor maneira possível essa ordem de Deus, fechada às desordens dos guerreiros. Com sua estrutura quadrada, o claustro simboliza os quatro pontos cardeais. Em seu isolamento, esse mundo paradisíaco, lugar de passagem para o divino, torna-se via de acesso privilegiada para a salvação eterna. A arte é então um discurso sobre Deus, um meio de tornar visível a estrutura harmônica do mundo divino.

Repositório espiritual do mundo agrícola, o mosteiro deverá ceder terreno diante da ascensão do mundo urbano, em pleno dinamismo daquele século XIII, durante o qual o poder real vai perdendo aos poucos a função de poder senhorial. A criatividade artística desloca-se então para o centro das cidades e transforma-se radicalmente. A catedral substitui o mosteiro como lugar essencial de culto. A arquitetura torna-se urbana, e a catedral está no coração da cidade, onde se concentram os fiéis. Transformada em lugar de abertura, ela é a encarnação de uma demonstração lógica da fé, e não mais de simples revelação. Mais no centro da cidade, as atividades comerciais ensejarão outra cultura, outra temporalidade, impondo a laicização, uma nova arquitetura, dessa vez profana, com o palácio comunal a erigir-se como encarnação das novas autoridades. Com a troca de patrocinadores, também mudam as fontes de inspiração do artista. A estética, nessa abordagem histórica, é então a expressão privilegiada da sensibilidade de uma época da qual não é dissociável. Ela permite que Duby se aproxime ainda mais do ponto para o qual tende a sua obra: a reconstituição global do universo medieval.

Do másculo medievo à história das mulheres

O autor não para, portanto, de abrir novos campos de estudo, sem nada renegar do passado. O último campo de estudo diz respeito às relações entre homens e mulheres. Em 1981, ele já havia dedicado uma obra ao casamento na França feudal: *Le Chevalier, la femme et le prêtre* [*O cavalheiro, a mulher e o padre*]. Também aí ele revela duas visões conflituosas do bom casamento: a visão dos clérigos e a visão dos senhores, que acabam por reconciliar-se com o fortalecimento das bases do poder monárquico. O casamento é visto por Duby como o ponto de junção privilegiado entre os aspectos material e espiritual. O corpo é o pivô de estratégias implacáveis de poder que chegam até a excomunhão, incluindo a de um dos reis da França, Filipe I, por adultério, bigamia e incesto, antes que o casamento passasse a fazer parte dos sete sacramentos da Igreja.

Duby dirigiu o volume da *Histoire de la vie privée* [*História da vida privada*] (1985) dedicado à Idade Média, nessa mesma perspectiva de relacionamento da esfera privada com a pública, de suas interações. Nesse plano, observa-se uma nova contribuição da antropologia que leva o historiador a interrogar-se sobre as relações de parentesco, a morte, o sexo e o corpo, conduzindo-o, portanto, a novas pistas estimulantes e pioneiras. Na lógica desse novo campo de estudo situa-se a publicação de uma história das mulheres, *Histoire des femmes* (1991), que ele acaba de dirigir com a historiadora Michelle Perrot.

Como se pode verificar do itinerário de Georges Duby, a história global se enriquece cada vez mais com novos aspectos sem que seja possível encontrar injunções que a delimitem. Seu horizonte é indefinido, o que fundamenta a sua riqueza e o seu caráter sempre mais promissor. A característica da história global é a incompletude; no entanto, é tendendo para a sua realização que o historiador nos completa.

Parte II
Rupturas em história

5
Maio de 68:
efeitos da história sobre a história[1]

Maio de 1968 é um acontecimento-ruptura importante de nossa história contemporânea, acontecimento enigmático que impressiona por sua subitaneidade e por seu radicalismo. No entanto, é difícil medir seus efeitos, suas repercussões sobre a escrita histórica na França. Esse abalo encontra já uma de suas forças no entrelaçamento dos sentidos, que impossibilita qualquer redução interpretativa a um sistema mecânico monocausal. Delicado é o intento de decifrar os efeitos do movimento de maio numa disciplina como a história, que de chofre se vê diante do ovimento, mas logo em seguida diante do seu recuo, do refluxo da contestação global para uma fragmentação da sensibilidade de maio que se exprime rapidamente em práticas pontuais, tópicas, marginais, para em seguida sofrer a assimilação por parte da sociedade de consumo, que, com Alain Minc, gabará os méritos do "capitalismo à 68"!

O panorama intelectual de antes de Maio é dominado pela voga estruturalista. O movimento de Maio abala as estruturas imutáveis dos

---

[1] Artigo publicado em *Cahiers de L'Institut d'Histoire du Temps Présent*, 1989, e em *Politis*, 1989.

pensadores da morte do homem e vai dar origem a uma verdadeira *belle époque* da disciplina histórica. Mais conquistadora que nunca, ela explora, dilata-se, consuma-se até consumir-se, pois para responder à demanda social, Clio está disposta a perder seus atributos e a fundir-se na sensibilidade nova do pós-Maio, sensibilidade alimentada de história, mas de outra história, a do tempo longo, da vida cotidiana, da civilização material; em outros termos, de uma história fecundada pelo estruturalismo, de uma história estrutural.

A escola dos *Annales*, graças a seus postulados epistemológicos definidos já em 1929 e reconceptualizados em 1958 por Fernand Braudel, era a que tinha mais condições de responder a essa sensibilidade pós-68, mais dominada pela preocupação com as continuidades do que pela exaltação da transformação que acabava de malograr. Já em 1969, Fernand Braudel e Charles Morazé deixam o poder de direção da revista para uma nova geração representada por uma diretoria composta por André Burguière, Marc Ferro, Jacques Le Goff, Emmanuel Le Roy Ladurie e Jacques Revel. Geração que retoma em seus próprios termos a herança e a faz frutificar mudando os rumos do paradigma *"annaliste"* para os horizontes da antropologia histórica. Essa exposição dá ênfase aos trabalhos dessa escola que conquistou posição dominante justamente no pós-68, o que não significa em absoluto que ela abranja sozinha o conjunto do campo histórico.

Práticas históricas em ruptura

Toda uma corrente crítica nasceu, em filiação direta, de Maio de 68, ainda que as iniciativas tomadas e o agrupamento dos pesquisadores se realizassem com certa defasagem em relação ao movimento. No Instituto Charles V da Universidade Paris VII, duzentos professores, pesquisadores e estudantes de história reuniram-se nos dias 24 e 25 de maio de 1975 para constituir um "Fórum-história", organismo de união, de reencontros, que dá origem aos *Cahiers du Forum-Histoire* em 1976, com uma tiragem de 4 mil exemplares. São publicados dez números até novembro de 1978. Essa corrente agrupada em torno de Jean Chesneaux em Paris VII partiu de uma crítica ideológica da função histórica. Sua ambição era superar as três separações: entre passado e presente, entre o estudo do passado e a prática social, entre os historiadores e os sujeitos da história: "Nossa ambição era acabar com a fórmula: 'Eu trabalho em...' Achávamos que devíamos 'trabalhar com...'".[2] Ambição parcialmente realizada, sobretudo com os camponeses de Larzac no planalto de Millau, mas que logo se esgotou por falta de um movimento social capaz de realizar uma ruptura.

Outra descendência direta de Maio de 68 foi o nascimento de uma revista de história popular em 1971, como reação ao conteúdo dos manuais escolares: *Le Peuple Français,* que chegou a ter 7.500 assinantes. Esse grupo, composto em sua maioria por professores, assumiu o objetivo de popularizar as lutas operárias e camponesas. Denuncia a mistificação que consiste em apresentar um povo mudo, reduzido ao papel de figurante. Os criadores da revista são dos comitês de ação de Nanterre. *Le Peuple Français* pretendia ser anti-*Historia* e também contemplar o acontecimento, mas no terreno da cultura e das lutas populares. A revista circulou nos estaleiros de Nantes-St. Nazaire, entre os camponeses bretões em luta em torno de Edouard Morvan que, em 1975, festejaram o terceiro centenário da revolta dos *Bonnets-Rouges.*

Outra iniciativa nascida de Maio de 68, mais teórica, teve origem no Departamento de Filosofia de Paris VIII em torno de Jacques Rancière, que, abandonando a leitura sintomática de Marx de seu ex-mestre Louis Althusser, lança uma revista trimestral em dezembro de 1975: *Les Révoltes Logiques*. O objetivo dessa corrente não é fazer outra história, mas abordar as práticas históricas de maneira transversal a partir do presente. Jacques Rancière aplica-se a decifrar as práticas e os discursos singulares ocultos pelos discursos organizacionais do movimento operário. O objetivo desses estudos era reencontrar a identidade perdida dos falares múltiplos, buscar suas articulações, suas contradições. Atividade original que se situa no plano dos processos de subjetivação.

O imobilismo pedagógico

Paradoxalmente, na hora em que a história bate à nossa porta com estrépito, em Maio de 68, no coração do setor da juventude

---

2 Chesneaux, *Vendredi,* 23 nov. 1979.

escolarizada, a reforma Edgar Faure, de 1969, elimina o ensino de história como disciplina específica no ensino fundamental. Os professores primários são convidados a continuar ensinando História, mas no contexto das matérias estimuladoras básicas que diluíram e muitas vezes extinguiram a disciplina histórica num magma informe. Pouco antes do movimento de Maio, em março de 1968, foi realizado um colóquio em Amiens, expressão de uma corrente de renovação pedagógica que contestava o caráter enciclopédico dos programas e aspirava a uma relação mais consubstancial entre a disciplina histórica e a vida da cidade. Jean Tricart, professor na Universidade de Estrasburgo, denuncia a compartimentação aberrante das disciplinas e incita a uma reformulação do estatuto de História/Geografia no secundário. Certos jornais chegaram a falar da "noite do 4 de agosto" do ensino. O movimento de Maio sem dúvida fortaleceu essa corrente em seu desejo de renovação.

Logo depois de maio, são realizadas, de 10 a 14 de dezembro de 1968, jornadas de estudo sobre o ensino de história, geografia e educação cívica no *Centre International d'Études Pédagogiques* de Sèvres, por iniciativa de historiadores da revista *Enseignement 70*. Quando, em 1969, Edgar Faure constitui uma comissão de reforma presidida por Fernand Braudel, a esperança está no auge. O ministro profere discursos sobre a renovação da história, redigidos essencialmente por Suzanne Citron. Mas Fernand Braudel estava impotente: sem uma real estratégia de reforma, detestando a Associação dos Professores de História e Geografia, por um lado, e opondo-se à inspeção, por outro, entregava-se a uma solidão à De Gaulle, de que sempre gostou. Os trabalhos da Comissão serão suspensos em junho, e a inspeção aproveitará o verão de 1969 para impor os novos programas, quando a própria ideia de programa estava sendo contestada, selando assim "a derrota de Maio".[3]

Embora a instituição não seja maciçamente arrastada na esteira da reforma, algumas iniciativas esparsas podem situar-se na esfera de influência de Maio de 68. No Centre Expérimental de Vincennes, um Departamento de História tem o projeto de "destruir a ilusão de que existe uma ciência histórica consolidada e substituir um conjunto de

---

3 Citron, *Enseigner l'histoire aujourd'hui*, p.80-1.

certezas pela consciência da renovação da abordagem histórica".[4] Em Vincennes, o Departamento de História é essencialmente orientado para o estudo do mundo contemporâneo, seus mecanismos de decisão, os movimentos sociais e políticos e suas ideologias, no desejo de romper o isolamento da disciplina, abrindo-a para um diálogo com as outras ciências humanas. Em Paris VII também a renovação leva a melhor com a Union d'Enseignement et de Recherches (UER) "Géographie et sciences de la société", concebida numa perspectiva interdisciplinar, e em Villetaneuse, em torno de Suzanne Citron, onde se constitui, em outubro de 1971, um grupo de formação permanente de professores de História-Geografia que funcionará até dezembro de 1977.

O assalto à mídia: difusão da cultura histórica erudita

Mais um paradoxo é que, no pós-Maio de 68, ao mesmo tempo que os pensadores do estruturalismo triunfam nos lançamentos editoriais, e, por meio desse sucesso, o que se visa é a historicidade, as obras históricas têm um sucesso notável. Esse entusiasmo vem da impressão embriagadora de que se fez história em 1968. Compreender para transformar, e, na falta de se fazer história, escreve-se história. Donde o encontro com Clio, musa que assumia ares de fantasma a assombrar nosso mundo moderno, recalcado, fechado nos museus da lembrança de guichê. No essencial, a novidade dessa conquista da mídia provém da estratégia agressiva de uma escola: a dos *Annales*, que consegue tirar a produção histórica do cenáculo restrito de especialistas e conquistar o público para suas teses. É esse fenômeno que constitui a verdadeira transformação, e não o sucesso habitual das grandes biografias e dos relatos de acontecimentos clássicos da história tradicional, que sempre tiveram grande público.

Em julho de 1968, na lista das grandes tiragens do ano – mais de 100 mil exemplares –, encontram-se duas obras de história: *Bonaparte* e *Napoléon*, de Castelot (ambas com 200 mil exemplares). Essa história sempre teve público, o mais respeitável numericamente. A novidade

---

4 *L'Université ouverte*, p.106.

reside no interesse crescente pela história no meio estudantil em plena explosão demográfica. Esse interesse constitui uma época áurea das publicações de história de alto nível, e como a escola dominante da historiografia francesa era então a dos *Annales*, esta aproveitou plenamente. Esse interesse, aliás, não esperou a chegada de Maio de 68, e a coleção lançada por Pierre Nora na Julliard, *Archives*, que data de 1965, já relega a narrativa ao segundo plano para privilegiar o documento bruto e o estudo da questão no plano historiográfico. Pierre Nora foi um franco-atirador clarividente. Data de 1968 a explosão das coleções históricas que servem de ligação entre as teses monumentais e um público cada vez mais exigente.

O balanço dos lançamentos editoriais de 1968 e 1969 é edificante. A Fayard lança a coleção *Histoire sans frontières* sob a direção de François Furet e Denis Richet. A Flammarion lança simultaneamente três novas coleções: *La Bibliothèque scientifique*, de Fernand Braudel; uma coleção de *Science*, que edita as teses sem o aparato crítico e permite publicar a obra de Pierre Goubert sobre Beauvaisis (1968), a de Jean Bouvier sobre o Crédit Lyonnais, a de Emmanuel Le Roy Ladurie sobre Languedoc (1969); e, por fim, uma coleção dirigida por Marc Ferro: *Questions d'histoire*, livros de bolso que propõem um problema histórico não delimitado pela cronologia, mas pelas problemáticas do tempo presente. Na Albin Michel, são retomados os grandes textos clássicos em *L'Évolution de l'humanité* como *La Société féodale* de Marc Bloch ou *Le Problème de l'incroyance au XVIe siècle*, de Lucien Febvre, fundadores da revista *Annales*, que se tornam, portanto, acessíveis a um grande público a partir de 1968 na forma de livros baratos. A Plon lança uma coleção dirigida por Philippe Ariès e Robert Mandrou: *Civilisations et mentalités*. Na Gallimard, Pierre Nora, que já havia lançado a *Bibliothèque des sciences humaines*, avalia o sucesso da história e soma à sua coleção uma *Bibliothèque des histoires,* em 1971, que pretende ser o crisol da renovação da escrita histórica. A preocupação em corresponder às solicitações do mundo contemporâneo é reforçada pelo caráter enigmático dos acontecimentos de Maio. Na Seuil, uma coleção dirigida por Jean Lacouture trata da história imediata, e na mesma editora também devem ser contadas a coleção *Politique* de Jacques Juiliard, que data de antes de 1968 e tenta conferir dimensões críticas à atualidade política, a coleção *Combats* de Claude Durand, a coleção de Domenach, *Esprit*, que publica o *Journal de la*

Commune étudiante de Pierre Vidal-Naquet e Alain Schnapp, o livro de Fejtö sobre as democracias populares (*Démocraties populaires*). A Arthaud, por sua vez, lança, em 1969, uma nova coleção sob a direção de François Bédarida a respeito da sociedade contemporânea.

Assiste-se, portanto, a uma verdadeira explosão, e esse pequeno apanhado ainda não é exaustivo. Não é de surpreender que em 1974 o número de volumes dedicados à história seja seis vezes maior do que o era em 1964. As posições-chave demonstram a preponderância dos *Annales*, sobretudo com um trio de frente que orquestra o sucesso da escola: Gallimard, Le Seuil, Flammarion. Essa situação chega a mudar os rumos da própria carreira do historiador. Já não é suficiente escarafunchar arquivos: é preciso divulgar. Para isso, há necessidade de penetrar no meio jornalístico, de ocupar posições estratégicas na mídia.

A conquista da imprensa pela escola dos *Annales* passa por um momento decisivo em 1972, quando Emmanuel Le Roy Ladurie assume a direção da seção de história do *Le Monde*. Quanto ao *Nouvel Observateur*, segundo seu diretor Jean Daniel, "durante sua primeira década, foi o órgão da nova escola histórica".[5] Cada livro da escola tem então a garantia de boa publicidade, pois a crítica lhe dá o máximo de repercussão possível. Com grande frequência o espírito crítico não sairá engrandecido dessas operações em circuito fechado, nas quais a rede controla todas as etapas, da produção à comercialização, numa situação quase monopolista que entrava toda a potencialidade de debates. Essa promoção terá, portanto, efeitos perversos: "escravos de seu próprio predomínio, eles involuem, enroscando-se de alguma forma em si mesmos: é a implosão".[6] Mas essa conquista de um novo público também terá a consequência positiva de tornar conhecidas as pesquisas mais avançadas, difundi-las maciçamente, eliminando o seu caráter rebarbativo. O maior sucesso nesse campo, ainda que distante dez anos do Maio de 68, é a revista *L'Histoire*, que conta 40 mil assinantes e difunde-se com 63 mil exemplares, números atingidos graças à preocupação com a escrita e com a ilustração, o que permitiu essa grande disseminação da história erudita.

---

5 Hamon, Ratman, *Les Intellocrates*, p.234.
6 Debray, *Le Pouvoir intellectuel en France*, p.138.

O sucesso da história das mentalidades

A vaga de contestação de Maio de 68 logo reflui como ruptura global a fraturar a sociedade francesa, mas o seu recolhimento nas profundezas do tecido social alimentará toda uma série de interrogações sobre as necessárias transformações de usos e costumes. A visão dos franceses entregues a si mesmos, desapossados de seu império, enveredará pelo caminho da etnologização da relação com a sua história. Perscruta-se essa sociedade que engendrou a enigmática figura de sua contestação radical. Os nhambiquaras desapareceram das cercanias de São Paulo, mas o exotismo estava perto de casa, como mostra a pesquisa dirigida por André Burguière em Plozevet, onde a população bretã local é assaltada por todos os pesquisadores das diversas ciências sociais em disputa pelos seus despojos. É a oportunidade que tem o historiador de descobrir a figura do Outro, da alteridade em sua própria sociedade, e de adaptar o discurso antropológico com base na reprodução das estruturas, nas invariantes, no clima temperado do Ocidente. Também há oportunidade para que os historiadores adotem os novos hábitos do antropólogo. Fernand Braudel já opusera a Claude Lévi-Strauss a longa duração como linguagem potencialmente comum às diversas ciências sociais, unificadas sob a varinha mágica do historiador, e os anos 1970 assistirão ao desabrochar de uma antropologia histórica, quando Claude Lévi-Strauss constatar: "Tenho a impressão de que fazemos a mesma coisa. O grande livro de história é um ensaio etnográfico sobre as sociedades passadas".[7]

Essa história etnográfica diminui ainda mais o ritmo da temporalidade, o que já é evidente em Fernand Braudel. Ela balda a irrupção do acontecimento para a permanência, o calendário repetido da gesta cotidiana de uma humanidade cujas pulsações são reduzidas às manifestações biológicas ou familiares de sua existência: nascimento, batismo, casamento, morte. Descobre-se então um passado (na maioria das vezes medieval), que é transformado em idade de ouro. Tais idades tenebrosas construídas pelo Renascimento assumem um novo rosto na hora da crise do progresso, das interrogações de uma sociedade que se volta para suas tradições. O historiador, na falta de um projeto coletivo, reflui para a pesquisa dos valores locais, do cotidiano, das

---

7 Lévi-Strauss, "Lundis de l'histoire", *France Culture*, jan. 1971.

permanências. O mundo medieval era retratado para o grande público por Régine Pernoud; torna-se fonte fecunda de inspiração para a sétima arte com *Lancelot du Lac* de Bresson ou *Perceval le Gallois* de Rohmer. O sucesso de *Montaillou, village occitan* (1975), de Emmanuel Le Roy Ladurie, surpreende pelo porte (300 mil exemplares) para uma obra de história erudita.

O sistema passa por algumas transformações administrativas, concedidas pelo poder à vida cotidiana, aos costumes, às relações matrimoniais, para responder às aspirações profundas defendidas pelo movimento social, ainda nas reverberações de Maio de 68. O poder legisla sobre os direitos respectivos do marido e da mulher, sobre a contracepção e o aborto, sobre a maioridade aos 18 anos. O discurso histórico responde a essa transformação concreta, a essa nova sensibilidade, conferindo espessura temporal a tais medidas específicas e interrogando-se sobre o funcionamento da família, sobre o lugar e a imagem da criança, sobre o papel da disciplina, sobre as práticas anticoncepcionais dos antigos tempos. O povo, que afundara como força política potencial, ressurge nesse discurso etnologizado como material estético em seus feitos e gestas cotidianas. Os humildes renascem em sua singularidade, como um mundo à parte, mas no âmbito intransponível do poder existente. A etnologização do discurso histórico apresenta-se como contraponto da integração na sociedade tecnológica, concedendo direito de cidadania a outros valores. A cultura material abre-se como campo novo de investigação para o historiador que deixa de lado o horizonte econômico, das mudanças sociais e políticas bruscas. A conversão mais significativa e espetacular é a da escola dos *Annales*. A fração da revista dedicada à história cultural passa de 22,4% dos artigos, no período de 1957 a 1969, para 32,8% entre 1969 e 1976. Ao mesmo tempo, a história econômica, que sempre constituiu a originalidade da escola, regride de 39% para 25,7%.

O ano de 1968 terá lançado a moda da história das mentalidades. Embora em certo número de trabalhos se procure distinguir o papel das determinações da realidade e o das visões do mundo, é preciso reconhecer que em grande número de vezes as mentalidades atravessam a história sobre amortecedores, como entidades independentes de qualquer contingência. O historiador contenta-se então em transcrever representações, em traçar suas descrições sem se preocupar com as relações entre elas e a realidade que as provocou. Evidentemente, a orientação das pesquisas em direção às mentalidades é anterior a 1968. O principal impulso veio do Colóquio da ENS de St-Cloud, realizado em 1965 sob a presidência de Ernest Labrousse. Grande número de labroussianos abandonará o campo de trabalho sociográfico e, indo do porão ao sótão, passará ao terceiro nível, o das mentalidades. Isso acontecerá com Michel Vovelle e com Maurice Agulhon. Mas o sucesso dos temas da morte, da sexualidade e da sociabilidade pertence plenamente à sensibilidade imediatamente posterior a Maio de 68.

A entronização de Philippe Ariès nos *Annales*, especialista em mentalidades, é um sinal claro desse novo clima que garante o sucesso de obras sobre a sexualidade (Michel Vovelle, Philippe Ariès, Pierre Chaunu), sobre a família (Jean-Louis Flandrin, Philippe Ariès), sobre o medo (Jean Delumeau) etc. Quando esse nível das mentalidades não é articulado com o substrato social, tende a abranger todo o campo social, integrando-o na permanência de uma natureza humana imutável. Assim como o longo período dissolve as tensões sociais, o estudo da mentalidade relativiza a consciência dessas tensões e as oposições delas decorrentes. O homem reduzido à sua mentalidade é objeto de sua história, e não sujeito. Sendo objeto de enumeração e de quantificação, torna-se objeto psicológico, objeto de mentalidade. O alento da ação humana pelos séculos diluiu-se, e o homem social está estranhamente ausente.

O estilhaçamento do objeto da história

A explosão da disciplina histórica triunfante levará, após Maio de 68, a uma prática cada vez mais estilhaçada. Quem tinha mais consciência dessa ruptura epistemológica, Pierre Nora, lança pela Gallimard uma *Bibliothèque des histoires*. A história perde o H maiúsculo e deixa de ser singular. A história, já muito aberta ao diálogo com as ciências humanas, assumiu uma estratégia de vale-tudo, orquestrada pelos *Annales*, que capta todos os objetos possíveis. A consequência é uma dilatação do território do historiador que, por querer unir e reunir, perde muitas vezes sua identidade numa corrida desesperada para alcançar as novidades. Sem dúvida, trata-se da construção de um império histórico, mas assiste-se a uma desconstrução da prática histórica. Muitos então abandonam a meta totalizadora, de síntese. Não se fala mais em interligar os múltiplos níveis do real num todo inteligível, mas sim de destruir objetos num novo espaço de dispersão. Esse trabalho de desconstrução abre as portas para temporalidades múltiplas e heterogêneas, em ruptura com a escrita braudeliana, que conservava o horizonte global a integrar sua arquitetura tripartite da temporalidade.

Esse estilhaçamento é favorecido pela possível quantificação do material histórico com o computador, que permite construir uma história em série. Nesse estágio, "o tempo já não é homogêneo e já não tem significado global".[8] A totalidade fragmenta-se numa miríade de objetos singulares que devem ser especificados e construídos. Todo um discurso neopositivista está então em moda, com tendência a fetichizar o poder do computador. Emmanuel Le Roy Ladurie revela, da seguinte maneira, a crença absoluta nos milagres da tecnologia: "O historiador de amanhã será programador ou não será".[9] Ele apresenta o historiador transformado em minerador a levar para a superfície um material que deverá ser tratado pelos especialistas das ciências humanas. Não é possível descrever melhor a (de)missão do historiador, sua relegação a um papel de mão de obra que trabalha por subempreitada. O historiador deve contar e recontar, tanto as quantidades de trigo produzidas quanto os nascimentos, o número de invocações a Nossa Senhora nos testamentos, o número de roubos cometidos em determinado lugar: "Em última análise [...] não há história senão quantificável".[10] Esse entusiasmo pelo computador, oráculo dos tempos modernos, nasceu da desconstrução e acentua ainda mais a propensão ao estilhaçamento, à serialização, pois, embora se possam contar séries, não se podem contar sínteses. Outro efeito é privilegiar os fenômenos repetíveis, a longa duração, as permanências, e descentrar o homem como sujeito coletivo da história, massa que resiste à quantificação.

Esse estilhaçamento da história pode ser percebido como efeito retardado do estruturalismo triunfante dos anos 1960 sobre a disciplina histórica, estruturalismo que, com seu anti-humanismo teórico, descentrou o lugar do homem em benefício de uma desconstrução que atingiu o ápice da teorização em Michel Foucault a partir do imediato

---

8 Furet, *Le Débat*, v.12, 1981.
9 Ladurie, *Territoire de l'historien I*, p.13-4.
10 Ibid., p.20.

pós-Maio de 68, quando ele fala, no início da *Arqueologia do saber* (1969), sobre a nova escrita historiográfica: "O tema e a possibilidade de uma história global começam a desaparecer, e vemos delinear-se algo bem diferente, aquilo que poderíamos chamar de história geral [...]. Uma descrição global encerra todo os fenômenos em torno de um centro único – princípio, significação, espírito, visão de mundo, forma de conjunto; a história geral, ao contrário, exibiria o espaço de uma dispersão".[11]

O estruturalismo vai irrigar o saber histórico depois de ter transformado a linguística, a antropologia, a psicanálise. O historiador é então convocado, nesse contexto, a radicalizar sua rejeição a qualquer teleologia, a qualquer relação com o sujeito, com o tempo contínuo, substituindo-o por uma noção neopositivista de acontecimento: "O ser humano não tem mais história, ou melhor, uma vez que fala, trabalha e vive, encontra-se em seu ser próprio, incrustado em histórias que não lhe são subordinadas nem são homogêneas [...]. O homem, como era visto no século XIX, está desistoricizado".[12] Nessa perspectiva, desaparece o modelo consciente, dissolvido na multiplicidade de histórias heterogêneas, e a figura do homem apaga-se como um desenho na área da praia... Essa desconstrução, essa serialização do campo histórico corresponde também ao refluxo do movimento de Maio de 68, à sua fragmentação numa era de desilusões em que, por trás dos "modelos", descobrem-se cercas de arame farpado e vedetas de sentinelas.

O real perde então racionalidade e escapa à vontade humana. A rejeição à síntese enraíza-se no recuo do engajamento, no refluxo da onda; é expressão de uma vontade de escapar ao ideológico, forma de redobre nas dobras de um objetivismo cientificista que exprime bem uma geração de historiadores que foi, em grande parte, marcada por sua cegueira no momento do stalinismo triunfante dos anos 1950. A história não serve mais, então, para olhar em direção ao futuro, mas sim para exaltar uma figura magnificada do passado, ela é um antídoto à mudança, conservadora dos valores e tradições populares. Emmanuel Le Roy Ladurie pode então encarecer os méritos do *ostal* antigo

---

11 Foucault, *L'Archéologie du savoir*, p.17-9.
12 Foucault, *Les Mots et les choses*, p.380.

e exprimir o desejo "para o século XXI, de um Aveyron global em sua imagem de 1925, à escala de toda a humanidade".[13] Essa explosão da história atinge todos os períodos da disciplina histórica. Desmultiplicação dos polos da pesquisa em história grega com Edouard Will em Nancy, Pierre Lévêque em Besançon, Robert Etienne em Bordeaux. A grande inovação de 1968 é, sobretudo, a inversão de perspectiva sobre a Grécia antiga graças ao trabalho de Jean-Pierre Vernant e de seu grupo. Certamente, as orientações de Vernant são definidas num período anterior e se inspiram, quanto ao essencial, no estruturalismo. Ele já expunha desde 1958 sua interpretação do mito das raças em Hesíodo, e seu *Mythe et pensée chez les grecs* [*Mito e pensamento entre os gregos*] é publicado por Maspero em 1965, mas se torna acessível ao grande público na pequena coleção Maspero a partir de 1971, e o estudo da Grécia antiga não é mais possível sem se levar em conta o trabalho de antropologia histórica de Jean-Pierre Vernant interrogando os quadros da memória, a organização do espaço, o nascimento do político, a ideia de trabalho, a pessoa na religião grega...

A teorização da explosão do campo histórico vai tomar sobretudo como terreno de aplicação o período moderno, momento privilegiado para refratar as principais mutações socioculturais dos anos 1970. Esse período moderno que precede o corte revolucionário se apresenta como o refúgio no que toca às desilusões de toda uma geração e permite o recurso a uma antropologia histórica que interroga a família, a sexualidade, a morte, outras tantas pesquisas setoriais que se apropriam de novas fontes: diários íntimos, testamentos, monumentos funerários, iconografia... Por outro lado, um setor novo emergirá em ligação estreita com o movimento de Maio, a história das mulheres. Defendida pelo movimento feminista, os historiadores/historiadoras irão se questionar a respeito da existência específica das mulheres. Inicialmente, história dos corpos, da maternidade, do parto, da prostituição, dos trabalhos propriamente femininos, das representações simbólicas femininas, essa cultura em construção se questiona a respeito de seus limites, sua transparência, sua alteridade ou sua complementaridade em relação à história dos homens. A história humana se vê clivada por ela, tornada mais complexa, e é um enriquecimento maior que,

---

13 Le Roy Ladurie, *le Territoire de l'historien*, v.II, p.336.

aliás, responde às transformações sociais essenciais dos anos 1970 nesse campo.

Faltaria a essa história triunfante, talvez em razão mesmo de seu sucesso, interrogar-se a respeito de si própria, dialetizar sua relação com o tempo presente, pôr em questão seus objetos e seus conceitos importados. O 68 teria, nessa altura, acelerado uma crise de historicidade, para dar lugar a uma pós-história, expressão de um pós-modernismo no qual a história perde o *status* de superação, de devir. As sociedades frias, objeto de exotismo dos anos 1950, subverteram, portanto, a história no fim dos anos 1960, e isso não é um paradoxo desprezível para um movimento, o de 68, que se via como um movimento vanguardista.

6
Maio de 68, maio de 88: artimanhas da razão[1]

À memória de Jean Michel Brabant

A visão de Maio de 68 legada por Jean-Michel Brabant reconstitui toda a carga existencial daquele momento que funda a identidade de uma geração. Vendo essa exigência perder-se nas areias movediças das concessões cotidianas, ele optou pela via da morte, como para dar ouvidos à vida. Seu modo de ver deve ajudar-nos a preservar no fundo de nós mesmos essa vontade de mudar a vida tão manifestamente expressa e frequentemente reprimida diante das resistências do imutável. Ele exprime essa consciência da transformação possível a partir de um acontecimento-ruptura fundador.

Vinte anos depois, o que resta dessa esperança? Como evoluiu a imagem de Maio de 68 entre 1968 e 1988? Qual a problematização de Maio hoje? Como exprimir a reflexão da consciência sobre si mesma?

Poucos acontecimentos suscitaram tantos discursos. A força de Maio de 68 reside provavelmente nesse entrelaçamento dos sentidos que torna caduca qualquer tentativa de redução desse acontecimento enigmático a um sistema causal único e mecânico. Essa rebelião contra

---
[1] Artigo publicado em *Espaces Temps*, n.38-9, 1988.

as relações hierárquicas, essa contestação generalizada do poder, lançou as bases de uma revolta anticapitalista e antiburocrática, embrião do que poderia ser um movimento revolucionário em país capitalista moderno. Uma revolução prematura e abortada contra a atomização do tecido social e a fabricação do homem unidimensional. O movimento chocou-se contra o sistema sem conseguir derrubá-lo, mas abalando-o seriamente. Vamos tentar captar as inflexões da imagem de Maio que nos impressionam a retina como um momento a afastar-se no horizonte. Sua decifração torna-se cada vez mais complexa a cada etapa sucessiva de parasitação que vem pousar sobre ele, como estratos sedimentares no fundo dos oceanos. O sentido sob a areia pode muito bem ficar enterrado.

Uma brecha?

Maio de 68 não foi apenas um retalho de história gaulesa. A revolta da juventude foi simultânea de Leste a Oeste e de Berkeley ao México. Sob o napalm a contestação ia sendo incubada, opondo figuras de proa da resistência, da rebelião, de Ho Chi Mihn a Che Guevara, e o movimento de Nanterre, que optou por chamar-se 22 de Março como referência ao movimento 26 de julho de Fidel Castro. Um sentimento agudo de solidariedade dos povos numa marcha sincrônica contra a opressão renovava as energias, extravasava dos limites do sistema. A primeira interpretação de Maio de 68 enfatizou o caráter global do movimento, tanto em seu sentido de unidade quanto de radicalismo. Ao contrário daqueles que viram em Maio de 68 uma simples crise de adaptação de um sistema universitário arcaico, Edgar Morin[2] ressalta já em 1968 que as grandes universidades mais virulentas na revolta, Berkeley e Columbia, eram as mais adaptadas à modernidade. Os focos por excelência da contestação encontravam-se justamente no setor das ciências humanas (sociologia sobretudo), e a razão disso é a recusa a ser vista como um saber auxiliar dos poderes econômicos e políticos contestados em seus alicerces. A fermentação da revolta que extrai dessas disciplinas as

---
2 Morin, Belfont, Coudray, *Mai 68*.

armas da crítica enraíza-se, portanto, no desejo de ruptura global com o conjunto do sistema. Diante da Citroën, em Maio, aqueles estudantes dizem aos operários num diálogo efêmero e frágil, pois a CGT continuava de pé atrás: "O que os jovens não querem mais, revoltar-se com 18 anos e ser diretor de empresa com 25". Portanto, passaríamos ao largo do acontecimento se imaginássemos reduzi-lo à expressão da inadequação entre o crescimento da população estudantil (de 190 mil em 1960 para 800 mil em 1968) e a capacidade de integração dessa nova leva na pesquisa e no ensino. Autores tão diferentes quanto Pierre Bourdieu, Raymond Aron e Raymond Boudon defenderam o esquema da angústia pela degradação de estudantes vítimas de uma inflação-desvalorização dos títulos universitários, em virtude da qual os "fracassados" da burguesia, ameaçados de serem degradados, teriam se unido aos "bem-sucedidos" detentores de títulos que já não ofereciam a possibilidade de ingressar numa profissão burguesa, por falta de capital social suficiente. Esse esquema sociologizante privilegia a problemática de repetição, de integração, verdadeira doença infantil de uma sociologia que revela aí a incapacidade de perceber a inovação, a irrupção do novo, ao qual opõe uma resistência que Freud chamava de compulsão à repetição.

"Inapreensível", dizia na época o general De Gaulle a respeito dos "acontecimentos", qualificativo cuja pertinência continuamos a avaliar. Sem dúvida, essa análise vale para os resultados da revolta, cujos prolongamentos se encontram na aplicação de uma reforma modernista do velho sistema universitário, na racionalização que permitiu engolir a explosão. Mas o sentido primeiro daquela Comuna juvenil foi "a irrupção da juventude como força político-social".[3]

A força dessa Comuna consistiu em recusar os conchavos nos quais tentavam encerrá-la a cada um de seus avanços, em suas dimensões não assimiláveis: "Foi na experiência utópica e não construtiva que ela construiu um futuro que diz respeito a toda a sociedade".[4] Revolução sem rosto, porque tinha mil, que se transcende numa luta de classes de tipo novo. Utopia concreta, embrião de um comunismo original liberto do fantasma stalinista. Um comunismo utópico, como qualificado por

---

3 Morin, Belfont, Coudray, *Mai 68*.
4 Ibid., p.33.

Alain Touraine, que nele também vê a rejeição aos instrumentos de integração, de manipulação empregados pela tecnocracia onipresente: "A grande palavra de ordem dos tecnocratas que dirigem a sociedade é: adaptação. O movimento de Maio respondeu: expressão. O que está em jogo na luta é o controle do poder de decidir, de influenciar, de manipular, e não mais somente o poder de apropriar-se do lucro".[5] O que se combate engloba as relações de produção, superando-as, para opor-se a qualquer forma de manipulação dos desejos e das necessidades. Contestação global de uma civilização comercial, de consumo de massas, que tende a reificar o homem. Maio de 68 reintroduz, como sobressalto, a descontinuidade, a ruptura na ilusão do progresso contínuo, da repetição do mesmo na forma do bem-estar material: "Maio de 68 foi a aspiração a outra vida, a outra sociedade, a outra política".[6]

Da irrupção do acontecimento surge a sincronização das temporalidades múltiplas: individuais e coletivas, econômicas e políticas. Essa interpretação enfatiza esse movimento de intensa politização que age como precipitado a cristalizar as divisões mais diversas para cliváç-las a partir de uma linha divisória nova que se define a cada dia com o avanço do movimento. Assim como no esquema sartreano, o surgimento do grupo em fusão e em ação rompe os diques do prático-inerte, caracterizado pela justaposição das solidões, pelo anonimato, pela serialidade que um sociólogo americano chama de multidão solitária.[7] Contra a massividade-passividade de uma sociedade adormecida, o movimento surgiu como uma práxis espontânea a arrancar da inércia, agregando uma coletividade cada vez maior em torno de uma aventura comum.

Nesse primeiro apanhado global do acontecimento, não se oculta a dimensão política. A revolta chocou-se de frente com o aparelho repressivo do Estado, com sua polícia, com um regime de tipo bonapartista particularmente centralizado, que suprimira imprudentemente todas as válvulas de escape, todos os corpos intermediários, preferindo a autoridade carismática e paternalista de De Gaulle. "Dez anos bastam." O movimento de Maio assume o objetivo de repolitizar a sociedade (tudo passa a ser político), ao mesmo tempo que pensa a sua

---

5 Touraine, *Le Mouvement de Mai ou le communisme utopique*.
6 Morin, *Le Monde*, 2 jun. 1978.
7 Riesmann, *La Foule solitaire*.

revolução como desestatização. Radicalismo dessa contestação política que não se apresenta como outra política, mas situa-se do lado do não poder, passando diante do Palais-Bourbon sem lhe dar atenção alguma.

Como todo movimento revolucionário, Maio de 68 mobilizou o novo e o velho, o político e o poético. Sua linguagem é a mesma, tanto de Rimbaud ou Breton quanto de Trotsky ou Guevara. Em 68, repetem-se 36 de suas ocupações, 1870 e sua Comuna de Paris, 1779 e seu questionamento da legitimidade da monarquia, enquanto, evidentemente, a sombra de Lênin paira sobre as cabeças para reeditar o esquema de 1917. Essa mobilização do antigo em nada desqualifica um movimento que, como toda ruptura, extrai do passado uma memória útil para um presente em ruptura, que se busca em caminhos novos de uma utopia concreta, liberta do stalinismo. Essa utopia pode ser vista na aspiração à autodeterminação, na rejeição à verticalidade e à delegação do poder.

Do refluxo à reciclagem

A onda de Maio de 68 inicia seu refluxo, e, na trilha da revolta, o governo vai lançar o seu asfalto. A rejeição frontal é substituída pela pluralidade das práticas das rupturas. O caráter unitário do movimento de Maio desaparece para dar lugar a análises e práticas que privilegiam o caráter fragmentário, estilhaçado, que ressurge nas margens, nos interstícios, escamoteando a dimensão política. A esperança de mudança encarna-se então, entre outras coisas, numa segunda esquerda que, afirmando-se herdeira de Maio, evita o Estado, a reforma global da sociedade, e de Maio de 68 recupera aquilo que, aqui ou acolá, nas instituições periféricas, possa movimentar alguns valores-tabu para instituir novas práticas de vida social e cultural.

A onda contestadora encolhe-se sem perder dinamismo e exprime-se na forma de ressurgência naquilo que se chama então de *fronts* secundários. "Corre, camarada, que o velho mundo está atrás de você." A recuperação é vivida como uma verdadeira obsessão diante de um sistema que devora pouco a pouco os filhos perdidos de Maio. Se, em sua fase ascendente, o movimento procurava o confronto permanente com o poder, no ciclo provocação/repressão, num segundo tempo, vai ressurgir à margem, nos interstícios, nos *fronts* das relações entre homens e mulheres, das prisões, da escola, da família, da psiquiatria, da imigração. Essas lutas sem dúvida realizaram as transformações mais concretas da sociedade francesa. Sua dimensão política e revolucionária é eclipsada, ficando-se com sua vontade de desmantelar alguns instrumentos periféricos do poder. O Estado já não está em jogo, e as atenções se voltam para a experimentação social que alimenta os programas da nova esquerda. O poder circula em cada um segundo o esquema de F. Guattari, de G. Deleuze[8] ou de M. Foucault.[9]

O poder está em toda parte, panóptico em escala social, portanto em parte alguma; ele está em todos os lugares, logo não tem lugar definido. Essa preensão da realidade legitima as forças tópicas de resistência, uma microfísica do poder que substitui a abordagem globalizadora das coerências sociais: "Nós acabamos com todos os conceitos globalizadores".[10] E isso alimenta com eficácia os movimentos antipsiquiátricos, a luta das mulheres, o grupo *Information Prison*: todos expressão de uma recomposição parcial da dinâmica do movimento.

Mas o vento do refluxo sopra as últimas brasas e permite que penetre o discurso da amargura. Numerosos são os atores de Maio que correram então para o confessionário, a fim de redimir-se dos pecados. O décimo aniversário de Maio de 68 foi o clímax desse fenômeno preparado pela "nova filosofia". O marxismo torna-se então sinônimo de barbárie, e Marx deve responder do Gulag àqueles que, por trás de Mao, descobrem a figura do Anjo. Como o mundo é engano, já não há mundo, que é substituído pela onipotência do verbo, e, por trás de Mao, desperta Moa, e o Ato de exorcismo deve varrer tudo deste pobre mundo de materialidade ilusória. Em última análise, já não há mundo, como proclamam Guy Lardreau e Christian Jambet: "Digo que a realidade não passa de discurso".[11] Na lógica da falta, os "novos filósofos" redescobrem a Lei do Mestre, a viva, de Lacan, e a outra, oculta, de Deus: "Reencontramos o desapego cristão: o desprezo por todas as coisas, esquecimento dos pais, horror pelo próprio mundo".[12]

---

8 Deleuze, Guattari, *L'Anti-Oedipe*.
9 Foucault, *Surveiller et punir*.
10 Deleuze, *Dialogue avec Claire Parnet*, p.173.
11 Lardreau, Jambert, *L'Ange*, p.18.
12 Ibid., p.133.

E Jean-Marie Benoist defende a rebelião de monsenhor Lefebvre e a beleza do ofício em latim: "Aqueles meninos mimados, criançolas retardadas, queriam a revolução já. Não! Como ela não veio, batem o pé... Coitadinhos, tão perdidos...", apieda-se Viansson-Ponté.[13] A voga da "nova filosofia" nos anos 1970 arrastará muitos desses filhos de Maio na tormenta, sobretudo os antigos maoistas da *Gauche Prolétarienne* [Esquerda Proletária] que haviam sido os campeões da adesão mística ao Grande Timoneiro. Descobrem o discreto charme do liberalismo e trocam o colarinho à Mao pelo terno e gravata.

Hipnotizador, esse novo discurso exorciza Maio de 68, que é sentido como a imagem indelével do Maio absoluto. J.-P. Le Dantec denuncia "os perigos do sol":[14] esqueceu-se do protetor solar. Põe-se a atacar aquilo que chama de "gangrena" que situa não só em Marx, mas também na própria ideia de revolução e de sua "propensão congênita para o terror".[15]

Depois do ato de exorcismo dos "novos filósofos", o coquetel 68 está doce demais: fica a garrafa, mas sai o álcool. Régis Debray já denunciara o fenômeno em 1978.[16] Por ocasião do 10º aniversário, ele tratara dessa história de amor não correspondido entre certa *intelligentsia* e a burguesia ascendente. Por trás de Maio, o traje Mao não passara de fantasia. Mao-Maio propiciava uma abertura para o espaço e dava acesso à vida de um representante *made in USA*.

André Glucksmann conta sua metamorfose em suas três saídas decisivas: a do Partido Comunista Francês, com 19 anos, a saída para a rua em Maio de 68 ("Foi minha segunda saída") e, por fim, "A terceira me mostrou que, até em pleno ar, corremos o risco de reconstruir a prisão teórica e marxista".[17] O acontecimento-ruptura não teria passado de momento de adaptação da modernidade a um capitalismo há muito adormecido, momento de autorregulação. A passagem por Pequim era para saborear melhor as delícias californianas da Silicon--Valley. Aquele período entre dois Maios não seria um período entre dois mares? Os atores de Maio teriam sido engodados à maneira de

---

13 Viansson-Ponté, *Génération perdue*, p.15-6.
14 Le Dantec, *Les Dangers du soleil*.
15 Ibid., p.279.
16 Debray, *Modeste Contribution aux discours et cérémonies du 10ᵉ anniversaire*.
17 Gluksmann, *L'Express*, 18 jul. 1977.

Simone de Beauvoir. Nessa perspectiva, não teriam jogado as pedras das calçadas contra a sociedade de consumo, contra a atomização do corpo social, mas, ao contrário, a favor do seu advento. As artimanhas da Razão teriam embaralhado as cartas de uma revolta míope. Relegando ao museu de história a velha França do papai Pétain e sua trilogia Trabalho-Família-Pátria, o movimento de Maio teria possibilitado, por meio de uma revolta "maneira", *soft*, a passagem da burguesia do Estado autoritário para a nova burguesia financeira, liberal e moderna. Aquele carnaval de primavera teria ajudado a tirar o atraso acumulado por uma velha França rural, artesanal, agrícola, convertida tardiamente às tecnologias modernas.

Nos anos 1980, teremos duas vertentes dessa tese de adaptação à modernidade. Temos a tese economicista, de Alain Minc, que exalta "um capitalismo à 68",[18] no qual ele vê a possibilidade de nova dinamização de um sistema em crise de letargia, graças a uma criatividade que volta às bases, presente naqueles que, querendo que as coisas "se mexam", poderiam fazer revolução todos os dias, como diziam as propagandas pós-68. Em Maio de 68 consertamos o mundo; nos anos 1980 consertamos nossa cozinha! Alain Minc vê nos contestadores de ontem, convertidos ao liberal-libertarismo, um viveiro de talentos capazes de livrar-nos da tralha arcaica de rendeiros e proprietários rurais pré-industriais e abrir caminho para uma França mais forte, conquistadora, empresarial, ganhadora.

Evidentemente, o instrumento revolucionário mudou: não é mais a pedra ou a barricada, porém o mercado e a tecnologia. Paul Yonnet segue a mesma direção quando nos apresenta Maio de 68 como um movimento profundamente adaptador, fermento de uma revolução liberal, movimento inervado em seus componentes centrais pelo anticomunismo.[19] Essa versão dos fatos, reflexo do contexto do final dos anos 1980, deveria, porém, encarar com um pouco mais de seriedade o pensamento dominante do final dos anos 1960 e do início dos 1970, que era em grande parte permeado por um marxismo triunfante, tanto na universidade, na forma althusseriana, nos grupos revolucionários trotskistas ou maoistas, como também, em maior escala, em amplos estratos do mundo intelectual.

---

18 Minc, *L'Avenir en face*.
19 Yonnet, *Le Débat*, maio-ago. 1988.

Além do Partido Comunista Francês, eram inúmeras então as organizações políticas que falavam em nome do marxismo: depois de 68, durante o seu congresso de Dijon, o PSU declara-se partidário da ditadura do proletariado, e até o novo PS de Epinay preconiza a ruptura com o capitalismo...

A outra tese, de ordem sociológica, é de Gilles Lipovetsky.[20] Para ele, Maio de 68 possibilita a eclosão do individualismo narcisista. Em Maio, faça o que você quiser, diz Gilles Lipovetsky, relegando a último plano a busca constante da ação coletiva, o ideal de solidariedade das múltiplas manifestações, reuniões, assembleias de Maio. Movimento tolerante por trás da denúncia dos sistemas, fossem eles gaullistas ou comunistas, seu único móvel teria sido o advento do *ego*.

Essa tese nos propõe uma interpretação neotocquevilleana da continuidade prevalecente por trás da aparência de uma ruptura que se dissipa como espuma, com o passar do tempo. Por trás da ilusão de uma revolução social mimética, segundo essa interpretação, Maio de 68 revela seu sentido no advento da pós-modernidade, no fim da história, fim das rupturas e simples desejo de comunicação, momento de eclosão de um hedonismo que quer aproveitar-se da sociedade do *self-service*, portanto uma revolução sem revolução.

Insurreição da pluralidade, da diferença contra os códigos prescritivos. Esta última imagem de Maio, esse reverso do discurso explícito do movimento, não terá conseguido alterar totalmente o sentido atribuído pelos próprios atores de Maio àquilo que eles viviam? Se as pedras foram a tal ponto engolidas pela areia, se Maio não passou de um meio para se obter a casa de campo, cabe perguntar por que os franceses atribuem tanta importância a esse acontecimento, que é considerado o mais importante desde a Segunda Guerra Mundial, como mostra uma recente pesquisa feita pelo jornal *Le Monde* (maio de 1988).

Desmentido impressionante para todos aqueles que trabalham para apagar Maio de 68: hoje os franceses veem Maio de 68 como um acontecimento mais importante que a guerra da Argélia, que o crescimento, que a crise ou a guerra entre árabes e israelenses.

Por fim, a terceira tese, que não nega o radicalismo de um movimento do qual seus próprios defensores participaram (Henri Weber e

---

20 Lipovetsky, *L'Ère du vide*.

Laurent Joffrin),[21] explica-nos, vinte anos depois, que Maio não foi uma revolução fracassada, mas uma reforma bem-sucedida. A abordagem do acontecimento visa também negar-lhe a maior parte do radicalismo do movimento pela negação de sua dimensão frontal, a política. Essa nova imagem de Maio de 68, em suas diversas facetas, toma os efeitos do acontecimento pela sua essência, e na realidade o reinterpreta a seu favor. A partir de tal consenso, cabe perguntar se Maio de 68 realmente existiu, assim como a guerra de Troia. O que vimos foi uma grande pasteurização durante esses vinte anos, ao cabo dos quais já não reconhecemos aquele momento que fundou a identidade de toda uma geração. O novo apaga-se por trás da continuidade.

Assim como Cornélius Castoriadis, podemos interrogar-nos sobre essa alteração do sentido dos acontecimentos de Maio que anula "as semanas de confraternização e de solidariedade ativa", "aquela formidável ressocialização".[22] Esses diversos desvios de interpretação, essas narrações múltiplas que reformulam o acontecimento, são, porém, indissociáveis. Constituem a trama do acontecimento, pois 68 é também o fogo de artifício dos relatos que mudam sem cessar os contornos de Maio. A questão da fixação do acontecimento é importante, e a multiplicidade dos discursos contribui para depreender a imagem que a história guardará daquele momento, para além do deslocamento de suas linhas. O sentido de Maio continua em gestação e, ao mesmo tempo, como ressalta Alain Touraine: "É agora que a imagem de 68 vai instalar-se e fixar-se na história".[23] Essa questão é importante, e a poeira parece ter dificuldades para cobrir a brasa desse acontecimento-ruptura, a julgar pela maneira como, vinte anos depois, a mídia censurou e relegou para as profundezas da calada da noite o programa da série *Génération*.

Maio ou as razões de viver

Maio? – Alegria selvagem de sentir que alguma coisa se move, como uma onda sentimental, uma paixão em escala social.
– Violência, raiva, grito, espírito de revolta que se eleva enfim.
– Comunicação imediata: todos ao mesmo tempo dizendo um desejo comum.

---

21 Weber, *Vingt ans après, que reste-t-il de 68?*; Joffrin, *Mai 68, histoire des événements*.
22 Castoriadis, *Pouvoirs*, n.39, p.108-9, 1986.
23 Touraine, n.20, maio 1988.

— Alvoroço de felicidade: passeatas extraordinárias, divina surpresa, a encherem as ruas quase sem cartazes, espontâneas, serpentinas humanas. A festa revolucionária.

— Mas o povo queria líderes, um discurso à altura de sua vertigem. Politicalha da FGDS, conservadorismo stalinista, conchavos das panelinhas esquerdistas, bom senso da direita no poder. Nossos líderes eram anões. Só uma cabeleira ruiva ficou por cima.

— Nascimento possível de uma nova fé. Revelação de uma paixão comum escondida em cada um.

Olhar infantil de uma nova sociedade olhando-se nascer. O fantasiar desse novo nascimento. Só o fantasiar. Fugidio possível. Embriaguez revolucionária sem o sangue a embeber vontades. Nada de temeridade na invenção. Uns querem refazer a Comuna; outros, Outubro; outros, ainda, Junho de 36; sem contar os conchavadores da IV Internacional. Depois, as barricadas falam tanto à imaginação. A imagem de Maio na memória coletiva: uma bandeira vermelha a meio mastro numa grotesca barricada em chamas.

Os atores da história tiveram o tempo justo de prestar homenagem aos predecessores. Em algum ponto, Maio é uma barretada ao passado. Trememos diante da história a movimentar-se perante nossos olhos. Monstro imóvel para aqueles que não tinham conhecido a Resistência nem a Argélia.

Quando tudo voltou à calma, representamos a comédia do movimento oferecendo sacrifícios ao mito da repetição. Quisemos provar a história [...] militando. A história nos mordia a nuca – era o que diziam –, e essa mordida da esperança pôs um clarão vermelho a brilhar diante de nós. A Indochina logo será. Vermelha, evidentemente. Depois mordemos a poeira da realidade terrivelmente concreta, do enquadramento social, das responsabilidades, da marginalidade política, do encantamento.

O que sobrou? Que memória e que saudade? O curso das coisas nos empurrou para a lateral do comentário e do gozo individual. Mas será mesmo preciso afundar na lama dos clichês e na cloaca dos desiludidos? Claro que não. Façamos de Maio uma barricada do verbo! (Jean-Michel Brabant).[24]

---

[24] J.-M. Brabant, a quem dedicamos este artigo, é um dos filhos de Maio. Voltando da Argélia em 1974, não conseguiu suportar a cisão do tempo e do espaço que o dividia no mais profundo de seu ser. Ruptura espacial entre a sociedade do Magreb que acabava de deixar e o individualismo triunfante que encontrava ao voltar. Ruptura temporal entre o entusiasmo existencial de 1968 e o encolhimento pusilânime dos anos 1980. Essa fratura não cicatrizou, e ele optou por dar fim a esse caminho doloroso. Deixou-nos este texto, signo da incompletude da condição humana.

7
Furet, o embalsamador[1]

O bicentenário começou com algumas escaramuças inesperadas, em vista do despertar do pensamento contrarrevolucionário encabeçado pelo cruzado Pierre Chaunu e as imprecações contra o "genocídio" franco-francês. A Revolução Francesa terminou, lembra-nos François Furet, que espera impor seu discurso recentrado como a versão oficial deste fim de século sobre o cadáver de uma revolução em vias de desinfecção, sobre o qual ele pousa a mortalha, pretendendo superar qualquer forma de engajamento para se situar no plano estrito da cientificidade.

François Furet nos apresenta duas enormes súmulas sobre a Revolução Francesa. Por um lado, o quarto volume de *Histoire de France*, editado pela Hachette (antes da publicação do terceiro tomo, pois o bicentenário obriga), notável pela sua iconografia, tratando da Revolução ao longo de um século: 1770-1880. Por outro, publica, com Mona Ozouf, um *Dictionnaire critique de la Révolution Française* pela Flammarion, com mais de mil páginas!

---

1 Artigo publicado em *Politis*, 25 nov. 1989.

Para entender a coerência de seu discurso, é preciso situar François Furet no itinerário intelectual que o levou a voltar seu olhar para a Revolução Francesa. Ele pertence a uma geração fortemente marcada pelo PCF, ao qual aderiu em 1947. Transforma-se então num apóstolo da bíblia stalinista e acha Albert Soboul bonzinho demais para seu gosto. Esse passado conta muito, tanto em sua formação intelectual quanto na constituição da galáxia Furet. Mas antes de se impor como chefe de escola, ele rompe com o PCF em 1956 para colocar sua competência a serviço não da escola dos oficiais, mas da escola dos *Annales*. Ocupa então posição central no dispositivo da revista, assumindo em 1977 a sucessão de Jacques Le Goff à frente da École des Hautes Études en Sciences Sociales (EHESS), posição que conservará até 1985. Aparece então como continuador de Lucien Febvre e Fernand Braudel e nos anos 1970 defende a história serial, quantitativa, econômica.[2]

Duração

Como especialista do momento revolucionário, François Furet encontra na revista dos *Annales* um discurso histórico que permite imunizar contra a cegueira de que ele foi vítima em plena Guerra Fria, uma história que despolitiza e dá destaque a invariantes, permanências: "Esse tipo de história (dos tempos longos, do homem médio), no fundo, é uma história cuja vocação conservadora sou obrigado a reconhecer, porque a partir do momento em que começamos a comparar – não acontecimentos que marcam uma mudança, mas elementos que são sempre os mesmos por meio de uma cronologia –, fica evidente que, por hipótese e por definição, nos arriscamos a encontrar inércias: por conseguinte, esse tipo de história parece-me ser uma espécie de bom antídoto à história, digamos, manchéstero-marxista do século XIX".[3] Uma vez que a história política é situada como o repertório privilegiado da mudança, François Furet descentra o aspecto político para mostrar, ao contrário, aquilo que perdura. É assim que sua tônica é posta no longo processo de alfabetização que triunfa na

---

2 Dosse, *L'Histoire en miettes. Des Annales à la Nouvelle Histoire*.
3 Furet, *L'Historien entre l'ethnologue et le futurologue*. Colloque international de Venise, Mouton, 1971.

França. Este, portanto, não é mais encarnado pela instituição escolar, e François Furet relativiza o voluntarismo político e cultural de Jules Ferry, o peso e o poder do Estado e de seus sistemas ideológicos.[4]

François Furet recentemente se distanciou da escola dos *Annales*. Abandonando os horizontes da história econômica e social, em 1974 fundou um novo instituto, que dirige, chamado Instituto Raymond Aron; também é co-presidente da Fundação Saint-Simon. O aspecto político volta a despertar todo o seu interesse, orientando a sua abordagem ao fenômeno revolucionário. Haverá uma versão Furet de 1789, assim como se pode falar de uma visão de Michelet, de Aulart ou de Mathiez?

Responder a essa pergunta exige que se faça uma distinção entre três etapas sucessivas da trama cronológica, que põem ainda mais à mostra três discursos diferentes sobre o período revolucionário e seu estatuto. Não há um Furet, porém três!

Furet 1: a tese da derrapagem

Nos anos 1960 triunfa a longa duração braudeliana. A história é quase imóvel, está presa nas malhas dos longos *trends* plurisseculares. O historiador quantifica com o computador e desenha as curvas da produção, da demografia, os ciclos dos metais preciosos. François Furet balança o coreto publicando com Denis Richet uma obra que vai representar o suprassumo do discurso revisionista sobre a Revolução Francesa.[5] Retoma a famosa tese da derrapagem de uma revolução congelada. A compreensão das décadas revolucionárias 1779-1799 consiste primeiramente em colocá-las entre parênteses, para relativizar sua importância.

François Furet e Denis Richet apagam as pegadas da ruptura de 1779 com o processo da longa duração. Em última análise, a Revolução já estava feita antes da tomada da Bastilha. Nos planos econômico e cultural, uma burguesia esclarecida e uma aristocracia liberal formam, já no início do século XVIII, uma elite progressista, que, por um processo de osmose e de autorregulação do sistema, traz em si a

---

4 Furet, Ozouf, *Lire et écrire*.
5 Furet, Richet, *La Révolution Française*.

esperança da mudança rumo ao progresso e às luzes, mudança "pelo alto" cujo programa, uma vez cumprido, permitiria evitar a fratura revolucionária. François Furet apresenta então uma aristocracia maciçamente liberal, conquistada pelas novas ideias do século. Se a obra da Revolução precede a própria Revolução, pode-se então perguntar, assim como se faz com a guerra de Troia, se ela realmente ocorreu. Em relação aos fenômenos de longa duração, 1789 faz papel de mito, ruptura inencontrável.

Como historiador, é preciso propor um relato do acontecimento revolucionário depois de tê-lo diluído como momento fundador. A versão proposta por François Furet e Richet retoma essencialmente a tese clássica dos liberais, que veem no período 1750-1850 uma progressão contínua das liberdades.

A incongruência

Em relação a essa evolução, o Terror aparece como uma incongruência da história francesa que é preciso pôr entre parênteses. Essa abordagem retoma a análise da historiografia liberal (Mme de Staël, Guizot ou Charles Rémusat), que, já no início do século XIX, propôs uma cesura entre a boa revolução no modelo britânico e a pavorosa singularidade gaulesa do terror jacobino.

O gesto revolucionário é realizado então em dois tempos: o tempo positivo da unidade da nação e o tempo negativo de sua dilaceração. No entanto, tudo começa bem: no verão de 1789 realiza-se a reconciliação da elite, e o ano de 1790 é qualificado como "*Ano feliz*".[6] Contudo, bem depressa a unanimidade proclamada da festa da Federação desemboca na guerra civil e aparece então "a derrapagem da revolução", que faz a revolução liberal tropeçar. É surpreendente, aliás, observar as mesmas pessoas que contestam a visão teleológica da história propondo assim, de maneira sub-reptícia, uma noção (da derrapagem) que implica um sentido, uma direção preestabelecida nos acontecimentos revolucionários.

---

6 Ibid., p.99.

Naquele feliz ano de 1789, são esquecidas, de passagem, certas máculas na felicidade, pois o povo continua afastado do sufrágio censitário, que só atinge a população rica. O acidente do exterior, a guerra, vem romper o equilíbrio, e tudo balança. François Furet e Denis Richet tentam então prender-se aos homens e aos partidos que se opõem a qualquer forma de radicalização revolucionária. Sucessivamente, fazem a apologia dos *monarchiens*, de opiniões razoáveis em 1789, e a dos *feuillants*, em 1791. Os autores estão decididamente do lado daqueles que querem deter a revolução. Eliminados os *feuillants*, os girondinos ganham repentinamente ares de simpáticos diante dos *montagnards*. Sua derrota marca o fracasso da Revolução, sem contar seu próprio fracasso político.

O tempo da *Montanha* torna-se "o tempo do desastre".[7] Mas a abominação encontra-se sobretudo do lado dos *sans-culottes*, que retomam em seus próprios termos as formas violentas e arcaicas de ação dos movimentos urbanos dos séculos XVI e XVII. Hébert transforma-se em Nosferatu, o vampiro, que tem "sede de sangue".[8] A plebe, a canalha, tirou dos trilhos a Revolução da inteligência, lançando a França nos carris de uma aventura regressiva de cunho militar-camponês, origem do atraso de uma França rural em face de uma Inglaterra comerciante, industrial e aberta para os grandes espaços marítimos. Nessa primeira versão, o Terror é apresentado como um episódio insensato. Ele "traz a marca do contingente e do excepcional".[9] Nesse estágio, a ditadura jacobina é, portanto, produzida pelas circunstâncias, principalmente pela guerra. Logo, ela é gerada por um elemento exterior à lógica interna dos acontecimentos revolucionários franceses.

Furet II: a tese da deriva

François Furet, no fim dos anos 1970, desloca o momento da derrapagem. Em sua obra publicada em 1978,[10] afirma em alto e bom som que "a revolução terminou" e que "1779 inaugura um período

---
7 Ibid., p.203.
8 Ibid., p.232.
9 Ibid., p.205.
10 Furet, *Penser la Révolution Française*.

de deriva da história".[11] A derrapagem não deve ser mais atribuída a quaisquer circunstâncias históricas, argumento atribuído ao vulgo; ela está inscrito na própria ideia de revolução. François Furet, portanto, enquadra o seu pensamento sobre a Revolução num processo de distanciamento em relação aos discursos de seus atores e às suas circunstâncias. A simples dinâmica da ideologia revolucionária traz em si os germes do terrorismo, assim como a nuvem traz a tempestade.

Entre Furet I e Furet II existe a revelação espetacular de Gulag, os textos de Soljenitsyn que incitam Furet a ler 1789 pela máscara da evolução da revolução de 1917, fazendo-o cair assim no vezo, denunciado, de uma historiografia marxista que atribuía importância excessiva à sorte da Rússia em sua abordagem da Revolução Francesa. François Furet admite, aliás, essa relação orgânica: "Hoje, Gulag obriga a repensar o Terror, em virtude de uma identidade de projetos. As duas revoluções estão interligadas".[12] O acontecimento 1789 já não está imerso na longa duração, já não é simples parênteses: ele é fundador... mas de uma deriva.

A Revolução segue uma dinâmica que arrasta inexoravelmente para além das implicações sociais e militares expressas por seus atores, que são relegados a simples cenário. O Terror já estava implicado, mesmo antes de 1779, na ideia de revolução: "A verdade é que o Terror faz parte da ideologia revolucionária".[13] Robespierre já não é mais a personagem incongruente do drama descrito em 1965, pobre infeliz do tempo do desastre, mas a encarnação obrigatória da saída totalitária, assim como Stálin já estava inscrito no *Que fazer?*. Como o adágio diz que "se na pior estou, a culpa é de Rousseau",[14] Furet vai situar a origem ideológica do jacobinismo em Rousseau. Ora, não existe continuidade entre o rousseaunianismo e a doutrina política revolucionária,[15] que, ao contrário, constitui uma ruptura com a ideia de contrato social, baseado na individualização. Ao contrário, Saint-Just vê no estado natural o estado de sociabilidade e a harmonia original.

---

11 Ibid., p.69.
12 Furet, *Penser la Révolution Française*, p.25.
13 Ibid., p.90.
14 Na verdade, trata-se de uma estrofe cantada por Gavroche no romance *Os Miseráveis*, de Victor Hugo: *Le nez dans le ruisseau/C'est la faute à Rousseau*. (N. T.)
15 Goddard, Saint-Just critique de Rousseau, *Espaces Temps*, n.38-9, 1988.

François Furet, atendendo às necessidades de sua tese, exuma dois pensadores, completamente hostis à Revolução. Um deles é Tocqueville, já adaptado ao gosto atual por Raymond Aron, e o outro é Auguste Cochin: "Tocqueville e Cochin são os únicos historiadores que propõem uma conceituação rigorosa da Revolução Francesa".[16] Tocqueville permite que Furet reate com sua abordagem de 1965 e reconstitua o acontecimento revolucionário numa trama de longa duração cujas raízes estão no antigo regime, trama que se conclui no século XIX, na afirmação de um Estado moderno, centralizador, poderoso regulador da sociedade civil. Todo um percurso coerente permite assim reunir e reconciliar Luís XIV, Robespierre e Napoleão num mesmo esforço de consolidação de um Estado eficaz. Mas, se Tocqueville permite relativizar 1789, não permite extirpar a ideia de revolução. Daí o apelo a Cochin, integrista católico do início do século XX, que denuncia o poder coletivista, a tirania das sociedades de pensamento, o "magma popular", os manipuladores de todos os tipos. O espantalho brandido por Cochin é o jacobinismo, expressão mais afirmada da ideia revolucionária. Furet, baseando-se em Cochin, denuncia o conceito de povo-rei como "matriz do totalitarismo".[17] Fim do segundo ato.

Furet III: a tese do consenso republicano

O apelo de Cochin foi ouvido a tal ponto que Furet adernou para a direita e quase chegou a ficar sepultado debaixo de torrentes de hemoglobina. Os *Chaunu-boys* puseram-se em formação de batalha para denunciar os malefícios revolucionários e vingar a Vendeia. Assistiu-se a uma verdadeira cruzada dos brancos pela erradicação definitiva do Maligno. Sucederam-se obras que denunciavam o vírus, o vício, a perversão intelectual. Tudo foi posto no mesmo plano: Vendeia = massacre dos armênios = Hitler = Gulag = Khmers vermelhos, e dá-lhe Pierre Chaunu cuspindo cada vez que passava pela frente do Liceu Carnot. Os cruzados brancos, em sua denúncia da greve de regressão/perversão

---
16 Furet, *Penser la Révolution Française*, p.9.
17 Ibid., p.232.

nacional, precipitaram-se para a brecha aberta por François Furet, pois este último acreditava que a deriva começava já em 1789 e que todo o pensamento contrarrevolucionário, mal das pernas desde 1945, podia então desenvolver-se livremente. Não foi isso o que eles nunca pararam de dizer, desde Burke (1790) até o Gaxotte? François Furet, à beira do bicentenário, poderia deixar-se enterrar pelo exército da Vendeia? Isso é desconhecer o senso de estratégia do historiador que, em 1986, dá início a um recentramento de sua leitura da Revolução.

Sem dúvida, François Furet repete sua mensagem de 1978: a Revolução está terminada, mas se ela se desvanece como fulcro, como linha de clivagem política, o bicentenário, ao contrário, está começando, e ele, numa ocasião como essa, não quer ficar devendo um discurso consensual, uma paz honrosa antes da paz civil na era do *soft*. É o que celebra com veemência o novo papa da Revolução (as instruções das autoridades educacionais aos professores já se dão no sentido de uma releitura necessária desse período à luz de François Furet); é o fim da excepcionalidade da história política francesa, o regresso às fileiras da normalidade, o fim do longo ciclo revolucionário. Para François Furet, nossa evolução política permite até a reconciliação entre o Antigo Regime e a Revolução desde a eleição do presidente da República com o sufrágio universal, da qual nasceu a nossa "República monárquica".[18]

Para aqueles que acreditam ainda que a sociedade, os conflitos sociais, os alicerces econômicos, poderiam ter qualquer eficácia, a leitura dessas novas obras é uma revolução na Revolução. A história social é simplesmente dispensada, mas não por falta de lugar (mil páginas)! Apesar de uma centena de verbetes no *Dicionário,* será inútil procurar um para *burguesia* ou *capitalismo*! Ainda que a caracterização de "revolução burguesa" exija maiores explicações – o que, aliás, foi feito pelo notável trabalho de Regine Robin –, como afirmar hoje que o papel da burguesia nessa Revolução foi insignificante? Evidentemente, entendemos as razões voluntárias de tal omissão que dá razão a um diagnóstico de fim de história, como já tentara Guizot. O recentramento realizado por François Furet permite revitalizar o alcance de 1779, que,

---

18 Furet, *Dictionnaire critique de la Révolution Française* (prefácio).

no entanto, é apresentado como deriva dez anos antes: "entre maio e agosto de 1779, todo o Antigo Regime desmoronou".[19]

De novo, a Revolução é apresentada como ruptura inaugural, verdadeiro descortinar-se de um novo horizonte. O ano de 1779 já não abre as portas para Gulag, pois o Terror e o Código Civil apareceram juntos. A tese, como se vê, é mais hábil, menos polêmica, mais consensual. Assim, no que se refere ao Terror, é restabelecida a relação entre este e as circunstâncias, mas a discrepância cronológica, que permite constatar que o Terror se fortalece como a guerra civil se esvai, possibilita que François Furet reintroduza a sua análise crítica da própria noção de Revolução como geradora de terror: "Ele agora é coextensivo à Revolução".[20]

François Furet insiste, porém, em ver na ideia revolucionária a explicação essencial para o terrorismo de Estado, uma vez que este permite levar a cabo uma cultura revolucionária que se apoia no voluntarismo político, pondo o povo no lugar do rei para realizar a regeneração do homem. Mas 1779 nem por isso deixa de ser, para François Furet, a origem de todas as nossas infelicidades. Ele discerne na ruptura revolucionária o nascimento do "homo democraticus em sua pureza moderna".[21] O racionalismo político em ação de Turgot a Ferry constitui, portanto, a base de nossa democracia política, e, nesse sentido, Fouret III pode corrigir Fouret II já em 1986: "Sou um grande admirador de 1779".[22]

A narrativa que ele empreende limita-se num século à dialetização do indivíduo em suas relações com o novo poder soberano, armado de uma legitimidade ainda maior do que no Antigo Regime, o que confere um colorido nitidamente tocquevilleano ao conjunto, com reflexões interessantes sobre a relação liberdade/igualdade. O abandono da história total e sua substituição por uma atitude puramente serial, cujo único fio condutor são representações políticas, permite transmitir a mensagem da reconciliação nacional. Nesse retrato de família, os antigos heróis, Danton ou Robespierre, descorados pelo Terror, dão lugar a novos heróis positivos: Condorcet, Grégoire, Sieyès... Quanto

---

19 Id., *Histoire de France*, p.75.
20 Id., *Dictionnaire critique de la Révolution Française*, p.167.
21 Furet, *Histoire de France*, p.106.
22 Id., *Le Nouvel Observateur*, 28 fev. 1986.

a Saint-Just, não tem direito nem mesmo a um verbete no *Dicionário*, e os *sans-culottes* são reduzidos à insignificância. A *Histoire universitaire de la Révolution*, por sua vez é percorrida, ao longo do século XIX e depois dele, por questões políticas, até Lefebvre. Enquanto deixa Labrousse (recentemente desaparecido) na penumbra, esse inventário universitário permite apresentar François Furet como o verdadeiro organizador do acontecimento de uma história científica da Revolução.

Está, portanto, terminada a recriação, e François Furet dá vaias a seu fim num horizonte estanque, na qual nada mais resta senão gerar um sistema que se torne imutável. A mensagem tem toda a probabilidade de ser ouvida, pois comporta um discurso recentrado a favor de uma *República do centro*,[23] emitido por um François Furet que debandou para o campo de Raymond Barre, depois de ter se alistado no de Edgar Faure em 1968. Portanto, não é de surpreender que outro trânsfuga, este de menor porte, Franz-Olivier Giesbert, recomende com ardor os livros de François Furet durante o programa de Polac (19 de outubro de 1988), em suas novas atribuições de responsável pelo *Figaro*. O *Pântano* terá assim conseguido enterrar a Revolução na lama, não debaixo de hemoglobina, mas transformá-la em objeto desaparecido para sempre. Esse momento constitui também, e sobretudo, a ordenação do novo sacerdote da Revolução: François Furet.

---

23 Furet, Julliard, Rosanvallon, *La République du centre*.

Parte III
As desconstruções da historicidade

8
O traje novo do presidente Braudel[1]

O confronto entre as ciências sociais e a história é um tema recorrente que transformou o campo das ciências sociais, movimentando as fronteiras entre as disciplinas. Dois grandes desafios foram lançados à história. O primeiro, violenta acusação, remonta a 1903 e foi escrito pelo sociólogo durkheimiano F. Simiand na *Revue de Synthèse Historique*, com o título "Método histórico e ciência social". Depois de uma primeira reação de fechamento corporativista, dois historiadores de Estrasburgo, L. Febvre e M. Bloch, respondem ao desafio em 1929 e renovam a escrita da história com a revista que criaram: *Annales d'Histoire Économique et Sociale*. Mas a batalha das fronteiras ainda não estava encerrada: no pós-Guerra a ela se unirá o pensador e antropólogo francês Claude Lévi-Strauss para digladiar com os historiadores. Ele situa sua intervenção na esteira do questionamento de F. Simiand para desestabilizar a história, mas dessa vez do ponto de vista da antropologia, num artigo essencial: "História e etnologia", publi-

---
1 Artigo publicado em *Espaces Temps*, n.34-5, 1987.

cado em 1949: "Mais de meio século se passou desde que Hauser e Simiand expuseram e opuseram os pontos de princípio e de método que, segundo eles, distinguem a história da sociologia".[2]

Nele Lévi-Strauss afirma que a história, apesar dos apelos de renovação por parte das ciências sociais, manteve-se adstrita a seu modesto programa. Era simplesmente esquecer a ruptura ocorrida em 1929, que será lembrada por F. Braudel naquele mesmo ano da publicação de *Anthropologie structurale* [*Antropologia estrutural*], em 1958, num artigo-manifesto publicado na revista dos *Annales*: "História e ciências sociais. A longa duração"; e para mostrar que a escola tinha aprendido a lição, a revista volta a publicar em 1960 o artigo de F. Simiand.

O desafio de Claude Lévi-Strauss

F. Braudel, já antes da guerra, tinha convivido com o antropólogo Claude Lévi-Strauss na Faculdade de Filosofia da Universidade de São Paulo. Ele tinha podido aquilatar o clima de rivalidade e de confrontação teórica, e não hesitava em ironizar[3] as pretensões científicas dos etnógrafos que se valem de belas construções matemáticas, sendo incapazes de resolver uma modesta equação algébrica. Cada um, naquela faculdade de São Paulo, exaltava a superioridade de sua disciplina, espreitando o sucesso do outro. Quando, em 1949, Claude Lévi-Strauss definiu a antropologia social, atribuiu-lhe vocação hegemônica no campo não só das ciências sociais, mas também fora dele. Seu território devia ser estendido para o próprio âmago das ciências naturais, na união entre natureza e cultura. Estava em questão um jogo de poder institucional em que aquela jovem ciência descobria ter um apetite voraz para desalojar as antigas ciências humanas instaladas em sua legitimidade institucional.

Caberia à antropologia mostrar sua capacidade de realizar uma síntese de todas as abordagens mais científicas da sociedade humana, para desembocar numa divisão disciplinar mais vantajosa em que seriam admitidos a seu serviço aqueles que ela apresentaria logo depois

---

2 Lévi-Strauss, Histoire et ethnologie, *Revue de Métaphysique et de Morale*, n.3-4, p.369-91, 1949. (Transcrito em *Anthropologie structurale*, p.3.)
3 Maugüé, *Les Dents agacées*, p.118.

como augustos ancestrais. A superioridade da antropologia, segundo Claude Lévi-Strauss, estava em sua capacidade de superar a divisão artificial entre ciências humanas e ciências naturais. E isso lhe permitia apresentar-se como uma verdadeira ciência a valer-se do rigor das ciências naturais, pondo-o a serviço da explicação das sociedades humanas. A antropologia "não desespera por despertar entre a ciências naturais na hora do juízo final".[4] Lévi-Strauss transforma a desvantagem da largada atrasada, da ausência de âncoras, num trunfo para construir uma ciência decidida a investir contra os poderes estabelecidos das ciências vizinhas. Seus contornos deviam ser o menos definidos possível para poderem avançar, absorvendo as outras ciências que se tornariam auxiliares, num canibalismo triunfante: "A antropologia não poderia, em caso algum, admitir ser desligada das ciências exatas e naturais nem das ciências humanas".[5] Ela não tem campo específico, a não ser uma postura mais original, mais inovadora, mais totalizadora, que lhe permite ser uma máquina de guerra eficaz no campo institucional da pesquisa e do ensino. Todas as ciências são assim convocadas a servir à pesquisa antropológica. O estudo das relações de parentesco deu origem a uma verdadeira matemática do parentesco, a um tratamento sistemático, lógico-matemático.

Nova divisão disciplinar

A antropologia entrava em confronto principalmente com uma ciência irmã, mais concorrente da instituição universitária, a história. Se o assalto dessa jovem ciência não permitiu devorar os historiadores e transformá-los em auxiliares, foi sobretudo porque a escola dos *Annales*, já bem implantada no plano institucional, soube reagir e assimilar em seu próprio proveito a contribuição antropológica. Claude Lévi-Strauss considera o território do historiador mais restrito que o do etnólogo, que não tem fronteiras temporais nem espaciais: "Se, teoricamente pelo menos, todas as ciências humanas podem adaptar-se à etnografia, nem todas podem adaptar-se à história, em razão da inexistência de documentos escritos para a imensa maioria delas".[6]

---

4 Lévi-Strauss. *Leçon inaugurale au Collège de France*, p.2.
5 Id., *Anthropologie structurale*, p.394.
6 Ibid., p.348.

A vantagem da antropologia sobre a história manifesta-se, portanto, tanto no nível dos métodos quanto no da amplitude de seu campo de investigação. A antropologia, ciência ao mesmo tempo natural e social, armada da contribuição linguística, matemática, geográfica e psicológica, está pronta, segundo Claude Lévi-Strauss, para assumir posição central numa eventual recomposição disciplinar. Ontem, a zoologia e a botânica foram absorvidas pela biologia. Da mesma maneira, Lévi-Strauss terá preparado novas divisões disciplinares, mais favoráveis à antropologia. Ele rejeita a falsa acusação que lhe é feita a respeito da história. Considera que esta é inevitável e irredutível, mas que posição lhe atribuem? Haverá compatibilidade entre a antropologia e a história?

Ao que tudo indica, a história que interessa a Lévi-Strauss é na verdade a história dos pequenos acontecimentos singulares. Ela deve restringir-se ao domínio concreto do empírico para deixar o campo livre à antropologia estrutural, que pode então espalhar-se pelo terreno da necessidade.

A história é, então, relegada ao plano de material básico utilizado pela antropologia: ela só pode apresentar o caráter aleatório e casual da evolução das sociedades e da passagem de uma sociedade para outras. Lévi-Strauss considera assim o "milagre grego" – passagem do pensamento mítico à filosofia na Grécia antiga – como uma ocorrência histórica fruto de simples acaso, visto que essa transformação não é nem mais nem menos necessária aqui ou alhures. Segundo essa concepção, a história situa-se na alçada do anedótico, e o tecido dos acontecimentos torna-se insignificante diante das leis inexoráveis das estruturas: "Toda uma pesquisa tendente às estruturas começa por inclinar-se diante do poder e da inanidade do acontecimento".[7] Qualquer concepção que atribuísse à história função que não fosse a de relato, qualquer filosofia da história não passa, para Claude Lévi-Strauss, de mito, e nesse sentido ele ataca Jean-Paul Sartre: "No sistema de Sartre, a história desempenha exatamente o papel de mito".[8] O que é vivido, os acontecimentos, o material histórico, tudo é mito.

A partir desse postulado, Claude Lévi-Strauss não entende por que os filósofos, entre os quais Jean-Paul Sartre, se obstinam em atribuir

---

7 Id., *Du miel aux cendres*, p.408.
8 Id., *La pensée sauvage*, p.336.

papel privilegiado à história. A fascinação exercida pela história está em sua capacidade de apresentar um conteúdo temporal coletivo que corresponde à apreensão que já temos de nosso passado pessoal, ao contrário da etnologia, que se estende na descontinuidade espacial. Ora, essa continuidade é ilusória para Claude Lévi-Strauss, uma vez que o historiador, se quiser atingir certo grau de significação, está condenado a escolher, a selecionar épocas, grupos e regiões. Ele só pode construir histórias, sem jamais ter acesso a uma globalidade significante: "Uma história total se neutralizaria a si mesma: seu produto seria igual a zero".[9] Portanto, não há totalidade histórica, mas uma pluralidade de histórias não ligadas a um tema central, ao homem. A história só pode ser parcial, nos dois sentidos dessa palavra.[10] Logo, para Lévi-Strauss, a história seria o último refúgio de um humanista transcendental; ele convida os historiadores a livrarem-se da posição central do homem. Lévi-Strauss termina sua violenta diatribe contra a história proclamando: "A história leva a tudo, desde que saia".[11]

Portanto, apesar das denegações do autor, o que ele faz é um questionamento radical, mais ainda que o de F. Simiand no começo do século contra a escola positivista.

Do consciente ao inconsciente

A outra diferença de natureza que Lévi-Strauss discerne entre a história e a etnologia situa-se na profundidade dos procedimentos. O etnólogo teria acesso ao inconsciente de uma sociedade; poderia tornar transparente aquilo que a fundamenta, ao passo que o historiador deveria contentar-se com a fina película da escuma dos dias, do cotidiano, do concreto visível. Verdadeiro espeleologista, o etnólogo pode atingir níveis inacessíveis ao historiador: "O etnólogo caminha para a frente, procurando atingir [...] sempre mais o inconsciente para o qual se dirige, enquanto o historiador avança, por assim dizer, de marcha a ré, com os olhos fixos nas atividades concretas e particulares".[12] Por

---

9 Lévi-Strauss, *La Pensée sauvage*, p.340.
10 Ibid., p.342.
11 Ibid., p.347.
12 Lévi-Strauss, *Anthropologie structurale*, p.32.

só ter acesso às atividades conscientes, a história apega-se a um nível insignificante, puramente contingente.

No entanto, existe a consideração da realidade empírica, da pesquisa etnográfica, mas como material básico para construir a estrutura inconsciente dos modelos subjacentes. Ora, essas estruturas têm a particularidade de ser a-históricas, intemporais. Elas formam um invariante que permeia a diversidade das organizações sociais enquanto inconsciente do social. Do ponto de vista de Claude Lévi-Strauss, a noção de *estrutura social* não se equipara à realidade empírica, mas aos modelos construídos a partir desta. Ele distingue a noção de estrutura social da noção, empírica, de *relações sociais*. Ora, o historiador fica no nível do empírico, do observável, sendo incapaz de criar um modelo, portanto, de ter acesso às estruturas profundas da sociedade. Está destinado a continuar cego em sua caverna, a menos que se equipe das luzes do etnólogo, pois os modelos conscientes se interpõem como obstáculos entre o observador e o objeto: "Os modelos conscientes estão entre os mais pobres que existem".[13]

A história e a etnologia estão duplamente próximas pela sua posição institucional e pelos seus métodos. O campo de estudo de ambas é o *Outro*, seja no espaço, seja no tempo, e Lévi-Strauss considera que essas duas disciplinas têm um mesmo objeto, o mesmo objetivo (que é compreender melhor as sociedades humanas), o mesmo método. A distinção essencial se situaria, portanto, entre uma ciência empírica, de um lado, e uma pesquisa conceitual, do outro. Pelo movimento em direção às estruturas inconscientes, a etnologia realiza um progresso que vai do especial ao geral, do contingente à necessidade, do idiográfico ao nomográfico. Claude Lévi-Strauss utiliza a famosa fórmula de Marx, segundo a qual "os homens fazem sua própria história, mas não sabem que a fazem", para atribuir ao primeiro termo a função de história e, ao segundo, o campo do etnólogo.

Lévi-Strauss, que não pode negar totalmente a temporalidade, distingue duas formas desta, dois ritmos entre as diversas sociedades humanas. Retorna ao conceito de sociedade fria que aparece no século XVI, quando da descoberta dos índios americanos. Existiriam duas formas de história: uma história cumulativa, progressiva, e uma

---

13 Ibid., p.308.

história na qual cada inovação viria a dissolver-se num processo de autorregulação. O terreno de predileção da etnologia é constituído por essas sociedades primitivas nas quais Claude Lévi-Strauss saúda "a sabedoria particular que as incita a resistir desesperadamente a qualquer modificação em sua estrutura".[14]

Depois de distinguir as sociedades segundo sua *temperatura* histórica, Lévi-Strauss utiliza outra metáfora, a da semelhança entre o funcionamento da sociedade e da máquina. Existem dois tipos. As sociedades frias assemelham-se a máquinas mecânicas que utilizam indefinidamente a energia constituída na partida: o relógio, por exemplo; e as sociedades quentes se assemelham a máquinas termodinâmicas, como a máquina a vapor, que funcionam a partir de variações na temperatura. Elas produzem mais trabalho, porém consomem mais energia porque a destroem progressivamente. Esta última sociedade está em busca de diferenciais cada vez maiores e numerosos para seguir adiante e encontrar energias propulsoras revivificadas. A sucessão temporal, nas sociedades frias, deve influenciar o menos possível suas instituições. Dessa oposição entre sociedades frias e quentes Lévi-Strauss deduz ensinamentos metodológicos. Faz a distinção entre um modelo de abordagem mecânica e operacional, para as sociedades frias, e um modelo estatístico, que é válido para as sociedades quentes. Situa assim a etnologia do lado dos modelos mecânicos, e a história do lado do modelo estatístico: "O etnólogo recorre a um tempo mecânico, ou seja, reversível, e não cumulativo".[15]

As leis matrimoniais, por exemplo, nas sociedades primitivas podem ser agrupadas na forma de modelos nos quais os indivíduos são distribuídos em classes de parentesco ou em clãs. Tal classificação é impossível em nossas sociedades, nas quais é necessário o estudo estatístico.

Demarcações mentais

Lévi-Strauss ataca também o evolucionismo, a ideologia do progresso que pensa a história da humanidade dentro de um âmbito unitário, idêntico. Rejeita aqueles que concebem a história como uma

---
14 Id., *Leçon inaugurale...*, p.41.
15 Id., *Anthropologie structurale*, p.314.

sucessão de etapas, estágios em direção a um estado melhor, à realização do progresso humano. Quer se trate das espirais de Vico, das três eras de Auguste Comte, da escala de Condorcet ou da marcha para o comunismo de Marx, todos esses esquemas são mitológicos para Claude Lévi-Strauss. Herdeiro de Jean-Jacques Rousseau, ele não acredita mais no progresso. A este opõe a pluralidade dos caminhos, das civilizações e das temporalidades, com uma visão de mundo mais próxima de um relativismo cultural. Não se deve estabelecer hierarquia nenhuma em nome do progresso, mas, ao contrário, permanência e variância para além da diversidade das civilizações; e a preferência de Lévi-Strauss pende para os tempos mais recuados: "O homem realmente não cria nada de grande a não ser no começo".[16]

A ambição de Lévi-Strauss, correlata a seu intento de des-historicização, situa-se no nível da descoberta do modo de funcionamento do espírito humano, verdadeira invariante, permanência humana além de todas as diversidades de épocas ou espaços. A tarefa do antropólogo é inventariar as injunções mentais a partir das invariantes detectadas. É assim que, por trás das modulações sucessivas dos mitos, o antropólogo deverá procurar ler as leis internas e permanentes do espírito humano. Lévi-Strauss reabilita, por trás de uma metodologia muito inovadora e fecunda, uma ideia antiquíssima, que muitos acreditavam morta e enterrada: a de uma natureza humana, dado a-histórico, insuperável e intemporal, apreendido aqui pela detecção da existência de estruturas inconscientes e universais subjacentes. Faz isso em detrimento do estudo das instituições, de seu funcionamento, das relações de produção ou de poder. Seja por meio do estudo das estruturas de parentesco, seja pelo da simbólica mitológica, "sempre cabe fazer um inventário das demarcações mentais".[17] Trata-se de descobrir as necessidades imanentes que existem por trás das ilusões de liberdade até o domínio que aparece como o menos dependente das contingências materiais, como a mitologia: "Se nos deixarmos guiar pela busca das demarcações mentais, nossa problemática convergirá para a problemática do kantismo".[18] Nessa problemática, os mitos, em vez de revelarem a confrontação entre o social e o psiquismo in-

---

16 Id., *Tristes tropiques*, p.442.
17 Id., *Le Cru et le cuit*, p.17.
18 Ibid., p.18.

consciente, permitem ressaltar a imobilidade fundamental do espírito humano para além de suas diversas manifestações. O anti-historicismo e a invariância são as características da obra de Claude Lévi-Strauss, que concebe a mitologia e a música como "máquinas de suprimir o tempo".[19] Esse questionamento radical da história conduzirá a uma mudança considerável das pesquisas históricas.

A resposta de Fernand Braudel: a longa duração como estrutura

Durante esse período, Fernand Braudel é parceiro-adversário dos estruturalistas. Ele opõe a herança de Marc Bloch e Lucien Febvre a Claude Lévi-Strauss, mas inova ao valorizar novos paradigmas. A história, segundo o modelo da revista dos *Annales*, encontrou em Braudel alguém capaz de revitalizar e renovar a mesma estratégia, transformando a história na ciência que, apossando-se dos programas das ciências humanas, seria capaz de confederá-las. Para resistir à ofensiva estruturalista, ele retoma em seus próprios termos, no fim dos anos 1950, certo número de paradigmas provenientes da antropologia e os adapta ao discurso historiográfico.

Uma história total

Braudel responde à sociologia de Claude Lévi-Strauss, afirmando que a capacidade para unificar todas as abordagens do homem situa-se apenas na história, e em nenhum outro lugar. Tudo é histórico, incluindo o espaço, o que torna caducas as vãs tentativas dos estruturalistas. A história de Braudel pretendia ser, acima de tudo, síntese, assim como a antropologia, mas com a superioridade conferida pelo pensar o espaço-tempo. Nesse aspecto, retoma o legado da primeira geração da revista dos *Annales*. A duração condiciona todas as ciências sociais e confere papel central à história: "O tempo, a duração e a história impõem-se de fato, ou deveriam impor-se, a todas as ciências do homem".[20] A história tem como ambição restabelecer a globalidade dos fenômenos humanos; ela é a única que pode dizer qual é o lugar

---

19 Ibid., p.22.
20 Braudel, *Ecrits sur l'histoire*, p.105.

deles, sopesar sua eficiência em todos os saberes particulares. Captar em um mesmo movimento a totalidade do fenômeno social é a grande ambição da história braudeliana. Ela é a única que tem acesso àquilo que ele chama de "conjunto dos conjuntos".[21] No discurso braudeliano essa globalidade tem a característica de depender estreitamente do concreto, das realidades observáveis. Portanto, ela está distante dos sistemas quase matemáticos implantados pela antropologia estrutural: "Preferimos a observação de experiências concretas a perseguir definições no abstrato".[22] O ideal e impossível de realizar, segundo definição de Braudel, seria apresentar tudo num único plano e com um único movimento. O historiador deve, portanto, tratar tanto do aspecto econômico e do político quanto do cultural. Mas o conceito de globalidade de Braudel abrange a simples soma dos diversos níveis da realidade, sem contudo ser um instrumento conceitual capaz de apreender as dominâncias e determinações em jogo. Portanto, ele não ultrapassa o nível de um relato descritivo, ambicioso pelo campo que pretende apreender, mas limitado quanto à capacidade explicativa: "Não será bom que a história seja em primeiro lugar descrição, simples observação, classificação sem grande número de ideias prévias".[23]

A totalidade defendida não deve ser relacionada com uma concepção causal de história: não estão em ação sistemas de causalidade, e na maioria das vezes chega-se à simples acumulação de diferentes estágios. Observar, classificar, comparar e isolar são grandes operações cirúrgicas praticadas por Braudel. Como Lineu, ele multiplica classificações sistemáticas dos fenômenos observados que são assim organizados segundo uma ordem lógica depois de terem sido inventariados. Por trás do conceito de história total à Braudel existe a concepção de uma história que se apresentaria como um magma, o famoso plasma de que já teria falado Marc Bloch. A palavra-chave do discurso braudeliano é "*reciprocamente*", ou seja, tudo influencia tudo e reciprocamente. Com tais parâmetros de leitura do tempo, entende-se por que Braudel tem alguma dificuldade em elevar-se do descritivo ao analítico: "Seria possível escrever as seguintes equações em todos os sentidos que quisermos: a economia é política, cultura, sociedade; a cultura é

---

21 Id., *Civilisation matérielle*, t.2, p.408.
22 Ibid., t.3, p.199.
23 Braudel, *La Dynamique du capitalisme*, p.25.

economia, política, sociedade etc.".²⁴ Assim como para Novalis, a história braudeliana é necessariamente mundial; sua alça de mira é ampla e supõe o domínio do método comparativo pelo tempo mais longo e pelo espaço mais amplo possíveis.

A longa duração

Ao mesmo tempo que despreza a sociologia, Braudel abstém-se de polemizar frontalmente com Claude Lévi-Strauss, não o atacando em momento algum, apesar da situação de concorrência cada vez mais acerba. Ao contrário do tratamento reservado a G. Gurvitch, ele fala da "proeza" de Claude Lévi-Strauss²⁵ por ter sabido decifrar a linguagem subjacente às estruturas elementares de parentesco, aos mitos, às trocas econômicas. O maestro Braudel, que tem o costume de reagir com arrogância às jovens ciências "imperialistas", aceita pelo menos uma vez abandonar a batuta e chega a falar em "nosso guia", referindo-se a Lévi-Strauss. É o sinal manifesto de que Braudel entendeu a força e a atração desse discurso antropológico que também se apresenta como totalizador, mas com o apoio de um aparato matemático, com a criação de modelos que lhe permitem ter acesso ao inconsciente das práticas sociais e, portanto, adquirir rapidamente no campo das ciências sociais uma superioridade radical em relação à história. Braudel inova então, abeberando-se diretamente em Claude Lévi-Strauss. A todo o seu corpo de argumentos ele opõe o principal trunfo do historiador: a duração, não a duração do par tradicional acontecimento/datação, mas a longa duração que condiciona até as estruturas mais imutáveis e valorizadas pelo antropólogo; por exemplo: "A proibição do incesto é uma realidade de longa duração".²⁶ Ele reconhece a justeza da crítica de Simiand à singularidade do acontecimento e seu caráter fútil para as ciências sociais: "A ciência social tem quase horror ao acontecimento. Não sem razão: o tempo curto é a duração mais caprichosa e enganadora".²⁷ Propõe então reorganizar o conjunto das ciências sociais em torno de um programa comum que

---

24 Id., *Civilisation matérielle...*, t.3, p.34.
25 Braudel, Histoire et sciences sociales. La longue durée, *Annales*, p.725-53, out.-dez. 1958. (Reproduzido em *Ecrits sur l'histoire*, p.70.)
26 Ibid., p.73.
27 Ibid., p.46.

tivesse como referente essencial a noção de longa duração. Esta deve impor-se a todos, e, em se tratando de duração, de periodização, o historiador é rei.

Braudel apresenta essa mudança como uma revolução copernicana na própria disciplina histórica, esboço de uma inversão radical de perspectiva que deve permitir a todas as ciências humanas falar a mesma linguagem. As ciências sociais têm duas maneiras de escapar à história, que é preciso conjurar: por um lado, uma visão infratemporal que se restringe a uma atualidade isenta de qualquer densidade temporal; para Braudel, é o que acontece com a sociologia, cujo método é limitado demais para preocupar o historiador. Por outro lado, existe a visão supratemporal, que nos tenta a construir uma ciência da comunicação em torno de estruturas atemporais. Nesta se reconhece o intento estruturalista, que interpela seriamente o historiador. Braudel responde remetendo à longa duração: "Tentei mostrar – não ousaria dizer demonstrar – que toda a pesquisa nova de Claude Lévi-Strauss só tem sucesso quando seus modelos navegam pelas águas da longa duração".[28]

Braudel apropria-se do conceito de estrutura, que vai buscar em Lévi-Strauss, mas ele quer dizer coisa completamente diferente na economia do discurso braudeliano. Ao contrário de Lévi-Strauss, para Braudel a estrutura é a arquitetura, montagem, porém realidade concreta: ela é observável. Sua concepção é fundamentalmente descritiva, fiel a uma escrita tradicional da história. No entanto, ele tem o mérito de apropriar-se da noção de estrutura e de dar-lhe uma dimensão temporal. "Essas estruturas históricas são discerníveis, de certa maneira mensuráveis: sua duração é uma medida".[29] Assim, em sua tese sobre o *Mediterrâneo*, as estruturas que ele enfatiza são a soma das redes de relações, as rotas, os gráficos, todas as relações que animam o espaço por ele cientificamente descrito e sopesado, mas sem interesse pela lógica interna desses mecanismos. Ele conclui sua tese fazendo uma profissão de fé de um estruturalismo histórico específico: "Sou estruturalista de temperamento, pouco motivado pelo acontecimento e mais ou menos motivado pela conjuntura, esse agrupamento de acon-

---

28 Braudel, Histoire et sociologie. *Ecrits sur l'histoire*, p.114.
29 Id., *Civilisation matérielle...*, t.2, p.410.

tecimentos de mesmo sinal. Mas o estruturalismo de um historiador nada tem que ver com a problemática que, com o mesmo nome, atormenta as outras ciências humanas. Ele não se dirige para a abstração matemática das relações expressas em funções, mas para as próprias fontes da vida, naquilo que ela tem de mais concreto, mais cotidiano, mais indestrutível, mais anonimamente humano".[30]

A estrutura braudeliana é evidente, acessível por sua imediatez e tem como característica comandar os outros fatos, o que confere primazia à longa duração em relação aos outros ritmos temporais, sobretudo ao que está ligado ao acontecimento. A postura de Braudel pretende ser deliberadamente receptiva; integra todas as posições a fim de abrir espaço para todos no grande laboratório das ciências humanas, que superaria todas as clivagens e fronteiras, realizando a unificação do campo das pesquisas em torno dos historiadores, dos especialistas da duração.

Tripartição temporal

A resposta de Braudel a Lévi-Strauss e às ciências sociais em geral não se limita a opor-lhes a longa duração como estrutura, mas consiste em pluralizar o temporal. Já realizada em 1949 na sua tese, essa pluralização é teorizada como modelo em 1958. O tempo decompõe-se em vários ritmos heterogêneos que quebram a unidade da duração. O tempo se qualitativiza para adquirir nova inteligibilidade em vários níveis. A arquitetura braudeliana articula-se em torno de três temporalidades diferentes, três patamares: o tempo do acontecimento, o tempo conjuntural e cíclico e, por fim, a longa duração. É possível, assim, distinguir estágios diferentes do tempo e discrepâncias entre as diversas temporalidades.

Essa abordagem contribui positivamente para inverter a posição da história historizante, mas não é tão nova quanto pretende, pois Marx já havia detectado evoluções lentas e outras mais rápidas, bem como distorções entre as diversas temporalidades, como as discrepâncias entre a evolução lenta do aspecto ideológico em relação à evolução mais rápida das forças produtivas. Se Braudel pluraliza a duração, nem por isso deixa de ser partidário da visada histórica que assume

---
30 Id., *La Méditerranée...*, t.2, p.520, conclusão.

por ambição de restabelecer uma dialética dessas temporalidades, em referência a um tempo único. Acontecimentos, conjunturas e longa duração continuam vinculados. Se a unidade temporal se subdivide em vários níveis, estes últimos continuam ligados a uma temporalidade global que os reúne no mesmo conjunto.

Desse modo, ele se distancia do tempo múltiplo e sem densidade dos sociólogos. No entanto, falta atribuir um conteúdo ao esquema tripartite de Braudel, substantivar as velocidades de escoamento do tempo. A duração não se apresenta então como um dado, mas como um construto. A nova tábua de lei de Braudel, tripartite, é deliberadamente construída sem referência a uma teoria, seja ela qual for, e situa-se apenas no plano da observação empírica. Já em sua tese ele atribui a cada uma das durações um domínio, com domicílio específico: "distinção, no tempo da história, de um tempo geográfico, um tempo social e um tempo individual".[31]

O *Mediterrâneo* decompõe-se assim em três partes, três temporalidades, três domínios. Começa com uma "história quase imóvel",[32] das relações do homem com seu meio geográfico; é aí que entra a contribuição específica de Braudel para a integração do espaço na temporalidade;[33] depois, intervém a história lenta, que é a história da economia e da sociedade; ele retoma aqui em seus próprios termos a história dos ciclos econômicos, a contribuição da nova história econômica e social ao modo de Labrousse, e por fim uma história de acontecimentos, com a dimensão do indivíduo, com as oscilações breves e dramáticas da história tradicional. Essa tripartição temporal, segundo o domínio específico, é na realidade arbitrária, pois a política que tem como referência o tempo breve pode muito bem encarnar-se numa instituição de longa duração. Ao contrário, a geografia nos revela, muitas vezes no modo do drama, que a mudança nem sempre ocorre em escala geológica. A sucessão em três temporalidades não significa que Braudel atribua peso igual a cada uma delas. Incontestavelmente, existe uma temporalidade causal, fundadora da evolução dos homens e das coisas; trata-se da longa duração, que, por ser equiparada à natureza, desempenha o papel determinante em última instância. En-

---

[31] Braudel, *La Méditerranée...*, t.1, p.17.
[32] Ibid., p.16.
[33] Grataloup, L'appel des grands espaces, *Espaces Temps*, n.34-5, 1986.

contramos então o discurso histórico em que se interligam natureza e cultura. Se Claude Lévi-Strauss tinha como ambição desvendar os mistérios da natureza humana naquilo que permitisse a ligação entre biologia e psicologia, Braudel opõe-lhe a irredutibilidade da natureza física, a lentidão da temporalidade geológica.

Neurônios ou geologia? O homem social encontra-se sufocado diante dessa alternativa. O acontecimento é relegado à insignificância, e, ainda que esse nível represente um terço de sua tese sobre o *Mediterrâneo*, só se fala em "agitação das vagas", "turbilhões de areia", "fogo de artifício de pirilampos fosforescentes", "um cenário"... Encontra-se constantemente, num estado de espírito característico dos *Annales* contra a história historizante, a antipatia de Braudel pelo acontecimento, que J. Hexter qualifica de "apaixonada e às vezes irracional".[34] Ele justifica, portanto, a rejeição do acontecimento singular por parte das ciências sociais, assumindo então as críticas que Simiand fez em 1903 e Lévi-Strauss, em 1962. Em vez de ressituar o acontecimento na dinâmica das estruturas que lhe deram origem, Braudel prefere relegar o acontecimento à ordem da superficialidade, da aparência, para conseguir desviar o olhar do historiador para as evoluções lentas, para as permanências. E em relação às outras durações, a longa duração beneficia-se de uma situação privilegiada. É ela que determina o ritmo do acontecimento e da conjuntura; é ela que traça os limites da possibilidade e da impossibilidade, regulando as variáveis aquém de determinado limite. Se o acontecimento pertence à margem, a conjuntura segue um movimento cíclico, e apenas as estruturas de longa duração pertencem ao irreversível. Essa temporalidade de longo alento tem a vantagem de poder ser decomposta em séries de fenômenos que se repetem, de permanências que evidenciam equilíbrios, uma ordem geral subjacente à desordem aparente do domínio factual. Nessa busca da permanência, atribui-se posição particular ao espaço, que parece conformar-se melhor à noção de temporalidade lenta. "Mais lenta ainda que a história das civilizações, quase imóvel, existe uma história dos homens em suas relações intensas com a terra que lhes dá vida e os alimenta".[35]

---

34 Hexter, Braudel and the Monde Braudelien, *Journal of Modern History*, n.4, p.507, 1972.
35 Braudel, Leçon inaugurale au Collège de France, 1950, *Ecrits sur l'histoire*, p.24.

Uma história estrutural

O desafio de Lévi-Strauss incitou Braudel a conceituar uma história estrutural de tempo quase imóvel. Encontram-se na sua obra os operadores lógicos utilizados por Lévi-Strauss para as "sociedades frias", adaptados aqui ao campo histórico. É aplicada uma série de regras combinatórias como instrumento de inteligibilidade da realidade: exclusão, inversão dos sinais e pertinência permitem que o sistema utilizado se autorregule por meio da reabsorção daquilo que se dá como novo ou contraditório, segundo operações lógicas internas.

A mudança e a ruptura não são mais significantes do sistema. O movimento histórico é pensado como uma repetição do mesmo, uma permanência na qual o invariante tem primazia sobre o transformado. As diferenças detectadas no interior do sistema não passam de diferenças de lugar, e a unidade prevalece sobre oposições entre elas. As contradições que podem incidentemente emergir do processo histórico são reabsorvidas pela substituição de um termo por outro, preservando-se o substrato inicial.

A sociedade se reproduz assim sem ruptura fundamental por meio de um movimento de modulações contrapontísticas que se repetem no âmbito das regras de um sistema harmônico que mantém distante qualquer nota desafinada. Portanto, o sistema não pode ser modificado em si mesmo. Apenas um choque externo pode abalá-lo, pois ele não é atravessado por contradições internas. O conflito entre o estrutural e o histórico não data de hoje. Auguste Comte distinguia já a estática social da dinâmica e dava prioridade à primeira. Como escreve Lefebvre, "O estruturalismo é a ideologia do equilíbrio [...] é a ideologia dos *status quo*".[36] De que modo o historiador, diante do estudo do movimento, do processo e da mudança, poderá levar em conta essa herança? Só poderá fazer isso pagando o preço da busca de um equilíbrio terminal, parâmetro de seu estudo, em torno do qual se organizam oscilações nas quais se manifestam ilusões, acidentes, insignificância. A nova história braudeliana apresenta-se então como uma máquina de guerra contra o pensamento dialético, assim como Zenão de Eleia combatia já na Grécia clássica a filosofia do movimento: a de Heráclito.

---

36 Lefebvre, *L'Idéologie structuraliste*, p.69.

Ao contrário dessa escrita da história, a dialética histórica dá primazia ao devir, e não ao ser, e vê o móbil, os operadores históricos num processo de cisão, e não de fusão dos contrários. Trata-se de pensar a contradição que se manifesta entre dois termos cuja diferença é não só uma diferença de lugar, mas também uma heterogeneidade qualitativa. Essa distinção é dialetizada por uma rede de correlações que torna unitário o movimento histórico num processo de cisão, de realização da contradição. O pensamento histórico só pode ser pensamento da ruptura, pensamento do trabalho efetivo da cisão rumo à superação da contradição; não rumo ao retorno a um passado em que a contradição fosse reabsorvida, mas em direção a um devir, a uma situação nova. Nele o novo não se reabsorve no antigo, mas se dá como decididamente novo num pensamento que visa apreender aquilo que está deixando de ser, ou seja, a realidade em sua transição para outra realidade.

O discurso braudeliano, ao contrário, reabsorve o novo no antigo, a mudança na continuidade, as rupturas nas imobilidades. As continuidades seculares, as regulações constantes, formam a base das pesquisas da história braudeliana.

Essa escrita da história que mergulha nas profundezas daquilo que constitui o ecossistema tem como primeiro efeito minorar o papel do homem como força coletiva. Deslocado, relegado à margem, ele cai na ratoeira e debate-se impotente. "O que faço é contrário à liberdade humana", afirma Braudel.[37] O homem nada pode contra as forças seculares que o constrangem, contra ciclos econômicos de longa duração. Não há escapatória na teia na qual o homem se debate: "Não se luta contra uma maré do equinócio [...]. Nada se pode fazer diante do peso do passado, a não ser tomar consciência dele".[38] Subjacente a esse descentramento do homem existe uma concepção fundamentalmente pessimista do destino do mundo: "Ele esmaga os indivíduos".[39]

O homem perdeu todo domínio sobre sua própria historicidade; está enleado nela e suporta sua ação, como espectador, objeto de sua própria temporalidade. Sua liberdade se reduz à imagem trágica da menina colombiana presa para sempre no tufo lodoso de uma erupção vulcânica, de onde será retirada apenas para morrer. Para

---

37 Braudel, *TF1*, 22 ago. 1984.
38 Ibid.
39 Ibid.

além de nossa consciência, nossos hábitos infinitamente repetidos constituem nossas prisões consentidas, suscitam decisões fictícias que se perdem no labirinto de um cotidiano imutável: "A história infligida invade nosso mundo; temos apenas a cabeça para fora d'água, e olhe lá".[40] Não estamos muito distantes de "o homem está morto" do estruturalismo. Esse descentramento, paradoxal para um historiador, é resultado da operação de decomposição da temporalidade em três ritmos heterogêneos em termos de natureza e ritmo: o tempo geográfico, o tempo social e o tempo individual. A adoção desses patamares históricos tem como consequência, reconhecida pelo próprio Braudel, "a decomposição do homem num cortejo de personagens".[41] A longa duração funciona aqui como linha de fuga para o homem, introduzindo uma ordem que está fora de seu domínio. A retórica braudeliana continua, porém, humanista, uma vez que o homem está apenas descentrado, não ausente, de sua construção temporal, que é fiel nesse nível à herança antropocêntrica de Febvre e Bloch. Um humanista organicista que não assume como finalidade a realidade humana, mas a pluralidade de seus órgãos.

Braudel, como Lévi-Strauss, inverte a concepção linear do tempo que progride para o aperfeiçoamento contínuo; em seu lugar, juntamente com uma história quase imóvel, ele põe o tempo estacionário no qual passado, presente e futuro não diferem, reproduzindo-se na descontinuidade. Apenas a ordem da repetição é possível, ela privilegia as invariantes e torna ilusória a noção de acontecimento. "Na explicação histórica, do modo como a vejo, é sempre o tempo prolongado que acaba por vencer. Negador de uma infinidade de acontecimentos".[42] A importantíssima permanência, posta em epígrafe por Braudel, cujo objeto central sempre foi a sociedade humana, é a hierarquia social. A sociedade é inelutavelmente desigualitária, e qualquer iniciativa de igualitarismo está, portanto, destinada ao fracasso em razão da sua natureza ilusória. Esse ponto é essencial, e Braudel esquece-se de seu relativismo para basear-se nessa invariante que está além das épocas e das diferenças de lugares: "Toda a observação revela essa desigualdade visceral que constitui a lei contínua das sociedades".[43] Nisso ele vê a lei

---

40 Braudel, Débat FNAC. "Y a-t-il une nouvelle histoire?", 7 mar. 1980.
41 Id., *La Méditerranée...*, t.1, p.17.
42 Ibid., t.2, p.520, conclusão.
43 Braudel, *Civilisation matérielle...*, t.2, p.415.

estrutural sem exceção, à maneira da proibição do incesto em Claude Lévi-Strauss. Percebe-se até que ponto essa invariante é negadora da historicidade, de qualquer tentativa de mudança. Braudel não buscará os fundamentos dessa lei inexorável: ela provém da simples constatação da realidade, da observação, e é com um argumento de autoridade que ele afirma: "Inútil discutir: os testemunhos são unânimes".[44]

Qualquer realidade social é, portanto, colocada no mesmo plano da hierarquia, da desigualdade, e só as variantes dessa lei imutável podem mudar, redundando numa sociedade ora baseada na escravidão, ora na servidão, ora no salário, mas essas soluções remetem ao mesmo fenômeno de redução à obediência de massa. Aliás, para Braudel é bom que assim seja: "As sociedades são válidas apenas quando dirigidas por uma elite".[45] A longa duração é então mediadora de historicidade e, aliás, Braudel considera que não há progresso entre a sociedade escravocrata e as democracias modernas. O ápice da pirâmide social é sempre restrito. De que serve mudar de forma de exploração se a exploração subsiste?

A história, porém, é feita dessas mudanças das elites no poder, mas "nove em dez vezes, para reproduzir o antigo estado de coisas pouco mais ou menos",[46] pois a própria missão de qualquer sociedade é a reprodução de suas estruturas, como ocorre com as "sociedades frias" de Claude Lévi-Strauss. A ordem em vigor perpetua-se, tornando vãs as tentativas de transformação dos homens. Querer superar esse estado de fato é perda de tempo. Embora a hierarquia social seja o horizonte intransponível em todas as latitudes, Braudel só se detém numa única invariante: "O Estado, o capitalismo, a civilização e a sociedade existem desde sempre".[47] A longa duração enleia, e o paradoxo aparece, manifesto, nunca ressaltado, e o historiador Braudel esvazia a historicidade. A combinatória de autorregulação em atividade no nível das estruturas da sociedade permite a repetição do mesmo e torna caduca qualquer tentativa de transformação, de ruptura ou de simples mudança: "Não acredito em geral nas mutações sociais rápidas".[48]

---

44 Ibid., p.416.
45 Braudel, *TF1*, 22 ago. 1984.
46 Id., *Civilisation matérielle...*, t.2, p.422.
47 Braudel, *Magazine littéraire*, entrevista, p.20, nov. 1984.
48 Ibid.

Toda ruptura histórica está fadada ao fracasso, àquilo que se situa por trás do ilusório. Para Braudel, tudo é assim.[49] Acontece com a China, que conserva seus mandarins; com a Índia, que sempre teve suas castas; e mesmo com a Europa, sociedade que, apesar de mais móvel, evolui lentamente. No Mediterrâneo do século XVI, manifesta-se realmente uma agitação social, mas sua condição é de simples "acidente de percurso", "miríade de ocorrências".[50] As revoluções, assim como as feridas, curam-se depressa, e o organismo constitui sozinho os anticorpos que expulsam as tentativas de ruptura. As duas grandes fraturas culturais da Europa moderna, o Renascimento e a Reforma, são retomadas e reintroduzidas na ordem do repetitivo: "Tudo se acumula, tudo se incorpora nas ordens existentes".[51] No Renascimento triunfa o Príncipe de Maquiavel, e a Reforma redunda no poder dos príncipes territoriais na Alemanha. Só a vitrine foi abalada durante essas revoluções culturais; a sociedade e o poder continuaram intactos. O mesmo acontece na história contemporânea, e os atores de 1968 são "repreendidos por uma sociedade paciente".[52] Aliás, essa assimilação do novo pelo antigo é uma coisa positiva para Braudel, em seu recente ataque a essa revolução de 1968 que, segundo ele, desvalorizou a noção de trabalho e os valores morais, conduzindo à infelicidade, pois "ninguém é feliz se não estiver debaixo de uma redoma, com valores estabelecidos".[53] A longa duração braudeliana e suas diversas invariantes aparecem aqui claramente naquilo que são, uma leitura de nossa história que permita exorcizar qualquer risco de mudança, pois é por meio de sua relação com o presente que o historiador utiliza este ou aquele prisma capaz de lhe permitir recuperar o passado.

O retorno do recalcado

A resposta de Braudel ao desafio lançado pela antropologia estrutural teve sucesso, uma vez que a história continuou sendo

---

49 Braudel, *Civilisation matérielle...*, t.3, p.48.
50 Ibid., p.82.
51 Ibid., p.82.
52 Braudel, *Civilisation matérielle...*, t.3, p.542.
53 Ibid.

peça central no campo das ciências sociais, sem dúvida pagando o preço de uma metamorfose que implicou mudança radical de seus paradigmas. Não conseguindo desestabilizar os historiadores como instituição, Lévi-Strauss voltou recentemente ao território destes para apropriar-se de suas velhas roupas usadas e abandonadas: "Uma vez que a nova história considerou que tínhamos razão em nos interessar por um monte de coisas que eles deveriam considerar. Nós, por nosso lado, começamos a interessar-nos por domínios que a nova história abandonava, como as alianças dinásticas e as relações de parentesco entre as grandes famílias, que atualmente passam a constituir um terreno de eleição para os jovens etnólogos. Portanto, o que existe é um verdadeiro troca-troca".[54]

Em recente artigo na revista dos *Annales*,[55] Lévi-Strauss volta a falar das relações entre história e etnologia para constatar com satisfação os empréstimos feitos pelos etnólogos aos historiadores, atribuindo importância crescente à antropologia histórica. Os historiadores vestiram-se de etnólogos para estudar o passado de sua sociedade. A inspiração é a mesma quando se trata de explicar estruturas profundas, discernir invariantes. Uma vez que os historiadores assumiram o ponto de vista etnológico, cabe aos antropólogos dotar-se de novas ambições, não se limitando mais às sociedades frias, às microssociedades de arcabouço invariável.

A etnologia deve, portanto, assumir como objeto o próprio território do historiador, em suas turbulências, e, para melhor desestabilizar a nova história e evitar seu sucesso, deve então voltar-se para "a história mais tradicional", aquela das crônicas dinásticas, dos tratados genealógicos, das alianças matrimoniais das grandes famílias aristocráticas. É sintomático que, nessa competição entre as duas disciplinas, sirva de pivô a mínima parcela de saber deixada de lado. Visto que a história se tornou antropológica, a antropologia se tornará histórica. Braudel terá, assim, preparado as mudanças do discurso histórico da terceira geração dos *Annales*. Ele é um elo ineluctável numa evolução que possibilitou abrir amplos campos de visão e de pesquisa para o historiador. Ele assegurou o triunfo dos *Annales*, legando um fecundo patrimônio

---

54 Lévi-Strauss, Entrevista com F. Dosse, 26 fev. 1985.
55 Id., Histoire et ethnologie, *Annales*, p.1217-31, nov. 1983.

intelectual e institucional sem precedentes. Mas podemos perguntar se de fato não foi a antropologia que assumiu completamente o discurso histórico em seu interior. Verdadeiro cavalo de Troia, o *Homem nu* de Claude Lévi-Strauss teria então conseguido despir Clio.

9
Clio no exílio[1]

O chão da história não é cultivado apenas pelos historiadores; ele está em grande parte exposto às vicissitudes da conjuntura intelectual. Sucessivamente considerado lugar da razão consumada em nome de uma teleologia finalista, depois preso nas malhas de uma desordem sublunar que torna caduca a sua inteligibilidade, o conceito de história foi seriamente abalado pelo programa estruturalista que atacou os dois principais baluartes da sua identidade: ciência da mudança e ciência de síntese.

Uma pós-história

A Europa começa a assistir ao abalo dos alicerces do evolucionismo oitocentista no limiar do século XX. Herdeiras do Iluminismo, do *Aufklärung*, as ciências sociais viviam então a época de ouro do progresso rumo à era da perfeição, da razão triunfante. Defensores

---
[1] Artigo publicado em *L'Homme et la Société*, n.95-96, 1991.

do imobilismo ou da mudança entendem-se então em torno de um esquema global de revolução e de um progresso contínuo. Quer se trate de Saint-Simon, Spencer, Comte ou Marx, vê-se desenhar no horizonte da humanidade inteira a sucessão dos estados teológico, metafísico e positivo (em Comte), a passagem da escravidão à servidão e depois ao capitalismo para acabar no socialismo (em Marx). Essas certezas de construir na perspectiva do progresso vão tropeçar na realidade trágica do século XX, que nunca deixou de reservar surpresas ao eurocentrismo.

Em cada um desses abalos a Europa acabou por renunciar à própria ideia de um futuro em ruptura. Disso resultou uma dilatação do presente, uma presentificação do passado e um novo modo de relação com a historicidade no qual o presente já não é pensado como antecipação do futuro, mas como o campo de uma possível reciclagem do passado no modo genealógico. O futuro dissolve-se, e o presente estanque possibilita que nunca mais nos afastemos do passado: "Uma vez que não deve mais ser extraída do presente, a diferença do futuro reflui, volta de marcha a ré".[2]

O que se institui é uma relação de distensão entre passado e presente quando se deixa de procurar aquilo que permite construir um devir diferente, quando o futuro está trancado, enleado num equilíbrio presente chamado a repetir-se indefinidamente. A voga do novo, cenografia publicitária de nosso cotidiano, permite diluir ainda mais qualquer eventualidade de alteridade futura. É com base na rejeição a qualquer teleologia histórica, a qualquer atribuição de sentido à história da humanidade, que encontramos as belezas perdidas daquele "mundo que perdemos", de uma Idade Média magnificada como lugar de alteridade associada à busca das raízes identificadoras. É no contexto desse descentramento, de deslocamento da cultura europeia, de desconstrução da metafísica, que uma consciência nova, etnológica, se impõe, substituindo a consciência histórica. O Ocidente interroga-se sobre o seu avesso, sobre os modos de ser da outra cena, invisível, lugar de uma presença revelada por sua própria ausência. Por trás da consciência, Freud descobre as leis do inconsciente; por trás da desordem de nossa sociedade, Durkheim decifra o inconsciente de

---

[2] Torrès, *Déjà vu*, p.142; *L'Homme et la Société*, v.1-2, n.95-96, 1990.

nossas práticas coletivas. A pós-modernidade constrói-se então numa busca dos mecanismos subjacentes, pretende ser desconstrutora do humanismo qualificado de medieval por Michel Foucault e apoia-se nessa revolução epistemológica triunfante nos anos 1960 para glorificá-la: "O estruturalismo não é um método novo; ele é a consciência desperta e inquieta do saber moderno".[3]

A provincialização da razão ocidental e a descoberta da irredutibilidade da existência de outras lógicas, da pluralidade cultural, alimentaram um pessimismo básico, uma espécie de teologia negativa. Os decepcionados com o racionalismo ocidental, na contramão do racionalismo otimista, guinaram numa espécie de niilismo, de pensamento do limite, para as fronteiras do sentido e do não sentido. A situação é complexa, pois mescla ao mesmo tempo uma idiossincrasia pessoal feita de desilusão, de rejeição mais marcada pelo ponto de partida recusado. A teorização da incapacidade do homem de ter domínio sobre sua história coletiva ou pessoal, a tônica na incompletude, na pavana defunta da razão ocidental, anunciam ao mesmo tempo um trabalho mais rigoroso, mais lúcido da própria razão ocidental. É ela que atua em Lévi-Strauss, quando ele exuma as sociedades primitivas; é ela que possibilita a Lacan tratar de seus pacientes; é ela também que permite a Foucault encontrar-se junto aos esquecidos, aos reprimidos, aos prisioneiros. Artimanhas de uma razão que atua no sentido de seu próprio descentramento.

O século XX das rupturas induziu um pessimismo entranhado em relação à história e o advento de uma era chamada pós-moderna. Pode-se datar, com Jean-François Lyotard, a ruptura de faturamento definitivo do evolucionismo ocidental em 1943,[4] momento da solução final, guinada radical para o horror. Depois disso será preciso pensar em após Dachau e Auschwitz, como diz Adorno. A modernidade tecnológica, transformando-se em rolo compressor, máquina de morte em escala planetária, é afetada pela negatividade e passa a fazer parte da ideologia da desconfiança. A isso se soma a descoberta daquilo que existe por trás da cortina de ferro, daquilo que era dado como modelo e que revela ser a realidade do totalitarismo. Por trás da razão,

---

3 Foucault, *Les Mots et les choses*, p.221.
4 Lyotard, *Le Magazine Littéraire*, n.225, p.43, dez. 1985.

suas artimanhas implacáveis jogaram uma laje sobre as esperanças de criação de um mundo melhor, com a constatação de uma necessária descontinuidade: "Devemos recomeçar da estaca zero".[5]

Já não é possível nenhuma ingenuidade quanto à exaltação do progresso contínuo da liberdade e da lucidez humana. O humanismo no sentido do homem dono de seu destino, do homem perfectível a marchar em linha reta para a perfeição, não tem mais sentido. A visão do "sorridente amanhã" é substituída pela abordagem utópica de transformações parciais cujos limites possíveis é preciso definir. O ano de 1956, com seu cortejo de desilusões, de Budapeste a Alexandria, passando pela Argélia, interrompeu os cantos de libertação e de certa esperança coletiva. Nesse meio de século, soam e troam, ao contrário, a voz do dono, a força das resistências à mudança, a invariância da regra, a prevalência do código. Para toda uma geração, a esperança revolucionária, chocando-se com as forças da opressão, é reduzida à condição de mitologia, de fantasia, sendo confinada, recalcada como mito do século XIX. Essas grandes passagens professadas pelos intelectuais, em última análise, sofrem uma erosão irreversível numa sociedade ocidental que já não se pensa como pertencente a uma história "quente", mas parece remeter-se às sociedades primitivas para privilegiar uma relação "fria" com uma temporalidade pregada ao chão, na imobilidade.

A escatologia revolucionária dissolve-se no molde das resistências, dos bloqueios e das inércias próprias da nossa sociedade. Ao descrédito que afeta o engajamento e o voluntarismo político corresponde, no plano teórico, um mesmo descrédito que dessa vez atinge tudo o que diz respeito à história. E, a partir dessa negação da historicidade, da busca das origens e da gênese, de qualquer reflexão sobre os ritmos temporais, vai ser construído e desenvolvido um paradigma estruturalista, que vai congelar o movimento, resfriar a história, antropologizá-la e depois desconstruí-la.

A fascinação de um Ocidente a romper com sua historicidade em favor de um modo de vida nhambiquara, reconstituído por Lévi-Strauss, revela-nos, em meados dos anos 1950, que o Ocidente entra na era

---

[5] Foucault, entrevista a Knut Boesers, "Die Folter, das ist die Vernunft", *Literaturmagazin* 8, 1977.

da pós-modernidade. É a própria ideia de progresso que se submete à desinfecção, em todo caso como fenômeno unificador. O progresso se pluraliza; já não é a força motriz da evolução social. Embora não se neguem certos avanços, estes já não participam da problematização global da sociedade. Essa desconstrução serve de base a uma verdadeira revolução intelectual inaugurada pelo estruturalismo, sobretudo pela antropologia, pela ideia de equivalência da espécie humana. É a passagem decisiva de Lévy-Bruhl a Lévi-Strauss; ela mostra que, para além das latitudes e da pluralidade dos modos de ser e de pensar, todas as sociedades humanas são expressões plenas da humanidade sem valor hierárquico. Esse aspecto da revolução estruturalista continua insuperável e inaugura uma nova percepção do mundo que traça um sinal de igualdade entre todas as formas de organização social.

A partir dessa nova visão de clivagens superiores/inferiores já não há estágios anteriores/posteriores. O estruturalismo terá contribuído fortemente para a crise da ideia de progresso. Sem dúvida, da relatividade ao relativismo o passo será logo dado, mas, seja qual for a posição defendida, a apreensão do Outro como manifestação parcial do universo humano provoca a saída do esquema evolucionista do século XIX. As ciências humanas terão então substituído a consciência de uma Europa-modelo e vanguardista, na marcha da humanidade, por uma consciência crítica destituidora do sujeito e da história, pelo retorno da consciência para si mesma, ou melhor, para seu avesso, seu recalcado.

Essa ideia da igualdade dos povos, que surge no pós-guerra para se impor com a descolonização, é uma ideia totalmente nova que modifica todos os referenciais para pensar o espaço geopolítico. Graças a ela, a percepção de humanidade mostra-se descentrada para o intelectual ocidental. A identidade já não é mais lida por dentro, porém projetada num espaço externo. Essa mudança de ponto de vista impõe a dialetização dos espaços e exige as lunetas do antropólogo a perscrutarem o universo do Outro.

Vem à tona uma ruptura radical no que diz respeito ao Iluminismo e à crença no progresso contínuo, exposta por Condorcet.[6] O homem ocidental estava no centro do dispositivo de conhecimento

---

6 Condorcet, *L'Esquisse d'un tableau historique des rapports de l'esprit humain*.

e de julgamento antes de sofrer o descentramento de seu ponto de vista antropocêntrico. Essa revolução vem sendo preparada desde o final do século XIX por uma nova estrutura de pensamento científico, de perspectiva pictórica e de escrita que privilegia a descontinuidade, a desconstrução. Da arbitrariedade do signo saussuriano aos novos modelos matemáticos e físicos, da teoria dos *quanta* ao deslocamento da perspectiva clássica com os impressionistas e os cubistas, uma nova visão do mundo impõe a descontinuidade, o distanciamento do referente. A razão ocidental está, portanto, desde o final do século XIX sendo trabalhada por dentro de si mesma em sua pluralização. Ela já não se pensa como reflexo, mas como figuras sucessivas e descontínuas de estruturas diferentes.

A psicanálise acentua esse fenômeno ao mostrar que não há continuidade possível entre consciente e inconsciente, mas sim uma ruptura a exigir a presença de um terceiro no tratamento analítico. Assiste-se então ao desdobramento infinito das epistemes, que substituem o esquema unitário do evolucionismo. As substituições recíprocas que ocorrem entre o século XIX e o XX acentuam ainda mais essa mutação. Ao século XIX europeu, historicista, que pensa a história humana como uma libertação em relação às leis da natureza, opõe-se o século XX, distanciando-se da história para reatar com uma natureza percebida como um ideal regulador, paraíso que deve ser recuperado. As lutas travadas pelo homem a favor dos grandes valores de liberdade e igualdade são então consideradas duvidosas, parciais e votadas na maioria das vezes ao fracasso. Uma consciência planetária, topográfica, recalca a consciência histórica. A temporalidade vira espacialidade. O afastamento da ordem natural dá ensejo a uma busca das lógicas invariantes originadas pela junção natureza/cultura.

Em face de um futuro fechado, o olhar se volta para a busca da imutável natureza humana percebida em suas constantes – demarcações mentais, ecossistemas, longa duração, estrutura, extensão do conceito de geograficidade –, e o paradigma da natureza tem sua desforra: "Hoje se vê como a dessacralização da história provoca, por meio de vasos comunicantes, uma ressacralização da natureza".[7] Se as rupturas são trágicas, para preveni-las convém voltar-se para as

---

7 Debray, *Critique de la raison politique*, p.299.

constantes e os pesos culturais e étnicos, bem como naturais, numa atitude que visa mais preservar-se da história por meio da solidez de uma plataforma identificadora do que construí-la a partir de uma lógica diacrônica significante. Os balbucios da história, o culto ao passado, as restaurações ocultadas pelas rupturas de superfície, transformam um homem-sujeito de sua história em objeto de uma história que o supera. A relação do homem com um homem, assim, encontra-se "sujeita a um estatuto zoológico".[8]

As transformações da sociedade ocidental oriundas das Trinta Gloriosas contribuíram também para o deslocamento da relação passado/presente/futuro. Sempre que o devir é reduzido pela programação informática a uma reprodução de modelos presentes projetados no futuro, nenhum porvir diferente pode ser problematizado. O fim dos territórios e o advento de uma sociedade sem solo contribuíram para criar um estado de imponderabilidade temporal, uma relação esfriada com a temporalidade: "Aquilo que há meio século era chamado de aceleração da história [...] tornou-se esmagamento da história".[9] Da mesma maneira, essa relação atemporal fragmenta-se numa miríade de objetos sem correlação, segmentação de saberes parciais, desarticulação do campo dos conhecimentos e esvaziamento dos conteúdos reais. Esse húmus econômico-social vai ser particularmente favorável ao sucesso e ao desenvolvimento de uma lógica estrutural, de uma leitura sintomática, de um logicismo ou de um formalismo cuja coerência será encontrada fora do mundo dos *realia*.

A pós-história nos faz entrar numa relação nova com um presente dilatado que se dá como a-histórico, eterna reciclagem das diversas configurações do passado. Esse presente, horizonte fechado em si mesmo, só pode se autorreproduzir num presenteísmo dominante. A voga das comemorações ilustra bem essa nova relação com a historicidade. A memória recalca a história; não mais a busca das origens para desenvolver as potencialidades do devir, porém simples recordação do universo dos signos do passado que sobrevive no presente imutável. Cenas que se remetem mutuamente e não têm outros referentes senão os lugares de memórias, vestígios deixados no espaço de um passado

---

8 Ibid. p.52.
9 Chesneaux, *De la Modernité*, p.50.

percebido além das linhas de uma fratura intransponível. Conhecemos "o fim daquilo que vivíamos como uma evidência: a adequação entre história e memória".[10]

Esses lugares de memória não são revisitados numa perspectiva reconstrutiva, mas simplesmente considerados os restos de um passado recalcado, desaparecido. Conservam ainda valor simbólico e inauguram uma relação arquivística com o tempo passado. Uma descontinuidade radical opõe a memória de um passado para sempre indefinível, invisível como real, a não ser na materialidade de seus signos múltiplos, a um presente estanque que recicla, comemora, rememora. A relação com a temporalidade é assim clivada, e a memória se pluraliza, anatomiza-se na falta de um baluarte constitutivo de uma memória plena. A história reflui para o instante, favorecido este pela unificação dos modos de vida e das mentalidades, quando já não há verdadeiros acontecimentos, porém profusão de "notícias".

O presente mergulha suas ramificações no passado por meio de uma relação puramente museográfica, sem prender-se aos esboços da definição de um futuro. O que se desestabiliza é a própria função do discurso histórico como inter-relação entre passado e futuro. O pós-modernismo instaura uma relação com a história que pode ser comparada à relação do indivíduo senil que já não pode colecionar lembranças por estar impossibilitado de qualquer projeto futuro. O sucesso do estruturalismo corresponde, portanto, a um fenômeno global de civilização que deve ser relacionado com a implantação de uma sociedade tecnocrática, com o homem unidimensional de cujo nascimento falava Herbert Marcuse, com a reificação do homem reduzido à sua dimensão de consumidor. Nesse aspecto, ele é a ideologia das não ideologias, a ideologia do fim das ideologias revolucionárias, das ideologias coloniais... embora não se reduza a isso. No entanto, esse aspecto constitui, nos anos 1960, o não dito, ou não consciente de transformações profundas que se revelaram transparentes nos anos 1980 e foram reivindicadas em sua positividade. Esse processo de pacificação, esse fim das rupturas significativas, encerra o presente em si mesmo e impõe o domínio do sentimento de saciedade, de marasmo,

---

10 Nora, *Les Lieux de mémoire. La République*, t.1.

numa sociedade na qual "o novo é acolhido como velho e a inovação é banalizada".[11]

Esse recuo da história e essa crise dos discursos de legitimação típica da pós-modernidade foram alimentados por uma fonte de pessimismo, porém de um pessimismo ativo graças à crítica das ilusões da razão e a um intuito desconstrutivo de tudo o que era dado até então como coerência global, imperativo categórico e ordem natural, o que foi submetido à decomposição de uma crítica radical. A própria noção de realidade é questionada; visto que tudo o que remete a suas categorias só provoca ilusões, ela é relegada à ordem da insignificância. Nesse aspecto, o estruturalismo terá sido uma etapa no processo de desconstrução, pela sua faculdade de desrealizar. O espaço público transformou-se sensivelmente em espaço publicitário na era do simulacro, no momento em que se desvanecem todos os polos de referência, esquemas espaçotemporais cujos valores eram considerados eternos e de vocação universal.

A filosofia da busca da face oculta faz eco a uma estética do desaparecimento, conforme visto por Paul Virilio, na qual o efeito de realidade suplanta a realidade. Um ceticismo generalizado põe em crise todas as metanarrativas na sociedade pós-industrial ou pós-moderna. Essa passagem para uma nova economia do discurso situa-se mais ou menos no fim dos anos 1950 na Europa, segundo Jean-François Lyotard,[12] ou seja, no momento em que termina a Reconstrução. Com as tecnologias modernas de comunicação, com a informatização da sociedade, ocorre uma grande mudança brusca no saber: ele se torna a face indissolúvel do poder de quem decide, dos programadores que aos poucos renegam a antiga classe política tradicional a um papel subalterno. A desconstrução do Uno, dos metadiscursos, dá ensejo a uma proliferação de discursos múltiplos não atribuídos a um sujeito, simples jogos linguísticos, fio sem malha. O horizonte humanista escurece e é substituído pelo performativo. O estruturalismo responde a essa crise dos discursos de legitimação reduzindo as ambições do homem a dimensões provincianas, simples parte integrante, sem privi-

---

[11] Lipovetsky, *L'Ère du vide*, p.11.
[12] Lyotard, *La Condition post-moderne*, p.11.

légios, seres vivos do planeta submetidos a uma história que não lhes pertence mais, em escala geológica.

Uma temporalidade fria

Nesse aspecto, Lévi-Strauss é o representante mais eminente desse pessimismo entranhado, desse recuo do homem. Sua visão da evolução da modernidade ocidental é das mais críticas; a esta ele opõe um ceticismo profundamente pessimista que o situa na esteira de uma longa tradição do pensamento conservador, de Burke a Ariès: "Eu aceitaria facilmente a censura de pessimismo, se me fizessem o favor de acrescentar o qualificativo 'sereno'".[13] O olhar desiludido é acentuado ainda mais pela própria posição do antropólogo, que vê seu chão de estudos desaparecer debaixo dos pés sob os golpes de uma aculturação frequentemente forçada. Esse desaparecimento do chão específico do etnólogo obriga-o a voltar-se para sua sociedade de origem, à qual ele sem dúvida pode aplicar seus métodos de análise, mas a partir da uniformização da modernidade, que impõe suas leis. Portanto, o que Lévi-Strauss perscruta é uma atmosfera crepuscular. Depois do crepúsculo dos deuses, o dos homens: "Aproxima-se o dia em que a última das culturas que chamamos primitivas terá desaparecido da superfície da terra".[14]

No fim de sua tetralogia sobre os mitos, Lévi-Strauss concluía, desenganado, que há uma involução dos recursos da combinatória universo/natureza/homem que acaba por "anular-se na evidência de sua caducidade".[15] Já em 1955, Lévi-Strauss advertia o Ocidente para os desastres. Com *Tristes trópicos,* propunha-se ressuscitar as sociedades primitivas engolidas pelo "nosso lixo" lançado ao rosto da humanidade, concreto que pespega em tudo, como picão, pauperismo das favelas, desflorestamento. Triste balanço de uma civilização conquistadora e exemplar, essa morte infligida por trás do rosto hipócrita da aventura e do encontro com o Outro.

---

13 Lévi-Strauss, entrevista a Jean-Marie Benoist, *Le Monde*, 21 jan. 1979.
14 Id., *Anthropologie structurale* II, p.65.
15 Id., *L'Homme nu*, p.620.

A antropologia estrutural de Lévi-Strauss ataca o Iluminismo, sua pretensão a uma mensagem de vocação universalizante. Sem dúvida, as sociedades que ele estuda têm uma relação diferente com a temporalidade, se comparadas às sociedades ocidentais. Elas se defendem da mudança e percebem-se como corpo que resiste às perturbações potenciais, endógenas e exógenas. Daí a famosa distinção feita por Lévi-Strauss entre sociedades frias e sociedades quentes. Haveria, portanto, um desacoplamento que deixaria para o etnólogo uma parte da humanidade próxima do grau zero de temperatura histórica, reservando ao historiador as sociedades quentes. Nessa distinção, Lévi-Strauss põe em ação um modelo que em geral é aplicado no paradigma estruturalista, o da termodinâmica, que ele opõe às sociedades unanimistas que, para funcionarem, não precisam de desvios diferenciais, por ele qualificadas de sociedades mecânicas "dos relógios em relação às máquinas a vapor".[16]

Para as sociedades primitivas, a categoria "história" não tem sentido, pois aquilo que não figura na estrutura inicial de seu funcionamento está desprovido de sentido. Mas Lévi-Strauss não se contenta em opor dois modos de relação com a historicidade. Sua ambição não é descodificar o modelo de uma província da humanidade: ao contrário, ele concebe o modelo estruturalista como parâmetro de leitura de vocação universal. Nesse aspecto, retoma fielmente os ensinamentos de Ferdinand de Saussure, que no começo do século, em seu *Curso de linguística geral*, atribuía prevalência absoluta à sincronia para negar qualquer validade à diacronia, à historicidade. A história, portanto, é negada, seja qual for a latitude, a não ser por uma única ruptura significativa que Lévi-Strauss parece conceder: a da revolução neolítica. A história não passa de agente de erosão, de degenerescência, de degradação de energia: "O homem só cria algo realmente grande no começo".[17]

Nesse sentido, Lévi-Strauss tem duas filiações: a linguística estrutural e seu mestre Jean-Jacques Rousseau, para quem era preciso reencontrar a pureza original. Terá sido também o "vigário dos Trópicos", que desenvolve todo um discurso nostálgico sobre as origens perdidas. O objetivo da antropologia estrutural é detectar as formas invariantes

---

16 Id., entrevista a Georges Charbonnier, Paris, 10/18, 1969 (1961), p.38.
17 Id., *Tristes tropiques*, p.442.

para além dos conteúdos diferentes. Das estruturas elementares de parentesco até os mitos, trata-se sempre de estruturas que funcionam como verdadeiras "máquinas de suprimir o tempo".[18]

Para livrar-se da abordagem histórica, Lévi-Strauss, que não pode negar a existência dos acontecimentos cuja "pertinência e inanidade"[19] reconhece simultaneamente, postula uma relação de exterioridade entre estruturas e acontecimentos, o que permite a exposição estrutural e, portanto, uma análise liberta do substrato factual. É ao cabo de seu longo percurso pelas mitologias que Lévi-Strauss torna manifesta a sua ambição de se libertar do tempo, da história: "Levada ao extremo, a análise dos mitos atinge um nível em que a história se autoanula".[20] Esse tempo dos mitos recuperado por Lévi-Strauss não é apenas recobrado, é "suprimido". A abordagem estruturalista que se apresentava como modelo metodológico transforma então o real em estático, em entidade irreversível, e encontra assim por realizar uma isologia entre o procedimento e seu objeto, percebido como sistema fechado na autorregulação. A história, do ponto de vista dessa isologia, não passa de um mito que Lévi-Strauss denuncia sobretudo em sua polêmica com Sartre, quando dá uma resposta à *Crítica da razão dialética* em 1962 em *Pensamento selvagem*: "História, portanto, nunca é história, mas história-para. Parcial, no sentido de tendenciosa, ainda que afirme não ser, permanece inevitavelmente parcial no sentido de só se realizar em parte, o que é também um tipo de parcialismo";[21] "A história leva a tudo, desde que saia".[22] O tempo é percebido como um perigo, mito cujo risco precisa ser exorcizado para se ter acesso às invariâncias ocultas sob a multiplicidade e a desordem sublunar. Um naturalismo estrutural anima essa atitude em sua ambição científica, uma vez que Lévi-Strauss concebe a estrutura não só como modelo heurístico para construir seu objeto de estudo, mas como um "já-aí", na realidade subjacente; mais precisamente, ele a localiza nas demarcações mentais.

No fim de sua pesquisa sobre os mitos, os ensinamentos extraídos desse estudo situam-se no fato de que eles permitem "depreender cer-

---

18 Id., *Le Cru et le cuit*, p.22.
19 Id., *Du Miel aux cendres*, p.408.
20 Id., *L'Homme nu*, p.542.
21 Lévi-Strauss. *La Pensée sauvage*, p.341.
22 Ibid., p.347.

tos modos de operação do espírito humano, tão constantes ao longo dos séculos".²³ Nessa pesquisa das delimitações mentais, encontra-se ao mesmo tempo o retorno à velha noção de natureza humana intemporal e a-histórica, bem como a dissolução de uma abordagem específica às ciências sociais, um descentramento do homem em proveito de um biologismo redutor baseado em genótipos universais, esquivando-se da dimensão social da sociedade. Essa ambição cientificista da antropologia estrutural atribui, porém, certo lugar à história, mas no modo menor.

A história é da alçada do empírico, do concreto, do singular, e nesse aspecto não tem lugar no plano científico, a não ser como dado bruto que deve ser trabalhado e desmitificado. Trata-se de um material inevitável, assim como o material etnográfico, mas é no nível da antropologia que se tem acesso às leis, às regras, ao conceito, a um plano mais elevado de abstração. A história não passa de contingência, e o "milagre grego", a passagem do pensamento mítico à filosofia, é simples resultado do acaso. A outra dimensão que separa a antropologia estrutural da história situa-se nas profundezas do procedimento.

Enquanto o etnólogo pode ter acesso ao inconsciente de uma sociedade, o historiador, por sua vez, está condenado a ficar no plano do consciente: "o etnólogo anda na frente, procurando sempre atingir mais inconsciente, em cuja direção caminha, enquanto o historiador avança, por assim dizer, de marcha a ré, mantendo o olhar fixo nas atividades concretas e particulares".²⁴ Ora, se a história está fixada no consciente, para Lévi-Strauss esse nível é o mais pobre das ciências do homem: "A consciência é inimiga secreta das ciências do homem".²⁵ Esse resfriamento da temporalidade, comum à linguística e à antropologia estruturais, induz uma relação descontinuísta entre as diversas épocas da história: "A linguagem só pode ter nascido de uma vez".²⁶ Esse descontinuísmo não preocupa muito Lévi-Strauss, que se prende mais à circularidade do tempo, às áreas imóveis, mas vai ser teorizado pela geração seguinte, que levará em conta a historicidade, mas de um modo novo. Esse desafio estruturalista à história terá também enorme

---

23 Lévi-Strauss, *L'Homme nu*, p.571.
24 Lévi-Strauss, *Anthropologie structurale*, p.32.
25 Id., *Revue Internationale des Sciences Sociales*, p.583, 1964.
26 Id., Introduction à l'oeuvre de M. Mauss, *Sociologie et anthropologie*, M. Mauss, v.LVII, p.10.

influência sobre o discurso dos próprios historiadores, que mudaram suas relações com a temporalidade numa busca das invariâncias, da longa duração, das estruturas.[27]

O desconstrutivismo

A geração seguinte, apoiando-se na reflexão epistemológica feita por Cavaillès, Bachelard e Canguilhem, levará em conta a historicidade para melhor denunciar o historicismo. A história já não é colocada em situação de exterioridade em relação à estrutura, mas é desconstruída por dentro. Essa desconstrução assumirá duas formas: a nietzschiana, com Michel Foucault, e a heideggeriana, com Jacques Derrida. É o que os americanos chamaram de pós-estruturalismo, conceito não fundamentado no plano cronológico, pois essa vinculação é contemporânea ao apogeu do paradigma estruturalista e dele participa plenamente, apesar das mudanças que implica. A figura do homem a apagar-se, como na praia se apaga o rosto de areia no fim de *As palavras e as coisas*, é totalmente nietzschiana. A primeira ruptura com a antropologia, para Michel Foucault, data de Nietzsche, que atacou a definição do homem. A morte de Deus anuncia o desaparecimento do homem, sua iminência na promessa-ameaça de advento de um super-homem.

Toda a obra de Foucault parece responder ao programa traçado por Nietzsche em *Gaia ciência*: "Onde, pois, se terá jamais empreendido uma história do amor, da cupidez, da inveja, da consciência, da piedade, da crueldade?".[28] Para atender ao convite de Nietzsche, Foucault vai escrever uma história do reverso da razão ocidental e substituir a temporalidade pelos seus ritmos diferenciados, pelo estudo da espacialidade discursiva, dos diversos vezos do discurso no nível da superfície, no mundo do visível, da transparência. Um olhar no espaço que sabe de onde olha e o que olha. O nominalismo de Foucault, que vai privilegiar as formações discursivas, as palavras em relação às coisas, os enunciados em relação às formações sociais, encontra raízes em Nietzsche, para quem a filosofia é uma espécie de filologia em suspenso, na

---

27 Dosse, *L'Histoire en miettes, des Annales à la nouvelle histoire*.
28 Nietzsche, *Gaia ciência*, cap. VII.

qual não se deve interpretar o significado original, pois todo discurso já é interpretação.

Essa abordagem da história da humanidade pretende ser essencialmente relativista. Já não há continuidade por apreender nem racionalidade a atuar no pensamento e na ação do homem, e como o sujeito se encontra preso nas malhas do objeto, num laço indissolúvel e imutável, nenhum modo de ver é estável. A genealogia nietzschiana tenta detectar, por trás dos valores absolutizados de dever, moral e pecado, o pano de fundo desse universo, e, detectando sua proveniência, descobre o caos do acidental, do acaso, da dispersão de forças e fraquezas que despedaçam aquilo que o Ocidente tomava por alicerce de nossa humanidade. Nietzsche tentar detectar as discrepâncias entre a prática e o sentido: é daí que Foucault extrai um de seus paradigmas mais operacionais, o da descontinuidade, o de cesuras mais espacial que temporal entre dois modos de pensamento, entre duas epistemes. Fratura dentro de nós mesmos que Foucault, depois de Nietzsche, procura redescobrir além das falsas constâncias, das permanências ilusórias: "É preciso despedaçar aquilo que possibilitava o jogo consolador dos reconhecimento [...]. A história será efetiva só quando introduzir a descontinuidade em nosso próprio ser [...]. Porque o saber não é feito para compreender, ele é feito para romper".[29]

A genealogia nietzschiana, portanto, questiona a economia da causalidade, a clássica busca das origens temporais, e, ao contrário, decifra os diversos códigos em vigor a partir daquilo que eles excluem, a partir de suas ausências. Encontra-se a apreensão transversal da história em Foucault e em sua tentativa de desconstrução do sujeito e da razão ocidental para melhor apreender o avesso desta. A genealogia assemelha-se aqui a um positivismo crítico, uma vez que limita seu campo à dissociação entre verdadeiro e falso sem procurar implantar qualquer sistema de causalidade. Ela se apegará aos acasos mais que às leis, às descontinuidades mais que às contradições atuantes nas continuidades, ao descritivo das positividades materiais mais que à sua coerência interna e a seus fundamentos temporais. A genealogia deve, portanto, romper com a continuidade histórica para detectar a singularidade dos acontecimentos fora de qualquer finalidade, sair no

---

29 Foucault, Nietzsche, la généalogie, l'histoire. In: *Hommage à Hyppolite*, p.160.

encalço da história até onde ela tenha sido recalcada pelo reinado do ilusório, da razão, em especial em tudo aquilo que tenha entrado clandestinamente enquanto o homem afirmava seu reinado por meio de sua faculdade de racionalidade: sentimentos, instintos, amor...

Foucault, portanto, enquadra-se muito bem no pensamento positivista, sem dúvida crítico, mas que retorna ao caráter factual da história: "A história efetiva faz ressurgir o acontecimento naquilo que ele pode ter perdido de único e de agudo [...]. Nós vivemos uma miríade de acontecimentos perdidos".[30] O acontecimento singular, díspar, e o homem encontram-se presos num labirinto, mundo informe sem arquitetura no qual ele se dissolve, no qual toda forma de consciência tornou-se ilusória. O lugar da genealogia nietzschiana e foucaultiana está essencialmente no nível da articulação do corpo com a história: "O corpo: superfície de inscrição dos acontecimentos, lugar de dissociação do eu".[31]

Encontra-se o corpo como objeto privilegiado da reflexão de Foucault na maioria de seus trabalhos, tanto em relação ao saber médico, à razão punitiva ou a propósito da história da sexualidade. O corpo contra a razão, o desejo contra a lei e a norma, o múltiplo das pulsões contra o Uno do universo codificado. Nessa articulação, o absoluto e a totalidade histórica são desestruturados em favor da dispersão, do jogo dos desvios, de uma dissociação da unidade do ser humano, de uma historicização dos sentimentos. Nessa genealogia, tudo é história, porém a história já não é um todo; nada deve escapar ao seu olhar, mas disso não resulta sentido algum: "Uma das características da história é não ter escolha: ela assume o dever de conhecer tudo, sem hierarquia de importância".[32]

Nietzsche ataca a objetividade historiográfica que participa de um discurso teleológico. Esse historiador de tempo nenhum e de lugar nenhum, à Fénelon, não passa de mito que deve ser destruído para resgatar aquele que fala em sua singularidade: "Não consigo tolerar esses concupiscentes eunucos da história, proselitistas do ideal ascético; não consigo tolerar esses sepulcros caiados a produzirem vida; não

---

30 Ibid., p.161-2.
31 Ibid., p.154.
32 Ibid., p.164.

consigo tolerar esses seres cansados e definhados a afetarem sabedoria, lançando-se olhares objetivos".³³

O sentido histórico, tal como entendido por Nietzsche e Foucault, opõe-se termo a termo às três modalidades platônicas da história, e nesse sentido frequentemente nos leva ao sofisma como uso paródico e destruidor de identidade e uso sacrifical e destruidor de verdade que se opõem à história-reconhecimento, à história-continuidade e à história-conhecimento: "Trata-se de fazer da história uma contramemória, expondo nela, por conseguinte, uma forma completamente diferente do tempo".³⁴ A perspectiva de ambos é, pois, a da escrita de antimemórias, de uma obra desconstrutiva na qual o homem deve desaparecer num halo em que sua imagem se desvanece. Nesse nível, a correspondência entre Nietzsche e Foucault é total: "Perecer pelo conhecimento absoluto poderia perfeitamente fazer parte do fundamento do ser".³⁵

A genealogia tem por objetivo nos irrealizar, mais do que partir à cata de uma identidade qualquer. Quanto à história, nessa torção do tempo, tornou-se um grande carnaval: "A genealogia é a história como carnaval concertado".³⁶ Da rejeição violenta de uma história negada em nome do presente em *Considerações intempestivas*, Nietzsche passa, com a *Genealogia da moral*, à reconsideração das três modalidades da história denunciadas em 1874, porém metamorfoseadas em seu contrário. Paródia, dissociação, destruição do sujeito, surgimento do corpo, descontinuidade: caminhos transversais que depois dele serão trilhados por Michel Foucault e que constituem o essencial de sua filosofia, seus paradigmas fundamentais.

Nos termos dessa filiação nietzschiana, Michel Foucault ataca o historicismo, a história como totalidade, como contínuo histórico. Cumpre renunciar a todas as "continuidades irrefletidas segundo as quais organizamos de antemão o discurso que pretendemos analisar".³⁷ A história deve renunciar à construção de grandes sínteses e interessar-se, ao contrário, por detectar a fragmentação dos saberes. Foucault procede a uma desconstrução da história, a um estilhaçamento dela

---

33 Nietzsche, *Genealogia da moral*, cap.III.
34 Foucault, Nietzsche, la génealogie, l'histoire. In: *Hommage à Hyppolite*.
35 Nietzsche, *Além do bem e do mal*, p.39.
36 Foucault, Nietzsche, la génealogie, l'histoire. In: *Hommage à Hyppolite*, p.168.
37 Foulcault, *L'Archéologie du savoir*. p.36.

numa constelação informe, a partir da qual qualquer unidade temporal é factícia. No entanto, Foucault apossa-se do território do historiador, não para buscar suas incoerências diacrônicas, mas para estabelecer coerências sincrônicas. É assim que ele detecta a sucessão de três epistemes em *As palavras e as coisas*. Entre esses estados sincrônicos do saber não há filiação, porém simples surgimento, o verdadeiro rompimento criador que faz mudar de uma episteme a outra.

Essa postura estruturalista é na verdade a-histórica em seus postulados, sendo reivindicada como tal por Foucault: "Uma tarefa dessas implica questionar-se tudo o que pertence ao tempo, tudo o que se formou nele [...] de tal maneira que apareça o rompimento sem cronologia e sem história do qual provém o tempo".[38] A descontinuidade aparece então em sua singularidade, não redutível a um sistema de causalidade, uma vez que foi separada de suas raízes, figura etérea saída do caos. Essa desconstrução desemboca na sua teorização em *Arqueologia do saber*, com a noção de história serial preconizada por Foucault: "A partir de agora o problema é constituir séries".[39] Cada uma das séries tem seu próprio ritmo, suas rupturas significativas fora do contexto geral. Já não existe motor de uma evolução, porém descontinuidade em revoluções. O historiador torna-se então arqueólogo do saber, confinado ao descritivo, renunciando à totalidade, e Foucault opõe a noção de história total à noção de história geral que "exporia ao contrário o espaço de uma dispersão".[40] Por trás dessa busca de descontinuidades, encontra-se o paradigma estruturalista de afloramento de estratos imóveis, de invariantes: "Por trás da história agitada de governos, guerras e fomes, desenham-se histórias quase imóveis ao olhar, histórias quase horizontais".[41] Não existe, nessa ambição de resgate das áreas estáticas a partir de descontinuidades, ruptura importante com o programa de Lévi-Strauss enunciado em *Introdução à obra de M. Mauss*, já em 1950.

A outra vertente do desconstrutivismo histórico alimenta-se do pensamento heideggeriano e encontra-se na obra de Jacques Derrida, que representa melhor essa tentativa. A filosofia de Derrida ataca outra

---

38 Id., *Les Mots et les choses*, p.343.
39 Foucault, *L'Archeologie du savoir*, p.15.
40 Ibid., p.19.
41 Ibid., p.10.

forma de logocentrismo, detectado tanto nos discursos tradicionais da metafísica quanto naquilo que é apresentado como discurso da modernidade: Saussure, Lévi-Strauss, Foucault. É ele o mais radical na "estratégia geral da desconstrução".[42] À busca da verdade, da gênese e do sentido, Jacques Derrida opõe uma escrita descontextualizada, totalmente independente do contexto, tanto do leitor quanto de seu destinatário. Essa autonomização, que retoma o paradigma estruturalista de afastamento do referente e do sujeito falante, é levada ao extremo por Derrida, que chega a reduzir qualquer forma de aparecimento do dizer a subtração à presença pelo seu desaparecimento imediato, e a enunciar certo número de conceitos e de figuras retóricas para explicar esse fenômeno: unidades do simulacro de real, "indecidíveis" como os termos de pharmakon, suplemento, hímen, grama, espaçamento. Todas essas figuras são ilustração de um processo global de disseminação: "Germinação, disseminação. Não existe primeira inseminação. A semente é em primeiro lugar dispersada [...]. Cada germe é seu próprio termo, em seu termo, não fora de si, mas em si como seu limite interior, fazendo ângulo com sua própria morte".[43]

Encontra-se aqui a temática heideggeriana do Ser separado para sempre do ente, a subtrair-se até de sua presença ao mostrar-se no ente, assim como toda uma filosofia voltada para o ser-para-a-morte, para o destino trágico dessa extirpação ao Ser, cada vez mais profundo e afundado, enterrado nas ilusões do ente: "Todo grafema é de essência testamentária".[44] Nessa desconstrução, o que é feito da noção de historicidade? Ela implica, evidentemente, uma nova relação com a temporalidade, fora da lógica da identidade, e em torno da noção de diferença organiza-se a noção estruturalista da diferença, do Outro sobre o qual se debruçaram os trabalhos de Lévi-Strauss, Michel Foucault ou Lacan, mas também uma relação com o sentido de postergação no tempo, meio de evitar a presença.

Derrida, assim como Foucault, recusa o a-historismo de Lévi-Strauss, mas nem por isso adere ao "caráter metafísico do conceito de história".[45] Opõe-lhe, como Foucault, a concepção de uma histó-

---

42 Derrida, *Positions*. p.56.
43 Derrida, *La Dissémination*. p.337-8.
44 Id., *De la Grammatologie*. p.100.
45 Derrida, *Positions*, p.77.

ria "monumental, estratificada, contraditória".[46] Essa história é uma história pluralizada, fundamentalmente heterogênea; assemelha-se à história serial definida por Foucault e à sua recusa da significação globalizadora da história que não pode ser construída a não ser sobre um fundo ontológico. A noção de história é, portanto, caduca: "A partir de que núcleo semântico mínimo será possível chamar ainda de histórias esses tipos heterogêneos e irredutíveis de história?".[47] Essa desconstrução vai subverter profundamente a escrita historiográfica dos historiadores de formação.

Já mais sensíveis nos anos 1960 às áreas imóveis da temporalidade, num momento em que Fernand Braudel dominava o império das ciências sociais,[48] os historiadores vão renunciar ao conceito de síntese, de globalidade, que até então fundamentava a obra deles, e a terceira geração dos *Annales* escreverá então uma história em migalhas.[49] A totalidade já não será mais pensada na correlação das diversas instâncias da realidade, mas como totalidade do objeto de pesquisa em sua singularidade e em seu lugar na série à qual pertence. Em contrapartida, essa pluralização axiomática é saudada pelo filósofo Jean-Marie Benoist: "Cabe ao filósofo tomar conhecimento dessa fragmentação da história".[50]

Essa nova problematização filosófica, seja de Lévi-Strauss, Foucault ou Derrida e de todo o pensamento estruturalista, para além de sua diversidade extrema, enraíza-se no recuo da história que é próprio da pós-modernidade, no pessimismo que foi não só sereno, porém fecundo. Na falta de perspectiva histórica, depois de desestabilizar o estatuto do homem e de se distanciar da realidade do real, o estruturalismo impôs sistemas fechados, lugar de refúgio de métodos de vocação científica. Lugar inacessível, recalcado para a Outra cena, afastado da consciência.

A complexificação do social e a incapacidade de captar a sua lógica unificadora favoreceram esse fechamento na busca de uma unidade e da face oculta do real, deslocamento do positivismo para o

---

46 Ibid., p.77.
47 Ibid., p.80.
48 Braudel dans tous ses états, *Espaces Temps*, n.34-35, 1989.
49 Dosse, *L'Histoire en miettes, des Annales à la nouvelle histoire*.
50 Benoist, *La Révolution structurale*, p.327.

outro lado do espelho. O sentido desvendado naufraga na insignificância, pois já não faz parte do campo fechado desse universo dos signos que se remetem mutuamente na ausência de qualquer causalidade material, em situação de exterioridade relativamente ao referente. A verdade do sistema fechado não será mais buscada por uma hermenêutica que parta da situação revelada, mas deverá captar as relações e inter-relações entre signos no interior da estrutura delimitada e do jogo que ela define entre os signos. Desse entrelaçamento de relações, a contingência histórica, assim como o livre jogo da iniciativa, é esvaziada. Se o sistema de abordagem privilegiado é a linguística estrutural, é possível encontrar algumas semelhanças no procedimento cibernético que descentraliza a perspectiva finalista e antropocêntrica para privilegiar os processos de autorregulação. A combinatória de uma física das relações, os jogos e entrejogos do mesmo e do outro descentram o homem, que passa a ocupar apenas lugar ilusório: "Cumpre a qualquer custo romper essa rede de aparências que chamamos homem".[51]

No momento em que as ciências humanas parecem fascinadas pelo modelo cibernético, a variável humana, em seus componentes psicológicos e históricos, torna-se inconsistente e deve dar lugar a um método rigoroso que pretenda o mesmo nível de eficácia presente nas ciências exatas. O sistema fechado que se impõe cobrará caro o seu distanciamento em relação ao mundo real. No entanto, haverá uma eficácia notável em razão da abertura do campo do saber que ele vai inaugurar.

O estruturalismo, em sua busca do inconsciente de práticas sociais, abrirá o universo dos signos do simbólico, das representações coletivas, dos ritos e dos costumes em sua lógica interna, do estrato do não explícito existente nos vestígios da atividade humana. O acesso a esses novos objetos e sua pluralização contribuirão para a fragmentação dos sistemas de causalidade. Sem dúvida, o método estrutural permitiu uma vitória sobre os causalismos e os determinismos simplistas, mas a coerência unificadora da história social desvaneceu-se nas areias movediças de sua combinatória, que reveste o duplo aspecto de unidade e de pluralização, jogo dialético entre o mesmo e a alteridade a inaugurar a nova era de uma pós-história.

---

51 Daix, *Structuralisme et révolution culturelle*, p.28; *L'Homme et la Société*, v.1-2, n.93-96, 1990.

10
Michel Foucault, estruturalismo e pós-estruturalismo[1]

Michel Foucault definia com entusiasmo a aventura estruturalista em 1966 em *As palavras e as coisas*, dizendo: "O estruturalismo não é um método novo; ele é a consciência desperta e inquieta do saber moderno".

Mas Michel Foucault foi estruturalista? Pergunta difícil, pois ele nunca parou de desprender-se de si mesmo. Daí a importância da historicização de sua obra. Nos anos 1960 Michel Foucault foi fortemente marcado pelo contexto geral das ciências humanas na França e pelo paradigma estrutural que então se impunha em linguística, antropologia, psicanálise, crítica literária e no mundo intelectual em geral. Foi um verdadeiro desafio para a filosofia que Foucault enfrentou ao apropriar-se daquele programa científico a fim de enriquecer a especulação filosófica.

Procurar atingir os limites, um pensamento de "confins", tal é a nova aventura prometida ao filósofo por Michel Foucault, que logo vai

---

1 Conferência realizada em Ankara e Izmir, em 4 e 5 de abril de 1996.

assumir lugar de destaque na galáxia estruturalista nascente, na qual goza de duas vantagens: o prestígio de sua disciplina (a filosofia) e sua capacidade de historicizar seu objeto, abrindo assim para o estruturalismo uma perspectiva histórica insuspeita quando da implantação do paradigma frio por Claude Lévi-Strauss.

Numa perspectiva de desconstrução nietzschiana, ele radicaliza sua crítica aos valores dominantes e segue os rastros da razão em suas ramificações disciplinares, definindo um campo de estudo novo: o do biopoder, que corresponde ao clima pós-moderno de crise dos metadiscursos de um período em que o estruturalismo está em declínio.

Por fim, um último Foucault, inacabado, parece emergir de seus primeiros trabalhos sobre a autogovernamentalidade, nos quais parece despontar um horizonte ético há muito recusado.

São essas três figuras de Foucault, que escrevia para deixar de ter rosto, que tentaremos entender.

O avesso da razão

No momento em que a antropologia interroga sobre o Outro do Ocidente, exumando as sociedades primitivas da ignorância na qual o pensamento eurocêntrico as manteve durante muito tempo, um filósofo problematiza o avesso da razão ocidental, escrevendo uma história da loucura: Michel Foucault. Por trás da Razão triunfante, ele segue as pistas das manifestações recalcadas da desrazão. Manejando o bisturi paterno no plano das ideias, o filósofo situa-se em cheio nos limites do pensamento ocidental, nos limites de sua própria história.

A concordância dos tempos é impressionante. Michel Foucault começa a redação de *História da loucura* em 1956, pouco depois da publicação de *Tristes trópicos* e da reunião de Bandung; publica a obra em 1961, pouco antes dos acordos de Evian e da independência da Argélia. *A priori*, a coincidência desses acontecimentos políticos e culturais é puramente fortuita; no entanto, *História da loucura* vai tornar-se logo em seguida um sintoma de ruptura com uma história do sujeito ocidental à qual o autor opõe a imagem de seu duplo, esquecido e recalcado, saído da exclusão: a loucura. Ora, o povo argelino, saindo do âmbito político francês, levava consigo também uma história de exclusão.

Essa relação entre o questionamento do etnocentrismo francês no norte da África e do etnocentrismo da Razão, como mostra Michel Foucault, é logo em seguida percebida por Pierre Nora, que acaba de publicar Les Français d'Algérie [Os franceses de Argélia].² Michel Foucault faz ressurgir o esquecido, o recalcado da Razão, e abre as portas para uma nova sensibilidade histórica que já não é a da valorização dos heróis, que estão cansados, nem a da glorificação dos condenados, cuja dialética ficou presa em seus próprios nós em 1956, mas a sensibilidade dos esquecidos da história, buscados em todas as pistas deixadas por trás das paredes entre as quais a Razão os encerrou. Da mesma maneira que Lévi-Strauss possibilitava pensar as sociedades primitivas como diferentes, e, pensando-as, resgatava-as do campo da Razão, Michel Foucault segue as pegadas de uma aventura semelhante na qual a loucura se volta para a razão a fim de a interpelar e pôr em evidência suas linhas de força e de fraqueza. Michel Foucault segue as pistas das atividades de recalque, das racionalizações factícias daquilo que aparece como ininteligível, dos disfarces do sentido; ele rasga as máscaras do poder sem saber e ilustra maravilhosamente o espírito do tempo.

Procurar atingir os limites, um pensamento de "confins": tal é a nova aventura prometida ao filósofo por Michel Foucault, que logo vai assumir lugar de destaque na galáxia estruturalista nascente, onde goza de duas vantagens: o prestígio de sua disciplina (a filosofia) e sua capacidade de historicizar seu objeto, abrindo assim para o estruturalismo uma perspectiva histórica insuspeita quando da implantação do paradigma frio por Claude Lévi-Strauss.

Michel Foucault mostra-se bem situado para tornar-se esse confederador, esse filósofo do conceito, como era visto por Georges Canguilhem, mesmo que em 1961 ainda não se situasse na filiação estruturalista. Qual foi a origem dessa nova exigência que, não classificável na época, parece mover as fronteiras disciplinares e encerrar provisoriamente a fase fenomenológica da história da filosofia na França? Esse desmantelador de preconceitos, de pensamentos prontos para o consumo, que foi Michel Foucault em sua procura incessante de trazer à tona a verdade, a ponto de passar por um contrabandista do saber,

---

2 Nora, Les Français d'Algérie.

propicia um pensamento que pretende ser resolutamente modesto, visto que, em vez de se fazer porta-voz daquilo que é preciso pensar, tenta traçar os contornos daquilo que é pensável. Ele será um filósofo da viagem, mas a viagem do reverso da Razão, um "esquadrinhador das zonas baixas" da nossa civilização, à maneira de Nietzsche.

Filósofo singular que reivindicava em alto e bom som sua singularidade, rejeitando qualquer rótulo com desprezo, pois era sua preocupação constante desfazer-se de qualquer adesão ou aderência, inclusive a si mesmo, Michel Foucault, esse revoltado constantemente deslocado de si mesmo, deve ser ressituado naquilo que fundou seu pensamento em cada uma das etapas de uma vida, que ele terá desejado construir como obra de arte. O resgate daquilo que singulariza Michel Foucault nos permitirá então mostrar aquilo que ele tem em comum com o paradigma estruturalista e aquilo em que dele se distingue, evitando qualquer forma de redução de seu pensamento a uma massa comum, mas sim articulando-o com esse paradigma.

O primeiríssimo livro de Michel Foucault, *Doença mental e personalidade*, data de 1954 e foi dedicado à psicopatologia, aos conceitos psicanalíticos e à leitura das representações sociais da loucura. Foi encomendado por Louis Althusser para a coleção dirigida por seu amigo Jean Lacroix: "Initiation philosophique", PUF.

Se Michel Foucault pertence à aventura estruturalista, o responsável por isso certamente foi George Dumézil. Assim, no prefácio a *Folie et déraison* [*Loucura e desrazão*], ele reconhece a dívida: "Nesta tarefa um tanto solitária, todos aqueles que me ajudaram têm direito a meu reconhecimento. E G. Dumézil é o primeiro: sem ele este trabalho não poderia ter sido feito."[3] No jornal *Le Monde*, ele declara que Georges Dumézil desempenhou papel de primeira plana entre as influências por ele sofridas: "Por sua ideia de estrutura. Assim como Dumézil faz com os mitos, tentei descobrir normas estruturadas de experiência cujo esquema possa ser encontrado com modificações em níveis diversos".[4] Foi na Suécia que Michel Foucault redigiu sua tese, no estrangeiro. Procura as manifestações da loucura na *Carolina rediviva*, grande biblioteca onde encontra riquíssima coleção de livros médicos dos

---
3 Foucault, *Folie et déraison*, p.X (Prefácio).
4 Id., *Le Monde*, 22 jul. 1961.

séculos XVII e XVIII, legados por um amador. Vai tirar grande proveito deles para dar voz ao mundo do silêncio.

Michel Foucault, em sua tese, problematiza a pretensão à verdade de um discurso científico particular, o saber psiquiátrico, e estuda as condições de validade e de possibilidade deste último. Planta deliberadamente seu periscópio no coração da história ocidental para interrogar a razão triunfante: "Será que, no caso de uma ciência tão duvidosa quanto a psiquiatria, não seria possível apreender de modo mais indubitável o intricamento dos efeitos de poder e saber?".[5] Para conseguir deslocar as linhas fronteiriças tradicionais, Michel Foucault parte de um objeto tabu, do próprio recalcado da razão ocidental, a imagem do Outro, e descreve assim lugares e modos de validação dos ditos de um saber psiquiátrico ainda pouco seguro. Tal abordagem leva-o a privilegiar a historicização de seu objeto. Essa análise histórica é concebida como uma "posição instrumental",[6] instrumento no interior do campo político, meio de evitar a sacralização da ciência. Um discurso historicizado deve perguntar-se qual é a força de uma ciência, captar aquilo que há de não científico nela e "como, em nossa sociedade, os efeitos de verdade de uma ciência são ao mesmo tempo efeitos de poder".[7]

O objeto da pesquisa, a loucura, deve ser liberado da pluralidade dos discursos que o mantêm cativo: todos os saberes com pretensão científica, jurídica, médica ou policial são postos na berlinda para melhor se entender a maneira como eles dão origem a essa figura do Outro da Razão. Essa busca de um objeto desembaraçado dos estratos sedimentares de discursos que se depositaram sobre ele corresponde à temática estruturalista do momento, que tem a forma da pesquisa dos diversos graus zero da escrita, da língua, do parentesco, do inconsciente... O projeto de Foucault insere-se nessa perspectiva ao propor-se "atingir na história esse grau zero da história da loucura em que ela é experiência indiferenciada, experiência ainda não dividida pela própria divisão".[8] Esse trabalho sobre os limites obscuros da razão pretende restituir vida e voz à própria loucura, por trás dos discursos

---

5 Foucault, Vérité et pouvoir, entrevista a M. Fontana, L'Arc, n.70, p.16.
6 Id., Politique-Hebdo, entrevista, 4 mar. 1976.
7 Ibid.
8 Foucault, Folie et déraison, p.I-V (Prefácio).

com pretensão de racionalização: "Eu não quis fazer a história dessa linguagem; ao contrário, quis fazer a arqueologia desse silêncio".[9]

Michel Foucault quer assim restituir a palavra à Excluída da história, à Esquecida da Razão: a loucura. Constrói sua história como uma ficção a partir de alguns mitos fundadores nos quais há uma disputa entre afirmações categóricas, e a partir de uma ambição crítica, até mesmo niilista, aos saberes constituídos e às fronteiras em vias de elaboração. Resgata um percurso e nos conduz para a nau dos insensatos da época medieval, tema mítico extraído do ciclo dos Argonautas, mas também a realidade efetiva de uma cidade medieval que assim se livrava dos loucos (entregando-os aos barqueiros), até o mundo dos asilos do século XVIII. A loucura nem sempre teve o mesmo estatuto: primeiro era objeto de exclusão e, depois, alvo da prática do encarceramento.

Foucault detecta uma inversão que opõe o Renascimento – no qual a figura do louco era indissociável da figura da Razão, época na qual Erasmo descobria uma loucura imanente à Razão e Pascal escrevia: "Os homens são tão necessariamente loucos que seria louco de um outro tipo de loucura aquele que não fosse louco"[10] – ao século XVIII, quando, ao contrário, o racionalismo afirma sua pretensão a delimitar seus objetos e aparta a loucura, que é posta ao lado do erro, do negativo, do sonho enganoso, segundo a definição de novas regras do método, como as de Descartes. A loucura, excluída do território racional, nasce então como figura à parte, negativa. Torna-se até o lugar decisivo da divisão entre o mundo da Razão e da desrazão, substituindo a antiga divisão entre Bem e Mal. Mundo do não sentido, a loucura deve apagar-se para dar lugar ao pensamento racional. Reduzido ao silêncio, murado no universo carcerário, o louco ainda não tem um lugar para si: é internado com os mendigos.

O século XVII, século da Razão, teria então reagido assim, pelo encarceramento, ao medo da loucura, que continuava a assombrá-lo. A loucura torna-se ameaça, e o desaparecimento do louco transforma-se em condição do reinado da Razão. Ela acaba então nas malhas do grande movimento de encarceramento que Michel Foucault situa a partir do édito real em 27 de abril de 1656, data na qual é criado o *Hô-*

---

9 Ibid.
10 Pascal, *Pensées*, n.414, apud Foucault, *Histoire de la folie*, p.47.

pital Général, que recolhe os mendigos para obrigá-los a trabalhar: "Os muros do internato encerram de algum modo o negativo dessa cidade moral".[11] Nisso ele vê uma descontinuidade nas práticas discursivas, descontinuidade que induz uma nova relação com a loucura, assim como com o parentesco. O pobre, que antes era visto na positividade espiritual como possível objeto de redenção e, ao mesmo tempo, como condição da riqueza, a partir de então passa a ser relegado à negatividade, como fonte de desordem, marca do castigo de Deus. Condenado na sociedade, o pobre deve ser invisibilizado, assim como o louco.

Michel Foucault atém-se aos limites do social, sem nunca enveredar por uma história social que busque restaurar uma coerência global da sociedade ocidental. Nesse plano, ele já se situa no terreno privilegiado do estruturalismo, que atribui à esfera do discursivo uma autonomia máxima em relação às contingências sociais. Recusa-se a integrar a mudança discursiva por ele detectada no esquema explicativo global em que poderia ter estabelecido uma relação entre o fenômeno de recalque descrito e a mutação histórica de uma sociedade que passa da dominante religiosa à dominante ético-econômica enraizada nas estruturas mentais e nas práticas institucionais da era moderna.

No século XVIII, surge uma nova ruptura na relação com a loucura, em vista da instalação de casas estritamente reservadas a ela. É o nascimento do asilo, lugar específico da loucura, figura enfim desprendida, em sua singularidade, do magma informe no qual ela se encontrava dentro do *Hôpital Général*. Essa ruptura institucional precede a visão do louco como um doente que deve ser tratado: "Foi preciso instaurar uma nova dimensão, delimitar um novo espaço, como uma outra solidão, para que, em meio a esse segundo silêncio, a loucura pudesse finalmente falar".[12] Passa-se então ao estudo do discurso dos loucos para neles encontrar a expressão desta ou daquela patologia repertoriada. Todo um saber novo é então incorporado pela medicina: "É a apoteose da personagem médica [...]. A partir do fim do século XVIII, o atestado médico vai se tornando pouco a pouco obrigatório para o internamento dos loucos. Mas, dentro do asilo, o médico assume posição preponderante, uma vez que ele atua num espaço médico".[13]

---

11 Foucault, ibid., p.87
12 Ibid., p.415.
13 Ibid., p.523.

A passagem da indiferenciação para a especificação da loucura, seu posicionamento na temporalidade, a consideração da nova visão e das práticas novas implicada no nascimento da loucura como figura singular, as relações dialetizadas entre saber e poder, com a substituição do poder judiciário pelo poder médico: tais são as grandes linhas de abordagem de Foucault, que supera a simples genealogia da loucura para resgatar, de modo mais global, a passagem de uma sociedade baseada no poder da lei a um sistema que se apoia na norma, que, transformada em critério de divisão dos indivíduos, implica uma economia totalmente diferente do discurso.

A iatrologização do corpo social corresponde a esse processo de normatização, a essa divisão entre a norma e a patologia, e o novo Rei é então o médico, que se encontra no centro dessa divisão, traçando seus limites. Essa problematização das diferentes percepções dos limites entre normal e patológico configura estreita filiação à obra de Georges Canguilhem, que já lançara as bases de uma história estrutural das ciências. Este encontra na tese defendida por Michel Foucault uma notável e instigante ilustração da fecundidade do método.

Enquanto preparava sua tese, Michel Foucault convidou duas vezes Roland Barthes, com quem manteve laços de amizade renovados a cada uma de suas viagens a Paris. Já na primeira edição da obra, Barthes saúda a primeira aplicação do estruturalismo à história: "A história descrita por Michel Foucault é uma história estrutural. Essa história é estrutural em dois níveis: o da análise e o do projeto".[14] Barthes percebe depressa o parentesco que liga os trabalhos de Lévi-Strauss, Lacan, Foucault e o seu, ainda que não exista nenhuma elaboração comum. O trabalho de Foucault é visto por Barthes como uma ilustração da conquista da etnologia moderna. Foucault realiza o mesmo deslocamento da natureza à cultura, ao estudar aquilo que era considerado até então um fato puramente médico. Da mesma maneira que as relações de parentesco foram analisadas por Lévi-Strauss como fenômeno de aliança e o inconsciente estruturado foi estudado como linguagem por Lacan, a escrita literária depende de uma aprendizagem, de uma produção que nada tem a ver com qualquer gênio criador na nova crítica

---

14 Barthes, De part et d'autre, *Critique*, n.17, p.915-22, 1961. (Retomado em: *Essais critiques*, p.171).

literária. Michel Foucault "recusou-se a considerar a loucura como uma realidade nosográfica".[15] Roland Barthes faz uma leitura da obra de Michel Foucault em que se depreende essencialmente o fato de ela pertencer a uma semiologia geral, à construção de vastos semantemas cujo objeto é o estudo das formas, e, nesse aspecto, a loucura sempre seria apenas uma forma acrônica a ser detectada, extraindo-se dela qualquer substância, qualquer conteúdo transcendente.

O que ocorre aí é uma crítica radical à modernidade e a suas categorias. *História da loucura* apresenta-se sobretudo como sintoma de uma época, primeiro passo de um novo procedimento estrutural adaptado à história ocidental, valorização do recalcado, pois a busca da verdade situa-se então no não dito, nas lacunas, nos silêncios de uma sociedade que se revela no que esconde, e, nesse aspecto, a loucura como objeto é ideal, sendo duplamente assumida por uma antropologia histórica e pela psicanálise.

A sagração estruturalista

O acontecimento do ano 1966, melhor venda de verão, foram incontestavelmente *As palavras e as coisas* de Michel Foucault. Carregada na onda estruturalista, sua obra aparece como síntese filosófica da reflexão nova, levada a cabo havia cerca de quinze anos. Embora o autor mais tarde se tenha distanciado do rótulo estruturalista, que ele passará a considerar infamante, em 1966 situa-se em cheio nesse fenômeno: "O estruturalismo não é um método novo; ele é a consciência desperta e inquieta do saber moderno".[16]

Convidado por Pierre Dumayet para o grande programa literário de televisão na época, *Lecture pour tous*, exprime-se em nome de um "nós" criador de uma ruptura coletiva da qual ele faz parte, ao lado de Lévi-Strauss e de Dumézil, num afastamento em relação à obra de Sartre, "que é ainda um homem do século XIX, pois toda a sua atividade visa adequar o homem à sua própria significação".[17] As palavras

---
15 Ibid., p.168.
16 Foucault, *Les Mots et les choses*, p.221.
17 Id., Lectures pour tous, 1966, documento INA, diffusion *Océaniques*, FR3, 13 jan. 1988.

ditas a Pierre Dumayet para ilustrar sua obra frente ao grande público dos telespectadores participam plenamente da nova ambição estruturalista. Michel Foucault afirma o desaparecimento da filosofia, sua dissipação em outras atividades do pensamento: "Chegamos a uma era que talvez seja a do pensamento puro, do pensamento em ato, e disciplinas tão abstratas e gerais como a linguística, tão fundamentais como a lógica ou mesmo a literatura desde Joyce, são atividades de pensamento. Funcionam como filosofia, não por assumirem o lugar da filosofia, mas por serem o próprio desdobramento daquilo que era outrora filosofia".[18]

Seu projeto de arqueologia da ciências humanas (originalmente a obra devia ter como subtítulo "arqueologia do estruturalismo") é definido por Foucault nesse programa como a expressão da vontade de fazer nossa cultura aparecer numa posição de estranheza similar à maneira como nós percebemos os nhambiquaras descritos por Lévi-Strauss. Não se trata em absoluto de traçar as linhas de continuidade do desenvolvimento de um pensamento numa lógica contínua e evolutiva, mas, ao contrário, de detectar as descontinuidades que fazem nossa cultura passada parecer fundamentalmente outra, estrangeira para nós mesmos, numa distância restaurada: "Foi essa situação etnológica que eu quis reconstituir".[19] E Foucault ataca qualquer iniciativa de identificação com a figura puramente efêmera do homem, ao mesmo tempo recente e votada ao desaparecimento próximo. Deus está morto, e o homem o segue rumo a um desaparecimento inelutável para o qual trabalham sobretudo as ciências que falam em nome de sua existência: "Paradoxalmente, o desenvolvimento das ciências humanas nos convida ao desaparecimento mais do que à apoteose do homem".[20]

É, evidentemente, essa morte do homem que fascina a época, e é grande o número daqueles que se precipitaram para trás do cortejo fúnebre. As negações sucessivas do sujeito na linguística saussuriana, na antropologia estrutural e na psicanálise lacaniana acabam de encontrar em Foucault alguém que instala no coração da história cultural ocidental essa figura como ausência, como falta em torno da qual se desdobram as epistemes.

---

18 Ibid.
19 Ibid.
20 Ibid.

Foucault, claro, é solicitadíssimo a responder acerca dessa morte do homem cuja paternidade lhe é generosamente atribuída por toda a imprensa. Ao lhe perguntarem quando ele tinha deixado de acreditar no sentido, numa entrevista a *La Quinzaine Littéraire*, Foucault respondeu: "O ponto de ruptura situou-se no dia em que Lévi-Strauss, no que se refere às sociedades, e Lacan, no que se refere ao inconsciente, nos mostraram que o sentido provavelmente não passava de uma espécie de efeito de superfície, de espelhamento, uma escuma, e o que nos atravessa profundamente, o que existia antes de nós, o que nos sustentava no tempo e no espaço era o sistema".[21]

Em todas as suas intervenções, inúmeras naquele ano, Foucault nunca deixa de relegar Sartre ao século XIX. Situa-se de corpo inteiro da galáxia estruturalista, ainda que se trate de um estruturalismo particular, pois o estruturalismo de Foucault não se baseia na existência de estruturas. "É um estruturalismo sem estruturas."[22] Essa tensão interna, ainda não sentida pelo Foucault de 1966, provém de sua posição ambígua de filósofo situado no cerne das positividades novas da modernidade das ciências sociais para subvertê-las por dentro. Mas essa posição, em vez de ser uma posição de contestação do fenômeno estruturalista, alimenta-se dele, embora Foucault não compartilhe do cientificismo próprio dos outros defensores do movimento que, por sua vez, se situam no sentido da busca de legitimação de sua disciplina.

As palavras e as coisas situam-se sobretudo na filiação do trabalho de Georges Canguilhem. Nessa obra, Foucault focaliza a história científica simultaneamente a partir da descontinuidade e da desconstrução nietzschiana das disciplinas estabelecidas. Essa base nietzschiana do procedimento de Foucault é encontrada na rejeição radical ao humanismo. O homem-sujeito de sua história, agente e consciente de sua ação, desaparece. Sua figura só aparece em data recente, e sua descoberta anuncia seu fim próximo. Sua situação central no pensamento ocidental não passa de ilusão dissipada pelo estudo dos múltiplos condicionamentos por ele sofridos. O homem é assim descentrado, rebaixado para a periferia das coisas, sob influências, até perder-se na escuma dos dias: "O homem [...] sem dúvida nada mais é que certa laceração na

---

21 Foucault, entrevista, *La Quinzaine Littéraire*, n.5, 15 maio 1966.
22 Piaget, *Le Structuralisme*, p.108.

ordem das coisas [...] o homem não passa de invenção recente, uma figura que não tem dois séculos, uma simples ruga no nosso saber".[23] Foucault aplica-se, portanto, a historicizar o advento dessa ilusão que seria o homem e que só nasceria neste mundo no século XIX. O que existia na era grega eram os deuses, a natureza, o cosmos; não havia lugar para um pensamento do sujeito responsável. Na problemática platônica, a falta é atribuível ao erro de julgamento, à ignorância, e não à responsabilidade individual.

Da mesma maneira, na episteme clássica o homem não tem lugar. Nem o humanismo do Renascimento nem o racionalismo dos clássicos puderam pensar o homem. Foi preciso esperar uma falha na configuração do saber para que o homem se situasse no cerne do campo do saber. Depois disso, a cultura ocidental foi a que maior papel atribuiu ao homem. Ele aparece numa situação central, como rei da criação, referente absoluto de todas as coisas. Essa fetichização se mostra sobretudo numa forma filosófica, com o ego cartesiano que introduz o sujeito como substância, receptáculo de verdades. Ele inverte a problemática do erro e da falta tal como esta funcionava na Antiguidade e ainda na escolástica medieval. No entanto, como observa Foucault, depois de Freud esse homem conheceu na história do pensamento ocidental certo número de grandes reveses narcísicos. Copérnico, ao descobrir que a Terra não está no centro do universo, revolucionou o campo do pensamento e apequenou a soberania primitiva do homem. Darwin, ao descobrir que à porta do homem existe um macaco, rebaixa o homem a um estágio de episódio num tempo biológico que o supera. Depois Freud descobre que o homem não pode conhecer-se sozinho, que ele não está plenamente consciente e que se comporta sob a determinação de um inconsciente ao qual não tem acesso, mas que torna inteligíveis seus feitos e gestos.

O homem foi se vendo, portanto, por etapas, desapossado de seus atributos, mas resgatou essas rupturas no campo do saber para transformá-las em instrumentos de recuperação de seu reinado. Assim, no século XIX, ele apareceu em sua nudez, como objeto concreto e perceptível, na confluência de três formas de saber, com o aparecimento da filologia de Propp, da economia política de Smith e Ricardo,

---

23 Foucault, *Les Mots et les choses*, p.15.

da biologia de Lamarck e Cuvier. Aparece então a figura singular de um sujeito vivo, falante e trabalhador. O homem teria então nascido dessa tripla resultante, ocupando o lugar central desses saberes novos, figura obrigatória desses dispositivos de conhecimento, o significado comum a todos eles. Conseguiu então voltar a instalar-se numa posição soberana em relação à natureza. A astronomia possibilitou a física; a biologia possibilitou a medicina; o inconsciente possibilitou a psicanálise. Mas essa soberania, para Foucault, é ao mesmo tempo recente e, por ilusória, está votada ao desaparecimento. Na esteira de Freud, que descobriu um inconsciente das práticas do indivíduo, e de Lévi-Strauss, que se atém ao inconsciente das práticas coletivas das sociedades, Foucault partiu à cata do inconsciente das ciências, supostamente habitadas pelas nossas consciências.

Tal é a revolução copernicana que ele quer realizar para desmistificar o humanismo que, para ele, é a grande perversão do período contemporâneo: "Nossa idade média na época moderna é o humanismo".[24] O principal papel do filósofo, segundo Foucault, é, portanto, retirar o obstáculo epistemológico constituído pelos privilégios concedidos ao *cogito*, ao sujeito como consciência e substância. Foucault teoriza portanto plenamente a constituição de uma verdadeira base filosófica a interligar as diversas semióticas; todas elas têm o texto como ponto cardeal e submetem o homem a uma rede que o dissolve a contragosto: "Acabar com o velho filosofema de natureza humana, com esse homem abstrato".[25] Essa é a perspectiva de Foucault, coincidente com a de Lévi-Strauss, que também evocava a figura fugidia do homem: "O mundo começou sem o homem e acabará sem ele".[26] Aliás, Foucault presta uma homenagem a Lévi-Strauss quando este, graças à etnologia, possibilita a dissolução do homem, desfazendo sucessivamente todas as suas tentativas de positividade. A etnologia e a psicanálise ocupam lugar privilegiado em nosso saber moderno, constata Foucault: "Pode-se dizer de ambas aquilo que Lévi-Strauss dizia da etnologia: elas dissolvem o homem".[27]

---

24 Foucault, *France-Culture*, jun. 1984.
25 Benoist, *La Révolution structurale*, p.27.
26 Lévi-Strauss, *Tristes tropiques*, p.447.
27 Foucault, *Les Mots et les choses*, 1966, p.390-1.

Esse comunicado de falecimento, cuja parábola Foucault elaborou, pode parecer paradoxal na época da explosão das ciências humanas, mas Foucault concebe a psicanálise e a etnologia como "contraciências",[28] e o estatuto valorizado que ele lhes atribui coincide com o paradigma estruturalista que as promoveu como chaves maiores da inteligibilidade moderna. A revolução estrutural, nesse plano, é "guardiã da ausência do homem".[29]

Esse descentramento do homem, se não sua dissolução, induz a uma outra relação com a temporalidade, com a historicidade: sua pluralização e sua imobilização, assim como a um deslocamento do olhar para as condições exteriores que determinam as práticas humanas: "A história do homem será por acaso mais do que uma espécie de modulação comum às transformações nas condições de vida (climas, fecundidade do solo, modos de cultura, exploração das riquezas), às transformações da economia (e por via de consequência da sociedade e das instituições) e à sucessão das formas e dos usos da língua? Mas então o homem não é histórico, visto que o tempo lhe chega de outro lugar, e não dele mesmo".[30] Portanto, o homem está submetido a múltiplas temporalidades que lhe escapam, e, nesse quadro, não pode ser sujeito, mas apenas um objeto de puros acontecimentos exteriores a ele. A consciência é então o horizonte morto do pensamento. O impensado não deve ser buscado no fundo da consciência humana; ele é o Outro em relação ao homem, ao mesmo tempo nele e fora dele, ao lado dele, irredutível e inapreensível: "numa dualidade sem o recurso".[31] O homem articula-se em torno do já começado da vida, do trabalho e da linguagem, encontrando, portanto, fechadas as vias de acesso àquilo que seria sua origem, seu advento.

Foucault procede a uma desconstrução da história à maneira do cubismo, a um estilhaçamento desta numa constelação desorganizada. A unidade temporal então é apenas ficcional: não obedece a necessidade alguma. A história pertence apenas ao registro do aleatório, da contingência, como em Lévi-Strauss; ela é ao mesmo tempo inevitável e insignificante. No entanto, ao contrário do estruturalismo de Lévi-

---

28 Ibid., p.391.
29 Benoist, *La Révolution structurale*, p.38.
30 Foucault, *Les Mots et les choses*, p.380.
31 Ibid., p.337.

-Strauss, Foucault não se esquiva da historicidade e chega a considerá-la campo privilegiado de análise, lugar por excelência de sua pesquisa arqueológica, mas para detectar as descontinuidades que a elaboram a partir de grandes fraturas que justapõem cortes sincrônicos coerentes.

O procedimento de Foucault implica romper radicalmente com qualquer busca das origens ou de um sistema qualquer de causalidade, que ele substitui por um polimorfismo que impossibilita a reconstituição de uma dialética histórica. Sua arqueologia das ciências humanas, *As palavras e as coisas*, aplica-se a resgatar o "como" do surgimento de uma nova configuração do saber a partir de um método, o mais estruturalista no percurso de Foucault, que leva de uma episteme a outra, de um tecido discursivo a outro, num desenrolar no qual as palavras remetem a outras palavras. Esse procedimento, propriamente estruturalista, de valorização da esfera discursiva em sua autonomia em relação ao referente, graças à dimensão sincrônica permite encontrar coerências significantes entre discursos que na aparência não têm outras relações senão a de simultaneidade.

Mas é essa noção de episteme que mais perguntas ensejará: não somente a pergunta não respondida de como se passa de uma episteme a outra, mas também a que diz respeito à episteme a partir da qual ele, Foucault, está falando. Essa noção, onipresente em 1966 em *As palavras e as coisas*, será a tal ponto contestada que deixará de ser encontrada na obra ulterior de Foucault. Sua arqueologia busca no subsolo dos continentes do saber as linhas de falha, as rupturas significativas: aquilo que gostaríamos de trazer à tona é o campo epistemológico, a episteme na qual os conhecimentos, encarados fora de qualquer critério referente a seu valor racional ou a suas formas objetivas, submergem sua positividade e manifestam assim uma história".[32]

Essa sucessão de epistemes até nosso período contemporâneo, essa historicização do saber e do homem, figura possibilitada apenas na última configuração epistemológica, desemboca num relativismo histórico por parte de Foucault, relativismo semelhante ao de Claude Lévi-Strauss. Da mesma maneira como não há inferioridade ou anterioridade entre sociedades primitivas e sociedades modernas, não há verdade para ser buscada nas diversas etapas constitutivas do saber, e

---
32 Ibid., p.13.

só há discursos historicamente detectáveis: "Visto que o ser humano se tornou totalmente histórico, nenhum conteúdo analisado pelas ciências humanas pode permanecer estável em si mesmo ou escapar ao movimento da história".[33] A base de nosso saber contemporâneo é representada por disciplinas estruturadas, que, configuradas por uma prática científica comprovada, não passam de figuras temporárias, configurações transitórias. Esse relativismo absoluto que historiciza todo o campo do saber é paradoxalmente voltado contra a abordagem histórica em proveito de uma concepção essencialmente espacial: a concepção do espaço epistemológico, pura sincronia à qual cabe delimitar o dentro e o fora, mas cuja positividade volta as costas para a duração, para a história.

As palavras e as coisas consagram a fase mais estruturalista de Foucault, a fase da ciência dos sistemas de signos na qual, por trás do descritivo da sucessão das diversas epistemes desde a idade clássica, Foucault procura o impensado de cada uma dessas etapas da cultura ocidental, sua modalidade de ordem, seu *a priori* histórico. Da mesma maneira como Lévi-Strauss percebe o impensado das práticas sociais nas sociedades primitivas, Foucault decifra o impensado da base constitutiva do saber ocidental, prolongando assim o esforço kantiano por "arrancar-nos do sono antropológico".[34]

É para escapar a esse espaço antropológico, do analítico e da finitude, do plano empírico-transcendental, que, no fim da obra, Foucault atribui estatuto particular a três disciplinas: a psicanálise revista e corrigida por Lacan, a etnologia na versão que lhe foi dada por Lévi-Strauss e a história numa versão nietzschiana, desconstruída. A obra termina, portanto, como uma episteme particular: a do estruturalismo que se apresenta como a realização da consciência moderna.

Foucault: pós-moderno?

Quando Michel Foucault escreve *A arqueologia do saber* em 1968, tenta responder às múltiplas objeções opostas às teses de seu grande sucesso, *As palavras e as coisas*, sobretudo às perguntas feitas pelo

---

33 Ibid., p.382.
34 Dreyfus, Rabinow, *Foucault, un parcours philosophique*, p.71.

círculo de epistemologia da rue d'Ulm, portanto pela nova geração althusseriana que acaba de optar pela prática política, pelo engajamento e pela ruptura com o esquema do Partido Comunista. A grande confusão que precede Maio de 68 e prossegue depois dele favorece a fragmentação do estruturalismo. Michel Foucault, com essa obra, procura ao mesmo tempo um meio de conceituar seu ponto de vista e de distanciar-se das posições estruturalistas de antes. Envereda então por um caminho singular, sugerindo uma nova aliança surpreendente com os historiadores, os da nova história, com os herdeiros dos *Annales*. Com essa aproximação, passará a instalar-se no território dos historiadores e a trabalhar com eles. Mas essa orientação constituirá uma fonte de numerosos mal-entendidos, pois Foucault ingressa na disciplina histórica do mesmo modo como Canguilhem tratava a psicologia, ou seja, para desconstruí-la por dentro, à maneira de Nietzsche.

O próprio Foucault expõe aquilo que o separa dos seus trabalhos anteriores, as flexões de seu pensamento. *História da loucura* dava excessiva ênfase ao "sujeito anônimo da história"; *Nascimento da clínica* recorre "à análise estrutural [que] ameaçava esquivar-se à especificidade do problema proposto";[35] em *As palavras e as coisas,* a falta de um quadro metodológico explícito pode ter levado a pensar em análises em termos de totalidades culturais. Esse quadro metodológico que faltava em seus trabalhos é justamente o objeto da *Arqueologia do saber*, cuja forma primeira foi a de prefácio para *As palavras e as coisas*. Encontra-se, portanto, ainda a marca do estruturalismo triunfante de 1966 nessa obra, mas, entre a primeira versão e a publicação em 1969, ocorreram várias mudanças e reformulações no pensamento de Foucault e na conjuntura intelectual. A mais espetacular é o abandono do conceito que parecia organizar as cesuras de *As palavras e as coisas*: a noção de episteme, que desaparece em *Arqueologia do saber*. É sintomático que Foucault empregue uma terminologia familiar à história para caracterizar esse procedimento, porém sem se apresentar como historiador. Ele se define como arqueólogo, fala de genealogia e, portanto, gira em torno da disciplina histórica, porém para se situar fora da história, o que explica as relações no mínimo ambíguas e muitas vezes conflituosas com a comunidade de historiadores.

---

35 Foucault, *L'Archéologie du savoir*, p.27.

Os principais interlocutores aos quais Foucault se dirige em 1968-1969 são na verdade os althusserianos da segunda geração, aqueles que não participaram de *Ler o Capital* e estão mais interessados na dimensão política do engajamento filosófico do que na definição de um quadro metodológico comum à racionalidade contemporânea. A principal inovação de *Arqueologia do saber* é justamente levar em consideração esse nível da prática a partir da noção de prática discursiva. Essa é a inovação capital de Foucault, que lhe permite mudar os rumos do paradigma estrutural tirando-o da esfera exclusiva do discurso e aproximando-o, assim, do marxismo. Essa noção de prática "estabelece uma linha divisória decisiva entre *Arqueologia do saber* e *As palavras e as coisas*".[36] A ruptura essencial com o estruturalismo situa-se, com efeito, nessa afirmação nova, segundo a qual "as relações discursivas não são internas ao discurso".[37] Essa posição não significa, porém, que Foucault abandone o campo discursivo. Este continua sendo objeto privilegiado, mas é visto como prática discursiva, que, apesar de estar nos limites de sua existência, não deve ser buscada na exterioridade do discurso: "Não são, porém, relações exteriores do discurso que o limitariam [...] [As relações discursivas] estão de algum modo no limite do discurso".[38]

Foucault justifica essa historicização do paradigma estrutural baseando-se na trajetória realizada pelos historiadores dos *Annales*, que derrubaram radicalmente seus três ídolos tradicionais: o biográfico, o factual e o da história política. Sua *Arqueologia do saber* começa com o grande interesse que ele sente pela nova orientação dos historiadores: "Já faz várias décadas que a atenção dos historiadores se volta, de preferência, para os longos períodos, como se, debaixo das peripécias políticas e de seus episódios, eles tentassem trazer à tona os equilíbrios estáveis e difíceis de romper".[39] Essa história quase imóvel chama a atenção de Foucault, que usa como divisa de seu trabalho teórico a virada epistemológica realizada pela revista dos *Annales* em 1929.

Não é de surpreender esse casamento entre uma história quase horizontal, a das grandes plataformas imóveis, e o mutacionismo de

---

[36] Lecourt, *Pour une Critique de l'épistémologie*, p.110.
[37] Foucault, *L'Archéologie du savoir*, p.62.
[38] Ibid., p.62.
[39] Ibid., p.9.

Foucault que, ao contrário, dá ênfase ao descontinuísmo, à força das grandes rupturas enigmáticas, na linhagem da epistemologia das ciências de Bachelard e Canguilhem. Há nisso uma espécie de paradoxo a estear a noção de limiares epistemológicos sobre uma história esfriada. Mas essa tensão interna é apenas aparente. Foucault percebe uma evolução convergente entre, de um lado, a história do pensamento, a nova crítica literária, a história das ciências que multiplicam rupturas, a detecção de descontinuidades, e, de outro, a disciplina histórica que faz a noção de acontecimento refluir sob o peso das estruturas: "Na verdade, são os mesmos problemas propostos aqui e acolá, mas que provocaram efeitos inversos na superfície. Esses problemas podem ser resumidos em: questionamento do documento".[40]

Na base, há uma mesma transformação do documento, que era visto pela história tradicional como um dado, e que a nova história vê como algo criado. Nesta, o documento é organizado, recortado, distribuído e posto em séries. O documento muda de situação: enquanto o historiador de ontem transformava os monumentos em documentos, a história nova "transforma os documentos em monumentos".[41] Semelhante revolução tende a transformar o historiador em arqueólogo e a convergir para o projeto de arqueologia do saber de Foucault a partir da inclusão dos conhecimentos em séries construídas, da descrição intrínseca no interior dessas séries. Isso leva Emmanual Le Roy Ladurie a dizer que "a introdução a *Arqueologia do saber* é a primeira definição da história serial".[42] De fato, Foucault enuncia exatamente nesses termos o programa da arqueologia do saber: "Agora o problema é constituir séries".[43] A oposição aparente entre o descontinuísmo em ação na história das ciências ou na nova crítica literária e a prevalência atribuída aos longos períodos de tempo imóvel pelos historiadores é, portanto, superficial. Oculta uma comunhão de pensamentos e de pontos de vista que, aliás, levou os historiadores serialistas a privilegiar descontinuidades: "A noção de descontinuidade ocupa lugar importante nas disciplinas históricas".[44] O historiador, cuja missão era tapar buracos, obturar rupturas para reconstituir continuidades, agora

---

40 Ibid., p.13.
41 Ibid., p.15.
42 Le Roy Ladurie, *France-Culture*, 10 jul. 1969.
43 Foucault, *L'Archéologie du Savoir*, p.15.
44 Ibid., p.16.

atribui valor heurístico a essas descontinuidades, que constituem uma operação voluntária para definir o nível de análise. A descontinuidade permite traçar os limites do objeto de estudo e descrevê-lo a partir de seus limiares, de seus pontos de ruptura. Ela é, enfim, um meio de construir: não mais uma história fechada em torno de um centro, uma história global, mas "aquilo que poderia ser chamado história geral",[45] que se define, ao contrário, como o espaço de uma dispersão.

A filiação aos *Annales* é explicitamente reivindicada por Foucault para definir a nova tarefa do arqueólogo do saber: "Aquilo que Bloch, Febvre e Braudel mostraram no que se refere à história pura e simples acredito que possa ser mostrado no que se refere à história das ideias".[46] Essa nova aliança permite que Foucault supere a alternativa entre método estrutural e devir histórico, apresentando a nova história como uma das figuras possíveis nos estudos estruturalistas. O campo da história, segundo Foucault, abrange os problemas encontrados em linguística, economia, etnologia, análise literária: "A esses problemas podemos dar, se quisermos, a sigla do estruturalismo".[47] Foucault considera a nova história o terreno privilegiado para pôr em ação um estruturalismo aberto, historicizado; é o que os americanos chamaram de pós-estruturalismo.

Essa historicização do estruturalismo constitui um segundo tempo da história estruturalista a partir de 1967: "A arqueologia de Foucault distingue-se claramente do estruturalismo taxionômico, como o de Lévi-Strauss".[48] Foucault substitui a reflexão sobre a natureza e seus signos pelo estudo da série e do acontecimento. Mas esse deslocamento em direção à história, percebido como um alistamento com armas e bagagens pelos novos historiadores dos *Annales*, que verão em Foucault aquele que terá condições de conceituar a prática deles, é na verdade uma adesão ilusória. Pois o ponto de vista de Foucault continua sendo o do filósofo que, com filiação nietzschiano-heideggeriana, decide desconstruir o território do historiador. O que interessa a Foucault é a esfera discursiva, e não o referente, que continua sendo o objeto por excelência do historiador.

---

45 Ibid., p.17.
46 Foucault, *Le Monde*, 3 maio 1969.
47 Foucault, *L'Archéologie du savoir*, p.20.
48 Frank, *Qu'est-ce que le néo-structuralisme?*, p.126.

Em nenhum caso Foucault pretendeu ser um defensor de qualquer positividade da ciência histórica, por mais nova que ela fosse. O que interessa a ele é abrir as estruturas para descontinuidades temporais, para as mudanças que regulam os deslocamentos num jogo incessante das práticas discursivas. A desconstrução da disciplina histórica, que, é verdade, já está em ação nos novos historiadores, passa pela renúncia à busca de continuidades e às tentativas de síntese entre os elementos heterogêneos da realidade. Ao contrário, oferece uma perspectiva de pluralização e de atomização. Como escreve Habermas, nessa configuração do saber, a hermenêutica é dispensada, pois a compreensão já não é o horizonte teórico de tal procedimento: "O arqueólogo agirá de tal maneira que os documentos eloquentes voltam a ser monumentos mudos, objetos que devem ser libertos de seu contexto para estarem ao alcance de uma descrição de tipo estruturalista".[49] Aquilo que os novos historiadores vão considerar o melhor suporte teórico para o assentamento de sua prática é, na verdade, um empreendimento sistemático de desconstrução da disciplina histórica. Um verdadeiro quiproquó constituirá a base de todos os mal-entendidos nos debates difíceis entre o filósofo e os historiadores de formação.

Compreende-se bem em todo caso o elo indissociável entre *As palavras e as coisas* e *Arqueologia do saber*. A filiação estruturalista continua dominante nas duas obras, que têm em mira uma teoria do sujeito, ainda que a reflexão de Foucault passe a ser feita no sentido da historicização. O que está em jogo basicamente, como no primeiro momento do estruturalismo, é o sujeito, a cujo descentramento é preciso proceder, à maneira de Heidegger: "O que mais se chora não é o desaparecimento da história, porém o apagamento daquela forma de história que estava em segredo, mas que se referia inteiramente à atividade sintética do sujeito [...]. O que se chora é esse uso ideológico da história por meio do qual se tenta restituir ao homem tudo aquilo que, há mais de um século, não para de escapar-lhe".[50]

Na mesma perspectiva de *As palavras e as coisas*, o alvo dos ataques de Foucault é aquele que foi erigido em rei da criação: o homem. A arqueologia das ciências humanas nos revela a multiplicação dos reveses narcísicos infligidos ao homem. De Copérnico a Freud, pas-

---

49 Habermas, *Le Discours philosophique de la modernité*, p.296.
50 Foucault, *L'Archéologie du Savoir*, p.24.

sando por Darwin, o homem vai sendo aos poucos destituído de sua soberania ilusória, e o arqueólogo deve levar a sério essa evolução. Ele não deve restaurar uma antropologia humanista, pois "o homem está desaparecendo".[51] Diante da filosofia analítica e de seus estudos pragmáticos, Foucault opõe uma autonomização da esfera discursiva que relega à insignificância a compreensão dos atos de linguagem, para concentrar-se apenas no jogo dos enunciados que se mostram no interior das formações discursivas: "O estudo das formações discursivas exige uma redução de duas ordens. O arqueólogo não só deve fazer abstração da verdade [...] como também deve fazer abstração de sua pretensão ao sentido".[52]

Encontra-se a já clássica normalização do significado e do sujeito própria da linguística estrutural, que aparece como condição que deve ser realizada para se abordar a língua de um ponto de vista estritamente descritivo. Essa descrição dos enunciados e da função enunciativa implica neutralidade absoluta segundo Foucault, que se situa numa posição de exterioridade em relação à enunciação como ato, ao contrário da filosofia analítica, que vai procurar seu sentido e sua eficácia. O arqueólogo limita-se à tarefa descritiva dos enunciados existentes: "O arqueólogo não leva a sério os enunciados".[53]

Acima de tudo, ele não tenta enquadrar as lógicas discursivas dentro de falsas continuidades com base no modelo das biografias, mas detectar cortes arqueológicos, transições de uma formação discursiva a outra, discrepâncias ou discordâncias. Esforça-se por "descrever a dispersão das próprias" descontinuidades.[54] Essa preocupação com o descritivo dentro de uma esfera discursiva autônoma faz parte da filiação à linguística estrutural e de seu afastamento do sentido e do referente: "O arqueólogo afirma que está falando fora de um horizonte de inteligibilidade".[55] Portanto, não há, aliás, significante para Foucault, seja a intencionalidade do locutor, seja o quadro referencial, seja alguma significação oculta; ele parte do enunciado e volta ao enunciado como momento que deve ser exumado em sua atemporalidade.

---

51 Ibid., p.397.
52 Dreyfus, Rabinow, Foucault, un parcours philosophique, p.77-8.
53 Ibid., p.107.
54 Foucault, *L'Archéologie du savoir*, p.228.
55 Dreyfus, Rabinow, Foucault, *Un Parcours philosophique*, 1984, p.128.

O descentramento do sujeito, realizado pelo arqueólogo, leva Thomas Pavel a fazer um paralelo entre o dispositivo conceitual de Foucault e o dos distribucionalistas, como Harris e seus discípulos: "As semelhanças dizem respeito sobretudo à rejeição às noções mentalistas [...]. As noções intencionais contra as quais Foucault dirige sua crítica compreendem a tradição, as disciplinas, a influência, a evolução, a mentalidade, em suma todas as formas históricas da coerência e da continuidade".[56] Entende-se melhor o diálogo de surdos que terá início entre Foucault e os historiadores: estes criticam a validade histórica de suas teses, acusando-o de lidar com enunciados fora do contexto e das suas implicações históricas precisas. Mas, para Foucault, a noção de enunciado ou de formação discursiva não diz respeito a conceitos de conteúdo empírico. Sua abordagem situa-se nos limites do discurso para concentrar-se nas condições de possibilidade, e não no nível do conteúdo ou do sentido de troca discursiva, em suas proposições concretas estudadas por uma filosofia analítica que Foucault considera insignificante.

Ainda que Foucault concentre toda a sua atenção nas formações discursivas, nem por isso abraça os métodos linguísticos de descrição da língua. O caminho por ele definido, o da arqueologia, apresenta-se como uma terceira via possível entre as técnicas da formalização linguística: a semiótica, de um lado, e a interpretação filosófica, a hermenêutica, de outro. A via arqueológica situa-se também a meio caminho entre o estruturalismo, do qual ela é o enquadramento teórico, e o materialismo histórico. Gilles Deleuze aplica a Foucault o julgamento musical feito sobre o universo de Webern: "Ele cria uma nova dimensão, que poderíamos chamar de dimensão diagonal".[57]

Foucault resiste a reduções, e para escapar a elas o seu pensamento se situa sistematicamente nas linhas fronteiriças, nos limites, nos interstícios entre os gêneros. O conceito central de *Arqueologia do saber*, o discurso, situa-se entre a estrutura e o acontecimento; ele contém as regras da língua que constituem o objeto por excelência do linguista, mas não se restringe a isso, pois engloba também aquilo que é dito. O discurso, no sentido de Foucault, significa, portanto, ao mesmo tempo, a dimensão estrutural e factual: "Ora domínio geral de

---

56 Pavel, *Le Mirage linguistique*, p.131.
57 Deleuze, *Un Nouvel Archiviste*. Paris, p.48.

todos os enunciados, ora grupo individualizável de enunciados, ora a prática regrada que explica certo número de enunciados".[58] Foucault ocupa uma posição de tensão constante, uma vez que recusa tanto o fechamento do discurso em si mesmo quanto a sua elucidação por meio de elementos exteriores à linguagem.

Visto que o discurso não remete a uma outra ordem das coisas, Foucault propõe o conceito de prática discursiva que permite evitar a noção de signo. Mas nem por isso abandona uma concepção baseada na autonomização da esfera discursiva: "Apesar de tudo, as relações discursivas são determinantes".[59] Foucault fica, portanto, dentro de uma concepção estruturalista baseada na divisão de princípio entre a língua e seu referente; por outro lado, compartilha com o estruturalismo a ideia de prevalência atribuída ao discurso, porém não o estuda a partir de uma técnica linguística, mas sim como filósofo. Mantém os discursos à distância, desloca-os, vira-os, estuda-os em nível diferente daquele em que se dão. Sob a superfície discursiva, mas partindo-se desta, em Foucault o jogo dos discursos é feito pelo alhures deles, com o fim de se apreenderem outras organizações possíveis. Por trás dos jogos dos simulacros, Foucault pretende descrever as regras próprias às práticas discursivas, descerrando os elos entre as palavras e as coisas, evitando remeter ao contexto circunstancial no qual o discurso se desenvolve. O horizonte de Foucault, desse ponto de vista, permanece dentro da esfera discursiva. O arqueólogo não tem como função definir os pensamentos ou as representações que estão por trás dos discursos, "mas os próprios discursos, esses discursos enquanto práticas que obedecem a regras".[60]

O arqueólogo, ao contrário do filósofo analítico, não acredita na significância dos atos da linguagem e na referência a um sujeito. Mas, ao contrário do linguista, que vai propor a iteratividade dos esquemas de um sistema de língua, Foucault toma os enunciados em sua positividade e em sua labilidade em relação ao tempo. O arqueólogo deve medir o grau de validade de um *corpus* móvel, que se desloca e evolui a cada instante, segundo sua posição no espaço discursivo e o momento preciso da enunciação. Esses deslocamentos e essas conexões entre esferas

---

58 Foucault, *L'Archéologie du savoir*, p.106.
59 Dreyfus, Rabinow, *Foucault, un parcours philosophique*, p.96.
60 Foucault, *L'Archéologie du savoir*, p.182-3.

diferentes do discurso levam a problematizar e a questionar as divisões feitas em ciências e disciplinas, saberes constituídos e fechados em seus próprios *corpora* e próprio sistema de regras específicas. O arqueólogo possibilita detectar a dominância de certo modo discursivo transversal sobre todos os modos de saber numa dada época.

A unidade básica do arqueólogo é o enunciado, tomado em sua materialidade, sua positividade. Esse enunciado é uma verdadeira coisa situada de permeio, tendo, de um lado, a língua como sistema de regras e, do outro, o *corpus* como discurso efetivamente pronunciado. O enunciado não é, portanto, a enunciação da filosofia analítica; no entanto, não está fechado em si mesmo, pois "é preciso que um enunciado tenha uma substância, um suporte, um lugar, uma data".[61] A partir da materialidade enunciativa, Foucault não pretende traçar uma síntese em torno de um sujeito, mas, ao contrário, um espaço de dispersão a partir da multiplicidade das modalidades da função enunciativa. Aquilo que fundamenta e unifica o enunciado já não é a unidade interna deste, mas uma lei de repartição, regras constitutivas específicas nas quais o essencial se situa no nível da relação: "Resolvi então descrever relações entre enunciados".[62]

O nível descritivo continua sendo a tarefa básica do arqueólogo, que não deve estabelecer um sistema de causalidade entre palavras e coisas. As regras enunciativas são tão inconscientes quanto as epistemes, mas sua positividade é mais historicizada; refere-se a um espaço, a um tempo dado, a uma área social, geográfica, econômica ou linguística. A prática discursiva situa-se mais no interior das realidades sociais, pela sua relação orgânica com a instituição que a constitui e delimita ao mesmo tempo. O arqueólogo deve então detectar o conjunto dos enunciados referentes à mesma formação discursiva. O espaço enunciativo, segundo Foucault, supõe certo número de regras, e Gilles Deleuze distingue a sucessão de três círculos em torno do enunciado: um espaço colateral, adjacente, um espaço correlativo que organiza, marcando lugares e pontos de vista, e um espaço complementar que é o das práticas não discursivas: instituições, acontecimentos políticos e processos econômicos.[63] Esse terceiro espaço, que de maneira alguma

---

61 Ibid., p.133.
62 Ibid., p.44.
63 Deleuze, *Un Nouvel Archiviste*, p.16-20.

constitui um nível causal em Foucault, representa a flexão essencial para sair de certo estruturalismo encerrado numa concepção fechada do discurso.

Essa é também a principal mudança de Foucault em relação a si mesmo e à sua obra anterior. As epistemes já foram substituídas pela noção de prática discursiva, e ele vai mais longe em direção a uma abordagem materialista, integrando em seu horizonte de pesquisa as relações entre práticas discursivas e práticas não discursivas, ainda que se trate apenas de um terceiro círculo concebido somente como ponto-limite do olhar. O objetivo do arqueólogo consistirá em detectar, a partir desses três círculos que constituem o enunciado, as condições de operação deste: "É preciso que haja um mesmo espaço de distribuição, a mesma repartição de singularidades, a mesma ordem de lugares e locais, a mesma relação com o meio instituído: tudo isso constitui, para o enunciado, uma 'materialidade' que o torna repetível".[64] Mas essas funções discursivas não passam de figuras transitórias, de linguagens mortais, e não de lugar de universais. Foucault balda qualquer tentativa de retomada de sua perspectiva nas formas de um historicismo ou de um humanismo. Sua concepção remete ao fugaz e ao múltiplo. Sua prática discursiva não remete à atividade de um sujeito, mas às regras para as quais o sujeito está sujeito. Como diz Gilles Deleuze, o procedimento será essencialmente "topológico", e não tipológico.

Trata-se de detectar as diversas situações, localizações, posições ocupadas por aqueles que proferem um discurso cuja significância deve ser relacionada com um ponto particular do espaço. Foucault propõe precisamente a questão do lugar ocupado pelo locutor: "Quem está falando? Quem, no conjunto de todos os indivíduos falantes, tem fundamento para manter essa espécie de linguagem? Quem é seu titular?".[65] Assim, o saber médico não funciona de qualquer jeito e não se refere apenas à sua lógica interna. A condição de médico comporta critérios de competência. O ato médico vale por aquele que o realiza, por sua qualidade socialmente reconhecida, por seu lugar na instituição. Professor ou clínico geral, residente ou não, doutor ou paramédico, cada *status* corresponde à assimilação de um saber ou habilidade particular numa hierarquia médica que é, ao mesmo

---

64 Ibid., p.22-3.
65 Foucault, *L'Archéologie du savoir*, p.68.

tempo, uma hierarquia social: "O falar médico não pode provir de qualquer um".⁶⁶ A prática discursiva situa-se no interior das práticas não discursivas que devem, portanto, ser reintegradas no horizonte de estudo do arqueólogo.

É verdade que Foucault, em 1969, continua fiel às suas posições anti-humanistas; seu principal objetivo continua sendo descentrar o homem, o autor, o sujeito, o locutor, e, mergulhando nas regularidades discursivas, anunciar uma era nova, a era ao longo da qual será possível escrever evitando ter rosto, a era do pleno exercício da liberdade de escrita: "Mais de uma pessoa, como eu sem dúvida, escreve para não ter mais rosto. Não me perguntem quem sou eu nem me peçam que continue o mesmo: essa é uma moral de estado civil; ela rege nossos papéis. Que nos deixe livres quando a questão é escrever".⁶⁷ Em 1969, essa era uma maneira de dizer que, se continua a batalhar contra o humanismo e contra toda uma teoria do sujeito, Foucault recusa a recuperação estruturalista. Num momento de crise do paradigma estrutural, ele procura os meios de se soltar de si mesmo e de sua obra anterior traçando uma terceira via neoestrutural que dá para novos campos de trabalho.

Da arqueologia à genealogia

Teorizando o malogro da ruptura frontal de maio de 1968, Foucault volta seu interesse para a periferia, para a margem do sistema. Essa nova mudança permite-lhe aplicar sua prática política às extremidades, na maioria das vezes esquecidas, do sistema social. Ao esquema da revolução ele opõe, na prática e na teoria, o esquema da revolta. A influência de Nietzsche é cada vez mais onipresente, e à dialética discurso/poder de suas obras anteriores Foucault acrescenta um terceiro termo, o corpo. Essa trilogia funciona então em suas extremidades: corpo e poder remetem-se mutuamente como Ser e Não Ser. A liberdade opõe-se à coerção; o desejo, à lei; a revolta, ao estado; o múltiplo, ao reunido; o esquizofrênico, ao paranoico. A sujeição

---

66 Ibid., p.69.
67 Foucault, *L'Archéologie du savoir*, p.28.

do sujeito passa por um terceiro termo. A discursividade pertence ao campo do poder, pois o saber lhe é consubstancial.

A guinada genealógica manifesta-se em 1970-1971 de três maneiras. Primeiramente, durante uma homenagem a Jean Hyppolite, Foucault faz uma comunicação essencial sobre a história como genealogia, como carnaval concertado, a partir das relações de Nietzsche com a história.[68] Segundo Foucault, a genealogia encontra-se no centro da articulação entre o corpo e a história, e ele se propõe então concentrar sua atenção no corpo, que, apesar de ser a base da história, é esquecido por ela: "O corpo: superfície de inscrição dos acontecimentos (enquanto a linguagem os marca e as ideias os dissolve)".[69] Assim Foucault vai traçar uma verdadeira economia política do corpo, sair em busca das diversas formas de sujeição e desvendar seus modos de visibilidade.

A orientação genealógica vai inspirar as publicações de meados dos anos 1970: *Vigiar e punir* e *Vontade de saber* (1975-1976): "O genealogista é um diagnosticador que examina as relações entre o poder, o saber e o corpo na sociedade moderna".[70] Foucault enriquece a perspectiva estrutural de partida graças à dimensão corporal, a confrontação do desejo e da Lei com os sistemas disciplinares, mas continua fiel à sua orientação de negação de qualquer continuidade histórica e de qualquer validade de um sujeito num jogo no qual se opõem estratégias anônimas de dominação que têm o corpo como ponto de aplicação. O sujeito, no âmbito da genealogia, não é pertinente nem no plano individual nem no plano coletivo. Ele só pode ser objeto dos múltiplos dispositivos de força que se repartem, sem centro, pelo espaço social. A localização do poder/saber está sobretudo numa tecnologia política do corpo, naquilo que Dreyfuss e Rabinow qualificam de "biopoder".[71] Do ponto de vista da genealogia, o saber não tem fundamento objetivo ou subjetivo, e devemos interrogar a ciência para perguntar como os efeitos de verdade desta são essencialmente efeitos de poder.

Sair em busca das positividades ocidentais por seu avesso, da figura do Outro recalcada: esse é o programa genealógico que vai ser desenvolvido, exumando-se os procedimentos disciplinares ocultados

---

68 Id., Nietzsche, la généalogie, l'histoire. In: *Hommage à Hyppolite*.
69 Ibid., p.154.
70 Dreyfus, Rabinow, *Foucault, un parcours philosophique*, p.157.
71 Ibid., p.186.

pelo discurso libertador das Luzes, pelo terror que se enrodilha sob o humanismo, pelo poder no interior da ciência. Foucault, portanto, mantém-se na perspectiva de uma crítica acerba à modernidade ocidental, ao reino da razão ao qual ele opõe o carnaval da história. Nesse sentido, a noção de poder, onipresente, dispersa, diluída e ressurgente por todos os lados, vai servir de instrumento para desconstruir as categorias da razão ocidental: "Na genealogia de Foucault, o 'poder' é em primeiro lugar sinônimo de pura função estruturalista; ele ocupa o mesmo lugar da '*différance*' em Derrida".[72] Segundo Habermas, Foucault opõe ao idealismo kantiano uma temporalização do *a priori*, a temporalização do poder que é utilizado em sua forma inversa. O poder já não está na dependência da verdade; é a verdade que se encontra sob o domínio do poder, poder que ocupa o lugar de uma categoria fundadora e, portanto, não pode ter sujeito. O poder tem dupla acepção, base de todos os mal-entendidos com os historiadores: ele é ao mesmo tempo um instrumento descritivo para explicar diversas técnicas utilizadas para sujeitar o corpo e ocupa o lugar de uma categoria *a priori* que permite desenvolver uma crítica à razão. Nesse sentido, encontra-se na noção de poder de Foucault uma categoria estruturalista, a ontologização de uma estrutura não redutível a uma realidade empírica: "Quando digo poder não se trata de detectar uma instância que estenda a sua rede de maneira fatal, uma rede cerrada sobre os indivíduos. O poder é uma relação, não é uma coisa".[73]

Sua abordagem do poder rompe com a concepção instrumentalista do marxismo-leninismo e procede à sua pluralização. O poder já não tem centro; ele circula, é o esquema relacional maior. Foucault faz o aspecto político refluir a partir do alargamento da definição do campo do poder, da extensão de suas margens mais extremas, e o Estado desaparece como centro nervoso que irradia o corpo social. Seu procedimento apresenta-se como a antítese do procedimento de Hobbes no século XVII, que considerava o Estado um epicentro em *Leviatã*. Ao contrário, Foucault restabelece a realidade dos corpos periféricos, negligenciados até então, considerados epifenômenos. Esse

---

72 Habermas, *Le Discours philosophique de la modernité*, 1988, p.302.
73 Foucault, "Océaniques", entrevista em Lovaina, 7 maio 1981, transmissão FR3, 13 jan. 1988.

procedimento tem a vantagem de descobrir, por trás do inorgânico e desorganizado, a ordenação e a hierarquização de uma ordem.

Mas a noção de poder em Foucault dilui a dimensão política, dispersando-a *ad infinitum*. Ele deixa de ser atribuível a uma classe que o detenha. Circula, a partir de uma rede, entre os indivíduos; funciona em cadeias; transita em cada um antes de se agregar num todo. Se não existe lugar nodal do poder, não pode existir lugar de resistência a esse poder. Onipresente, ele não pode mudar, ele está em cada um, tudo é poder, em todo lugar; logo, ele não está em lugar algum. A resistência a seu exercício, portanto, deixa de ter objeto. A análise de Foucault tem o imenso mérito de convidar a deixar-se de confundir numa mesma realidade poder e Estado, mas isso muitas vezes ocorre à custa da negação da existência de um Estado, em favor de uma visão exclusivamente voltada para o corpo: "Desapareceu o corpo como alvo principal da repressão penal".[74]

O corpo do condenado encontra-se preso entre significâncias diversas dos dispositivos do poder. Da expiação do crime no tempo do castigo-espetáculo com suplícios públicos até a correção por meio da pena de prisão do condenado posto no centro do panóptico, o processo continua circular, entre o aumento do saber encarnado pelo Iluminismo e o aumento do poder por meio da extensão dos campos disciplinares. Foucault procede à historicização do processo carcerário, estudando as condições de aparecimento da prisão. Mas, além desta, ele tem em vista um sistema de aprisionamento cuja positividade se expressa em todos os níveis da realidade social: na escola, na fábrica ou na caserna. É um novo espaço de visibilidade que nasce no fim do século XVIII. É um sistema global implantado e inscrito na realidade das relações concretas, mas Foucault nunca o atribui a um sujeito decididor, a um sistema qualquer de causalidades.

Todo o sistema social se transforma de acordo com um novo esquema de visibilidade. O modelo dessa nova sociedade disciplinar nos é dado por Bentham e seu panóptico, que, nos anos 1830-1840, se tornou modelo de construção das prisões: "Ele é polivalente em suas aplicações; serve para corrigir os prisioneiros, mas também para cuidar dos doentes, instruir escolares, internar loucos, vigiar operários, obrigar

---

[74] Foucault, *Surveiller et punir*, p.14.

mendigos e vadios a trabalhar. É um tipo de implantação de corpos no espaço".[75] Com a formação dessa sociedade disciplinar assiste-se, segundo Foucault, a um deslizamento do eixo da individualização em direção à parte baixa do corpo social. Na sociedade medieval, a individualização era máxima no ápice, onde se exerce o poder, no próprio corpo do soberano; ao contrário, na sociedade disciplinar, visto que a visibilidade deve permitir o conhecimento dos fatos e dos gestos de toda uma população, a individualização é descendente, e o poder se torna anônimo, simples máquina funcional.

Foucault inverte assim duplamente a perspectiva: em primeiro lugar, não percebe mais o poder de um ponto de vista negativo, mas em sua positividade ("Na verdade, o poder produz; produz realidade"),[76] e, acima de tudo, provoca uma inversão na visão progressista da história que vê no Iluminismo um momento maior de libertação e de emancipação ocorrido na modernidade. Por trás dessa emancipação, por trás do reino das liberdades, ele percebe a progressão do controle dos corpos, a extensão das práticas disciplinares, o fortalecimento de uma sociedade repressiva: "O devaneio de uma sociedade perfeita é atribuído pelos historiadores das ideias aos filósofos e aos juristas do século XVIII; mas também houve um sonho militar da sociedade".[77] Portanto, Foucault convida a uma verdadeira inversão de perspectiva histórica, cuja genealogia tem como objeto central o corpo e cujo método de abordagem são as inflexões do olhar, as modalidades de visibilidade. Nesse nível, Foucault apresenta continuidade perfeita em relação à maneira como descrevia as condições que possibilitaram o nascimento da clínica, no momento em que sua inspiração era sobretudo estruturalista. Mas nesse estudo da razão punitiva, seu grande mérito terá sido confrontar-se com o próprio arquivo histórico, com os projetos reformadores, com a literatura policial, constituindo assim um *corpus* de análise específico, evitando os textos canônicos da história da filosofia. Desse modo, ele situa seu ângulo de análise no nível do discurso e do ver para compreender melhor tudo o que está em jogo efetivamente nos dispositivos do poder.

---

75 Ibid., p.207.
76 Ibid., p.196.
77 Ibid., p.171.

A sensibilidade de Foucault ao arquivo, muito especial para um filósofo, vai conduzi-lo a publicar alguns trabalhos com historiadores. Depois de *Moi, Pierre Rivière*..., publica uma apresentação do *Panóptico* de Bentham com Michelle Perrot[78] e fica conhecendo Arlette Farge, com quem vai trabalhar nas cartas régias de condenação (*lettres de cachet*) da Bastilha.

Autogovernabilidade: a abertura para a ética

Ao longo daqueles anos 1970, a posição de Foucault sobre o papel do intelectual vai evoluir, adaptando-se aos imperativos do presente. Ele havia definido a modernidade com a figura nova do "intelectual específico", que renuncia ao universal para cuidar de defender as singularidades e tudo aquilo que se situa à margem dos sistemas, renunciando assim a erigir-se em consciência universal, seja em nome do homem e de seus direitos, seja em nome do proletariado, para, ao contrário, falar em seu próprio nome. A criação do GIP em 1971 responde a essa definição.

Aos poucos, porém, sob a influência de uma atualidade em plena transformação, Michel Foucault vai reatar, na prática, com a figura da qual se desligara, a figura do intelectual global que se apresenta como defensor dos valores da democracia. Essa evolução possibilitava a reunião de duas figuras até então antitéticas em seus engajamentos respectivos: Sartre e Foucault.

Na verdade, a luta travada por Foucault naquele final dos anos 1970 e início dos 1980 é a luta pelos direitos do homem. O *front* aberto com grande estardalhaço situa-se a leste, com a resistência oferecida pelos intelectuais dissidentes ao poder de Brejnev. Durante a visita oficial do número 1 soviético a Paris, em junho de 1977, foi sob o impulso de Foucault que os intelectuais franceses se reuniram, no mesmo momento, com os dissidentes soviéticos. Foi ele quem organizou aquele encontro no Théâtre Récamier, e o convite foi assinado, entre outros, por Jean-Paul Sartre, presente ao lado de Foucault, apesar da deterioração de seu estado de saúde. Foi a oportunidade de lembrar à opinião pública inter-

---

[78] Bentham, *Le Panoptique*.

nacional a violação dos direitos do homem na URSS, o uso de hospitais psiquiátricos para fins políticos, que reuniam as vítimas daquela política: Leonid Pliuchtch, André Siniavski, André Amalrik, Vladimir Bukovski.

Sempre muito atento à articulação da prática com a teoria a partir das solicitações do presente, Michel Foucault só podia mesmo mudar suas posições filosóficas em razão de seus novos engajamentos práticos. O movimento de 1968 já havia permitido um deslocamento de seu ângulo de análise das epistemes para as práticas discursivas. Daquela vez, a atualidade incitava-o a problematizar aquilo que até então ele evitara e minorara, a ponto de fazê-lo desaparecer de seu campo filosófico: o sujeito. Pode-se então medir o caminho percorrido por um Michel Foucault que, ao contrário, atribuía a três ciências sociais (linguística, antropologia e psicanálise) a importante tarefa de nos tirar da nossa idade média e de nos fazer entrar na nova era estrutural da filosofia do conceito, realizando a dissolução desse mesmo sujeito. Ele não só reintegra o sujeito em seu trabalho teórico, como também se dedica a um problema que o preocupa de modo especial: a sexualidade. A partir de 1976, Foucault passa a dedicar-se a um vasto campo de estudo ao publicar o primeiro volume daquilo que deverá tornar-se uma *História da sexualidade*, como *Vontade de saber*. Trata-se não só de um retorno do sujeito, mas do indivíduo Foucault ao mais profundo de si mesmo.

Enquanto em *As palavras e as coisas* a psicanálise é uma das três disciplinas que permitem estear a nova episteme da modernidade, com *Vontade de saber* Foucault toma a disciplina psicanalítica como objeto, porém para se contrapor à sua ambição hegemônica. Ele estabelece uma filiação histórica entre o confessionário e o divã, zombando daqueles que alugam ouvidos. Dessa vez, trata a psicanálise de modo sarcástico, como para defender-se dela, e não mais como uma ciência potencial.

Foucault reformula a hipótese repressiva com base na nova esfera discursiva, dando-lhe atenção exclusiva dessa vez para detectar suas componentes históricas. Ele se afasta então da noção de prática para concentrar-se melhor na profusão do dizer no domínio da sexualidade: "A história da sexualidade [...] deve ser feita em primeiro lugar do ponto de vista de uma história dos discursos".[79] Nesse aspecto,

---

79 Foucault, *La Volonté de savoir*, p.92.

Foucault vai na contramão das teses segundo as quais a sociedade se tornou cada vez mais repressiva a partir da idade clássica, e mostra que, em absoluto, não se assiste a uma rarefação progressiva dos discursos sobre o sexo, mas, ao contrário, a uma profusão crescente desses discursos: "A partir do final do século XVI os discursos sobre o sexo, em vez de sofrerem um processo de restrição, foram submetidos a um mecanismo de incitação crescente".[80]

O Ocidente, para Foucault, em vez de reprimir a sexualidade, colocou-a no centro de um dispositivo de produção de verdade. O sexo tornou-se um ponto nodal da transparência do Ocidente. Essa constatação, que inverte a hipótese repressiva, só é possível quando nos situamos "numa economia geral dos discursos sobre o sexo".[81] Próximo também das teses de *Vigiar e punir*, Foucault prossegue sua análise das modalidades de inscrição dos poderes no corpo, numa analítica do "biopoder", mas ao mesmo tempo dá início a uma história da subjetividade que se dissocia dos termos da Lei e do Poder, anunciando uma nova guinada futura. O "biopoder", como tecnologia coerente do poder, aparece no século XVII: "Foucault compara a importância dessa nova forma de racionalidade política à revolução galileana em ciências físicas";[82] esse "biopoder" constitui-se em torno de dois polos: a gestão política da espécie humana a partir de novas categorias científicas, e não mais jurídicas, e a criação de tecnologias do corpo, de práticas disciplinares cujo objeto por excelência, para moldar corpos dóceis, será a sexualidade. "O sexo torna-se o edifício através do qual o poder associa a vitalidade do corpo à vitalidade da espécie. A sexualidade e as significações com que ela é investida tornam-se então o instrumento principal da expansão do biopoder."[83]

O primeiro alvo de Michel Foucault é a psicanálise na qualidade de substituta do confessionário que agora põe o pecador no divã. Ela seria um modo mais refinado de expressão de um poder que mudou de função. Enquanto, na época da monarquia, o poder consistia em condenar à morte (condenações régias, cetro, suplícios) ou em deixar viver, a modernidade burguesa conferiu ao poder uma função nova, que é

---

80 Ibid., p.21.
81 Ibid., p.19.
82 Dreyfus, Rabinow, *Foucault, un parcours philosophique*, 1984, p.195.
83 Ibid., p.204.

a de condenar à vida e deixar morrer; ele deve "gerar vida".[84] Em vez de mascarar a sexualidade, a burguesia a leva a tiracolo; para ela, é o equivalente simbólico do sangue aristocrático na afirmação da sua legitimidade no poder. Todo o discurso sobre o sexo torna-se então objeto privilegiado de um poder que tem a incumbência de gerá-lo em nome da limitação de nascimentos, do controle da sexualidade das crianças e dos adolescentes, da psiquiatrização dos prazeres mórbidos. A socialização das condutas procriativas reflete melhor controle e maior domínio do poder sobre a população.

Implanta-se, portanto, todo um biopoder que possibilita esquadrinhar a sociedade e "escapa à representação jurídica do poder, avançando sob a égide da lei".[85] Foucault procura as vias de saída do estruturalismo por meio de um programa agora explicitamente nietzschiano, a considerar-se seu título, *Vontade de saber*; programa anunciado por ele mesmo na contracapa, na qual são previstos seis volumes futuros.[86]

Decididamente nominalista, Foucault desvincula-se de práticas referentes a uma abordagem institucional do poder. Para ele, não se trata de fazer sociologia histórica de uma proibição, porém "história política de uma produção de 'verdade'".[87] O poder, já pluralizado em *Vigiar e punir*, não é percebido aqui como máquina de reclusão, lugar de estratégia repressiva, mas, ao contrário, como o polo de impulsão de uma produção de "verdade" cuja vertente de proibições será apenas expressão de seus limites. A guinada de Foucault, que se desfaz de uma concepção puramente negativa do poder, deve ser associada a uma nova relação com a política naqueles tempos em que as perspectivas de revolução se desvaneciam. Não se trata ainda de reconciliar-se com o poder, mas de evitá-lo, de buscar um caminho fora da lei, fora daquela prática de vassalagem que se generalizara.

Aos poucos, abandonando seu programa inicial de trabalho, Foucault esboça uma nova inflexão do olhar. Deixa de lado a perspectiva do biopoder, a perspectiva do sujeito sujeitado pelas diversas modalidades do poder, para em seu lugar pôr a problematização do próprio

---

84 Foucault, *La Volonté de savoir*, p.81.
85 Dreyfus, Rabinow, *Foucault, un parcours philosophique*, p.266.
86 Futuras publicações: 2- *La Chair et le corps*; 3- *La Croisade des enfants*; 4- *La Femme, la mère et l'hystérique*; 5- *Les Pervers*; 6- *Populations et races*.
87 Foucault, *Le Nouvel Observateur*, 12 mar. 1977.

sujeito, num primeiro tempo, a partir de 1978, no âmbito de um pensamento da governabilidade, depois do autogoverno.

Os títulos de seus cursos no Collège de France revelam o radicalismo da mudança realizada por Foucault, ainda que ela não seja corroborada por nenhuma publicação antes de 1984. Em 1980-1981, o curso é dedicado à "Subjetividade e verdade"; no ano seguinte, à "Hermenêutica do sujeito"; em 1982-1983, ao "Governo de si e dos outros".

Esse retorno a si mesmo parece resultar de um duplo movimento vinculado ao novo relacionamento que ele tem com a política, mas também a uma urgência pessoal, pois ele sabia que estava gravemente enfermo e condenado pela doença. Segundo Paul Veyne, que esteve muito próximo de Foucault nos últimos anos e o orientou em sua exploração do mundo greco-romano, "Ele logo ficou sabendo da doença que tinha e que essa doença era absolutamente incurável [...] Seus últimos livros sobre ética foram livros de exercício espiritual no sentido cristão ou estoico do termo".[88] Atingido pela Aids, Foucault esconderá seu mal dos amigos e até de si mesmo, anotando em seu diário íntimo em novembro de 1983, segundo Paul Veyne, que sabia ter Aids, mas que sua histeria lhe permitia esquecer-se disso.

Foucault explica-se abundantemente por ocasião da publicação do segundo volume de *História da sexualidade* a respeito dos fundamentos de seu mutismo e responde ao mesmo tempo às críticas que lhe foram feitas durante a publicação de *Vontade de saber*. Evidentemente, ele só revela o seu procedimento para melhor velar aquilo que o motiva de modo mais profundo, o que, aliás, não subtrai nada de sua pertinência no plano intelectual. Sua explicação não passa de meias palavras quando ele vincula suas últimas publicações àquilo que permeia toda a sua obra, ou seja, a busca tateante de uma história da verdade. Ele considera então que seu projeto de demonstração, enunciado em *Vontade de saber* como estudo do biopoder durante o período que vai do século XVI ao XIX, tropeçou numa aporia e não possibilitava dar resposta ao essencial: "Percebi que não funcionava; continuava sendo um problema importante: por que havíamos feito da sexualidade uma experiência moral?".[89] Essa pergunta implicava um desvio para captar as raízes pré-cristãs de uma sexualidade vivida

---

88 Veyne, *France-Culture*, 2 jul. 1988.
89 Foucault, *Les Nouvelles Littéraires*, entrevista, 8 jun. 1984.

como experiência moral. A perspectiva inverte-se então e possibilita "desprender-se de si mesmo".[90]

A problematização do governar os outros passa a ser problematização do autogovernar-se; Foucault analisa os procedimentos a partir dos quais o sujeito se constitui como tal. Existe realmente continuidade entre as duas últimas obras e *Vontade de saber* na recusa em levar em conta o material das práticas e das representações históricas, os códigos prescritivos, as proibições: "Minha finalidade não era reconstituir uma história das condutas e práticas sexuais".[91]

Mais uma vez, portanto, Foucault considera infundadas as críticas dos historiadores, pois elas passam ao largo de seu projeto, que é construir uma hermenêutica do desejo, "uma história do pensamento, em oposição à história dos comportamentos ou das representações".[92] Àqueles que apresentaram como objeção a permanência e a eficiência dos códigos repressivos ele responde que foi levado "a substituir uma história dos sistemas de moral, que seria feita a partir das proibições, por uma história das problematizações éticas feita a partir das práticas de si mesmo".[93] É essa perspectiva de problematização que ele define como coerente com toda a sua obra, desde seu trabalho sobre a loucura até o trabalho sobre ética.

O que há de novo é o objeto dessa problematização, o sujeito, em sua relação com a ética. Nessa clássica área da filosofia, Foucault procede mais uma vez a uma inversão da óptica tradicional, dissociando moral e ética. Já não se trata de situar-se num plano dos sistemas descritivos da moral impostos de fora para dentro, sistemas que opõem um sujeito-desejo a um código repressivo, mas sim de perceber os modos de produção do sujeito através da problematização de sua própria existência numa ética e numa estética de si mesmo. Nem por isso Foucault defende uma concepção substancial ou universal do sujeito; ele o resgata na singularidade de sua experiência.

É partindo da percepção subjetiva das crises, das falhas no sistema, que o filósofo deve situar-se e intervir. Não se trata em absoluto de um fechamento em si mesmo, como mostra Pierre Macherey,[94] mas sim de

---
90 Id., *L'Usage des plaisirs*, p.14.
91 Ibid., p.9.
92 Ibid., p.16.
93 Ibid., p.19.
94 Macherey, A quoi pensent les philosophes?, *Autrement*, p.92-103.

pensar as condições de possibilidade do exercício da liberdade dentro de uma estrutura. Pensar consiste, portanto, em situar-se nos limites, nas zonas fronteiriças dos sistemas de pensamento para deslocar suas linhas. Isso nos leva de volta à tragédia pessoal vivida por Foucault, presa da devastação do trabalho da morte em seu próprio corpo: "Em *Usage des plaisirs* [*Uso dos prazeres*] tentei mostrar que existe uma tensão crescente entre prazer e saúde".[95] Essas palavras de Foucault traduzem bem o horizonte autobiográfico, que aqui assume a forma de problematização filosófica para possibilitar um trabalho consigo mesmo, reagir contra a doença que o afeta – e duplica de maneira insuportável a marginalidade na qual é mantida a homossexualidade –, preconizando-se uma "moral pós-convencional".[96] Ele vai procurar seus fundamentos fora dos imperativos da interiorização da pastoral cristã ou da psicanálise, na ética do mundo antigo percebida como estética da existência, portanto lição para "fazer da vida uma obra".[97]

Foucault toma de modo inverso a visão da Antiguidade pagã, dionisíaca, sem fé nem lei, sem tabus. Substitui-a por uma Antiguidade greco-romana na qual a prática sexual se insere numa ascética frequentemente coercitiva, prolegômeno da ascética cristã. No entanto, não é possível estabelecer entre estas um elo de continuidade, pois os temas que podem ser encontrados numa e noutra não abrangem os mesmos valores. Enquanto o código prescritivo cristão reivindica uma dimensão universal, a moral antiga não se apresenta como código generalizador, nem mesmo dentro de sua própria sociedade. Para os gregos, a oposição principal entre os *aphrodisia* diferencia os atores ativos dos passivos: mulheres, rapazes, escravos. A homossexualidade, nesse caso, não é reprimida, desde que se seja ativo nas relações com o outro.

Essa divisão institui a ética de uma sociedade baseada na virilidade. O comportamento virtuoso no uso dos prazeres diz respeito apenas a uma casta, a dos homens livres. Ela implica o domínio do próprio corpo, das próprias pulsões. A divisão existente é entre a moderação e a incontinência, entre a *hybris* (descomedimento) e a *dikê* (equilíbrio), muito mais do que entre este ou aquele tipo de sexualidade. Outro valor viril, além do autodomínio, "a temperança é, em sentido pleno,

---

95 Foucault, entrevista, *Nouvel Observateur*, 1 jun. 1984.
96 Rochlitz, Esthétique de l'existence. In: *Foucault philosophe*, p.296.
97 Foucault, *L'Usage des plaisirs*, p.16.

uma virtude viril".⁹⁸ Amenizar os prazeres é um meio de constituir-se e permanecer como homem livre, é evitar tornar-se escravo deles. Na Grécia o casamento não vincula sexualmente os dois cônjuges numa relação monogâmica. A reflexão sobre o casamento está ligada à reflexão sobre a vida doméstica: o *oikos*. Encontram-se em Xenofonte os dois papéis complementares: do homem que trabalha fora e da mulher cujo espaço se estende no interior da casa. A fidelidade recomendada ao marido não diz respeito à exigência de relação monogâmica. Quanto àquilo que frequentemente apareceu como sinal de devassidão para o código moral moderno, o amor entre rapazes é, ao contrário, o objeto central da reflexão sobre os *aphrodisia*. Ao contrário da visão mais costumeira, "foi nesse campo que eles formularam a exigência de uma austeridade rigorosíssima".⁹⁹ A atividade sexual encontra-se, portanto, no centro de uma verdadeira estética da existência, sem dúvida reservada a uma minoria privilegiada da população grega, os adultos masculinos livres.

Com o terceiro tomo de história da sexualidade, *Le Souci de soi* [*O cuidado de si*], Foucault situa-se no século II d. C. Percebe nessa nova etapa uma mudança manifesta de rumo da reflexão ética em direção à intensificação dos códigos, ligada a uma crise da subjetivização no mundo romano. Esta não está mais inserida nas finalidades cívicas, como no século IV a. C., mas, conforme revela o título, o domínio da pessoa por si mesma transforma-se em sua própria finalidade. O sujeito constitui-se então plenamente como tal, e assiste-se a uma "problematização mais intensa dos *aphrodisia*",¹⁰⁰ que se traduz em maior sofisticação de todos os procedimentos por meio dos quais o sujeito toma posse de si mesmo, sobre um fundo de crescente desconfiança em relação aos perigos decorrentes do uso dos prazeres.

"A constituição do indivíduo como sujeito ético de suas próprias ações torna-se mais problemática."¹⁰¹ O governo dos outros passa, assim, pelo autogoverno, como explica Plutarco. A precariedade das posições de poder conduz a uma desestabilização do indivíduo, que torna necessário um fortalecimento do código ascético.

---

98 Ibid., p.96.
99 Ibid., p.269.
100 Foucault, *Le Souci de soi*, p.53.
101 Ibid., p.105.

A nova estilística da existência traduz-se principalmente numa doutrina do monopólio sexual dentro do casamento, e as relações sexuais têm como única finalidade o ato procriador no âmbito de uma ética de existência puramente conjugal. Nessa guinada, o amor entre rapazes continua de fato, mas diminui o interesse que lhe é atribuído, aumentando o interesse pela relação marital: "A ligação pederástica será desqualificada".[102]

Foucault não vê essa transformação ética como simples reflexo das mudanças sociais e políticas, conforme muitas vezes se entendeu, porém como uma elaboração da preocupação do indivíduo consigo mesmo que induz novas práticas quando o contexto se torna problemático: "Cabe mais pensar numa crise do sujeito, ou melhor, da subjetivação: numa dificuldade na maneira como o indivíduo pode constituir-se como sujeito moral de suas condutas e nos esforços por encontrar, na aplicação a si mesmo, aquilo que possa possibilitar-lhe sujeitar-se a regras e conferir finalidade à sua existência".[103] Portanto, é de dentro do sujeito que se pode apreender sua relação consigo mesmo e com os outros, deixando de vê-lo como simples receptáculo de transformações que lhes são exteriores. A partir dessa autonomização que tem o mérito de romper radicalmente com a teoria empobrecedora do reflexo, Foucault quer mostrar sobretudo por que todo sistema é arbitrário, seja ele da sociedade grega, romana ou outras. A descrição deles não serve para traçar sua historicidade, mas é pretexto para o verdadeiro objetivo subjacente a todo o empreendimento: desligar o sujeito de seu desejo, libertá-lo e libertar-se de qualquer forma de culpabilidade nesse campo, para chegar à reconciliação consigo mesmo.

A patologização progressiva dos corpos, a culpabilização crescente que será coroada pela patrística cristã, o medo de invadir práticas sexuais que refluem para a monogamia, todo esse contexto de crise nos leva para aquilo em que Foucault se embate desde a descoberta de sua homossexualidade. Esse desvio pela Grécia e por Roma remete, portanto, em grande parte a algo que não foi dito do indivíduo Foucault: a sua busca desesperada e urgente de uma ética, de uma ascese espiritual compensatória do desligamento próximo de seu corpo, de uma liber-

---

102 Ibid., p.230.
103 Ibid., p.117.

tação da culpabilidade mortífera que o habita e de uma reconciliação final consigo mesmo. Decididamente, o sujeito está de volta.

O horizonte foucaultiano deslocou-se então inexoravelmente da revelação da norma, da relação entre saber e poder, para a problematização da autoconstituição do sujeito, para a relação do indivíduo consigo mesmo a partir da intencionalidade ética. Tal evolução não deixa de lembrar a aproximação tardia de Foucault à hermenêutica de Paul Ricoeur. O *Soi-même comme un autre* [*Si-mesmo como um outro*], de Ricoeur, não está tão longe de *Souci de soi* [*O cuidado de si*], da última fase de Foucault, mas nem por isso é possível fazer uma analogia abusiva entre as posições dos dois: "Ricoeur parece configurar uma indispensável mediação entre o estetismo ético de Foucault e a visão comunicacional de Habermas".[104] Por ironia da história ou artimanha da razão, descobre-se que essa filosofia do sujeito, de Ricoeur, severamente criticada por Foucault, faz mais concessões ao Outro, a outrem, ao desapego de si mesmo, enquanto Foucault parece fechar-se numa perspectiva solipsista: "A preocupação consigo é ética em si mesma".[105] Essa perspectiva é evidente na definição tética que Foucault apresentara do pensamento: "Não se deve dar primazia à preocupação com os outros em relação à preocupação conosco; a preocupação consigo mesmo é eticamente primordial, uma vez que a relação de cada um consigo mesmo é ontologicamente primordial".[106]

Certamente a relação de cada um consigo não deixa de implicar desapego, trabalho do indivíduo em si mesmo, mas a alteridade fica em segundo plano. Essa aporética da relação com o outro, na qual Foucault tropeça, abre as portas para um novo Foucault que não terá conseguido prosseguir no seu diálogo conflituoso com um Ricoeur que terá conseguido simetrizar a relação com o outro em sua dialógica ontológica.

---

104 Müller, *Les Lieux de l'action*, p.57.
105 Foucault, L'éthique du souci de soi comme pratique de la liberté (entrevista), *Concordia* 6, p.104, 1984.
106 Ibid., p.105.

11
O sol negro do estruturalismo: o oximoro[1]

> As figuras de retórica podem ser o modo de expressão por excelência por meio do qual se define o espírito de uma época. Aqui, serve-nos de fio condutor o oximoro, tropo que foi utilizado em abundância pelo pensamento deliberadamente paradoxal de um estruturalismo que desejou deixar suspenso o sentido, em favor do signo.
> (*Espaces Temps*, n.47-8, p.129-43, 1991)

"Viver de morte, morrer de vida", disse já Heráclito, que assim expressava ao mesmo tempo a degradação indispensável à vida e a desintegração inerente a essa luta desesperada do homem contra a finitude. Essa aliança necessária de dois termos antinômicos, essa antilogia, tem como nome uma figura de retórica específica: o oximoro. Observa-se o uso abundante desse tropo na época barroca, seja em *Les Tragiques* de Agrippa d'Aubigné, seja nas obras de Corneille: "Essa escura claridade a cair das estrelas" (*Le Cid*, IV, 3). Essa figura de retórica é essencialmente utilizada em dois registros diferentes: o

---
[1] Artigo publicado em *Espaces Temps*, 1991.

poético, no qual há uma aproximação de valores que se excluem logicamente para conferir à expressão de uma ideia uma impressão de caráter inesperado (O sol negro da melancolia de G. de Nerval), e o registro cômico, em que o oximoro pode manifestar o ridículo ("C'os diabos, que velhinho jovem para oitenta anos!", exclama Toinette em *O doente imaginário*, de Molière [III, 14]).

O uso dessa figura de retórica pode também ser reveladora de uma visão de mundo, de um modo de pensamento. O que vamos investigar aqui é o uso do oximoro pelos diversos componentes do estruturalismo, indagando o que ele permite expressar. Todo o pensamento estrutural e pós-estrutural utilizou esse tropo com particular abundância. O edifício complexo do universo mitológico tecido por Lévi-Strauss e sua tetralogia "desabrocha lentamente e volta a fechar-se para desvanecer-se ao longe como se nunca tivesse existido".[2] Por sua vez, Roland Barthes procura uma escrita neutra, uma literatura objetal cuja realização ele percebe na obra de Alain Robbes-Grillet. A anedota condutora de *Le Voyeur* está "imobilizada num impossível movimento em direção à sua própria abolição".[3] O processo de apagamento, de busca da verdade, sofre um deslocamento e passa a pôr entre parênteses a profundidade e o significado para melhor se dedicar ao poético. Ele age como ato de plena escrita: "O sujeito da literatura não seria somente a linguagem em sua positividade, mas também o vazio no qual ela encontra seu espaço quando se anuncia na nudez do eu falo [...]. Encontramo-nos diante de um espaço vazio que durante muito tempo foi invisível para nós".[4] Maurice Blanchot, por sua vez, faz do oximoro um uso literário que permite lançar as bases de uma literatura do alhures, da exterioridade, com o desejo permanente de deixar suspensos os valores dos quais nega tanto o uso quanto a própria negação: "plenitude vazia"; "espaço sem lugar", "realização irrealizada".[5] Em Jacques Derrida, na fronteira entre literatura e filosofia, aparecimento é desaparecimento, e a desconstrução pós-estruturalista desmultiplica as possibilidades oferecidas pelo descentramento, pelo

---

2 Lévi-Strauss, *L'Homme nu*, p.620.
3 Barthes, Littérature littérale, *Critique*, 1955. (Reproduzido em: *Essais critiques*, p.69.)
4 Foucault, La Pensée du dehors, *Critique*, p.516-23, jun. 1966.
5 Blanchot, *Le Livre à venir*, p.16, 100-76.

polimorfismo, pela decomposição de todo significado: "A inseminação primeira é disseminação".⁶

A frequência de uso dessa figura de retórica pelo estruturalismo corresponde ao desejo de suspender o sentido e o juízo. No estruturalismo prevalece a busca do signo em detrimento da busca do sentido. O fato de pôr o sentido em suspenso corresponde a uma fase de particular explosão, de socialização das ciências sociais, que se foram construindo a partir de um distanciamento das ciências morais e políticas desde 1789, como lembrou recentemente Tzvetan Todorov.⁷ A rejeição a tudo o que possa parecer pertinente ao âmbito prescritivo, em proveito do descritivo, configurou-se como regra intocável desde Auguste Comte para as diversas disciplinas que tiveram o homem como objeto de pesquisa. Como questão de princípio elas deixaram em suspenso toda noção referente ao sentido, ao juízo, aos valores, a fim de fundamentar seus discursos como discurso científico definitivamente livre de qualquer consideração ética e política. O abundante uso do oximoro terá possibilitado aos estruturalistas acompanhar esse processo de emancipação das ciências humanas, mas pagando-se o preço de um relativismo generalizado no plano dos valores e de uma estratégia de embaralhamento em nível argumentativo, a fim de permanecer no terreno estrito da relação sem conteúdo e do signo esvaziado de seu significado.

De modo mais amplo, expressou-se nessa corrente de pensamento um *pathos* pessimista. A antologia tornou-se então um meio privilegiado de traduzir o mundo sem devir possível, imobilizado num presente estanque que perde sua força propulsora, suas contradições dinamizadoras, e já não possibilita, portanto, nenhuma superação dialética hegeliana. O pós-modernismo que reformula o passado e torna vã qualquer tentativa de ruptura radical abre-se para um universo temporal desembaraçado de sentido, de teleologia. As desilusões do século XX amplificaram e confirmaram o fenômeno: "1956 desobrigou-nos de esperar qualquer coisa".⁸ Se já não existe devir diferente possível, só resta a morte como horizonte, seja na forma da compulsão à repetição,

---

6 Derrida, *La Dissémination*, p.337.
7 Todorov, *Les Morales de l'histoire*.
8 Foucault, debate com Clavel em Vézelay, 1977, transmitido por *Océaniques*, FR3, 13 jan. 1988.

seja na forma de um único acontecimento verdadeiro por esperar. Ela foi objeto de verdadeiro culto naquela época estruturalista. Maurice Blanchot foi quem melhor traduziu até que grau esse acontecimento assumiu forma obsessiva, forma de verdadeira pulsão de morte, de "catástrofe inicial".[9] Ideal formal de um Significante sem significação, a morte psíquica é a grande fonte de inspiração do estruturalismo, e o oximoro permite explicar essa tensão primeira entre vida e morte.

A época estruturalista, por outro lado, descobre a irredutibilidade do Outro, que se torna o grande modelo heurístico, graças ao binarismo fonológico do paradigma estrutural, mas também à expressão de uma sensibilidade coletiva que tende a sacralizar a diferença. Ora, isso implica que a tensão entre o Mesmo e o Outro fica suspensa, uma vez que não se procura mais estabelecer uma relação dialógica entre os dois polos, sendo suficiente a simples coexistência de arquipélagos incomensuráveis: "A alteridade só retém do negativo a situação de oposição, não a dinâmica de contradição".[10]

O oximoro também vai servir para revelar a situação de tensão interna do discurso das ciências sociais, em crise de crescimento, em vias de emancipação teórica e institucional, que, entre a cruz e a caldeirinha, tem, de um lado, as ciências exatas, cujos modelos formais fascinam, e, do outro, as humanidades clássicas das quais esse discurso tenta sair para afirmar sua cientificidade. Mas a terceira via buscada, que deve fundamentar a especificidade das ciências sociais, encontrará na estetização de seu discurso uma solução para essa tensão. A retórica vai servir-lhe para substituir o zelo argumentativo clássico pelo deslumbramento estilístico.[11] O oximoro torna-se então a figura ideal para realizar essa estetização do discurso das ciências humanas que vai assumir o lugar de uma literatura em crise e impor-se como a verdadeira ficção do século XX. Embora as proclamações dos estruturalistas sejam apenas teóricas, científicas, epistemológicas, podemos perguntar se o que eles escreveram não foi o verdadeiro romance da morte do romance clássico.

Veremos a partir desse tropo, particularmente representativo da ambição estrutural, que ele serve também para significar uma nova

---

9 Blanchot, *La Part du feu*, p.76.
10 Ruby, *Les Archipels de la difference*, p.104.
11 Ver as críticas de Jacques Bouveresse, *Le Philosophe chez les autophages*.

relação desencantada com uma historicidade sem densidade temporal que não seja a densidade de um presente reiterado. Por outro lado, o oximoro serve a fins estratégicos, para exprimir o desafio das ciências humanas no momento de sua emancipação, como modo de discurso inovador, modernista, preso na tensão interna entre o horizonte teórico das ciências mais formalizadas e as humanidades clássicas, seu lugar de origem. O que se institui com esse tropo é uma relação paradoxal com o mundo, o que não deixa de nos lembrar a época barroca.

A retórica de uma pós-história

A geração estruturalista, com exceção de Lévi-Strauss, é fortemente marcada pelo ensinamento de Hegel, graças a Kojève, que valorizou especialmente a ideia de fim da história, portanto de advento de um presente estanque, preso numa tensão não superável entre A e não A, entre o Mesmo e o Outro. Essa marca dialética logo vai dar ensejo à influência das teses nietzschianas, que exaltam um além do direito sublimado no exercício do poder e apresentam a história como um carnaval paródico que torna caducas as ideias de verdadeiro e falso, de bem e de mal.

O uso do oximoro permite, assim, retomar a contradição hegeliana, imobilizando-a em seu momento nietzschiano, em virtude de sua incapacidade de superar-se. A afirmação de oposição, portanto, é levada em conta, porém deixada em sua tensão original destemporalizada, na imponderabilidade. Toda afirmação de valores é então ao mesmo tempo exposta e anulada: A e não A participam de um mesmo movimento, numa mesma fórmula, a mais condensada possível. O oximoro possibilita, pois, exprimir uma tópica fechada em si mesma que traduz uma das convicções fortes do momento estrutural sobre a autonomização da esfera discursiva em relação à realidade.

Encontra-se aí a origem da constituição da linguística como ciência e a definição saussuriana do signo como relação entre significante e significado, separada do referente, numa relação arbitrária com este. A corrente formalista russa e os círculos linguísticos de Moscou, Praga e Copenhague, nos anos 1920 e 1930, acentuaram esse afastamento da escrita como instrumento, da linguagem funcional, da utilidade da fala para se ter acesso à poética, à literalidade, à intransitividade do discurso. Ora, o oximoro permite não fechar o discurso na afirmação dos valores, desembaraçá-lo de seu conteúdo, de seu significado, situando-se nos limites, nos confins do pensamento e da escrita, uma vez que cada asserção contém seu contrário.

Além disso, essa figura do oximoro possibilita traduzir a confrontação com o Outro, a alteridade, e valorizar os dois campos de investigação privilegiados do momento estruturalista: a antropologia e a psicanálise, ou seja, o duplo recalcado da razão ocidental.

O crepúsculo dos homens

A antropologia estrutural de Lévi-Strauss apresenta-se sobretudo como um método científico para dar acesso às lógicas invisíveis que definem as regras de funcionamento das sociedades primitivas. Mas ela também traduz a filosofia crepuscular de um mundo ocidental que descobre as devastações dos fenômenos de aculturação sobre as poucas sociedades sobreviventes de indígenas, em vias de extinção. Já em 1955, quando Lévi-Strauss descreve a vida dos bororos, caduvéus e nhambiquaras,[12] considera a possibilidade da transformação progressiva da antropologia em entropologia. No *Finale* de sua grande tetralogia, *Les Mythologiques*, Lévi-Strauss considera que a travessia da mitologia ameríndia "antecipa o crepúsculo dos homens".[13] Todo o pensamento nostálgico dos primórdios da humanidade, de um mundo em vias de desaparecer, manifesta-se assim no grande mestre do estruturalismo que estuda minuciosamente esse mundo complexo para desembocar no oximoro como melhor ilustração de seu longo percurso. Isso ocorre no *Finale*, quando ele apresenta seu vasto edifício mitológico como uma exposição que "desabrocha lentamente e volta a fechar-se para desvanecer-se ao longe como se nunca tivesse existido".[14]

Esse monumental inventário das variações míticas provoca no analista Lévi-Strauss um curioso sentimento do caráter fugidio e efêmero de todas essas crenças, desses trabalhos e dos dias que passam,

---

12 Lévi-Strauss, *Tristes tropiques*.
13 Id., *L'Home nu*, p.620.
14 Ibidem, p.620.

crença de que estão inelutavelmente fadados a desaparecer como se nunca tivessem existido: "A constatação ab-rogada de que ocorreram, ou seja, nada".[15] A morte, portanto, trabalha por dentro dos destinos de uma humanidade fadada ao desaparecimento, e o oximoro permite expressar essa figura de luto, esse trabalho de morte naquilo que Jean-Marie Domenach qualifica de "réquiem estruturalista".[16]

A falta original

Para romper com o empirismo, outra das dimensões da análise estrutural foi partir de uma causa ausente em seus efeitos, da eficácia dessa ausência e de uma verdade que só se manifesta em sua *aletheia* (velamento).

Assim é que Lacan revisita Freud para impedir qualquer redução da prática analítica ao psicologismo e para devolver-lhe a cientificidade. Reforça o corte freudiano com o conceito de preclusão, que retoma do gramático Pichon: o "Eu" (*Je*) separado do eu (*moi*) na tópica freudiana[17] sofre um corte ainda mais radical em Lacan, pela experiência da perda do objeto a. A preclusão significa o fracasso do recalcamento originário. Ao contrário do processo de recalcamento que permite que o neurótico trabalhe com o retorno do que foi recalcado, a preclusão é a obliteração radical, institui o irreversível, o não retorno, e funda a patologia psicótica. Disso resulta um "Eu" (*Je*) atemporal, sem outro refúgio possível senão o engodo, inacessibilidade que Lacan resume na fórmula segundo a qual "Penso onde não sou, portanto sou onde não penso".[18] A partir daí o inconsciente sai da historicidade, uma vez que sua lógica escapa para sempre à lógica das ilusões da imago da consciência de si, que são relegadas ao simples plano do imaginário da demanda, e não do desejo, cujo lugar é o inconsciente.

---

15 Ibidem, p.621.
16 Domenach, Requiem structuraliste. In: *Le Sauvage et l'ordinateur*, p.75-89.
17 Essa distinção, possibilitada pela língua francesa, foi explorada por Jacques Lacan para distinguir o sujeito do inconsciente, que ele situa no *Je*, sujeito por excelência, do sujeito como função imaginária, que ele situa no *Moi*. (N. T.)
18 Lacan, L'instance de la lettre dans l'inconscient (1956). In: *Ecrits*, t.1, p.276.

Essa nova leitura de Freud permite também que Lacan rompa com o wallonismo, com a teoria de estágios, e imponha um procedimento decididamente sincrônico, respaldando sua postura na ruptura saussuriana e na contribuição da antropologia estrutural, a fim de dar bases mais sólidas à cientificidade de sua ambição teórica e prática para a disciplina psicanalítica: "É toda a estrutura da linguagem que a experiência psicanalítica descobre no inconsciente".[19] A noção de sujeito daí resultante é então totalmente coerente com a noção que prevalece nos diversos outros campos das ciências humanas na época do estruturalismo. Esse sujeito clivado, descentrado, é de alguma maneira uma ficção que só tem existência graças à sua dimensão simbólica; diz respeito a um significante sob o qual se esgueira inexoravelmente o significado.

Em Lacan, assim como em Lévi-Strauss, a perda e a dissolução fazem parte de toda identificação, e mais uma vez, num momento essencial da história do lacanismo, é a figura do oximoro que exprime melhor o famoso Relatório de Roma de 1953: "Identifico-me na linguagem, mas apenas para nela me perder como objeto".[20] O sujeito não pode ter acesso ao Ser nem ao Não Ser; ele é o fundamento não significante da significância dos significantes. O sujeito não passa então de um efeito do significante, e não é sua causa; ele nada mais é que um significante para outro significante, simples prega na cadeia significante indefinida.

A pulsão de morte e o ser-para-a-morte, de Heidegger, são assim valorizados como modo maior, segundo o qual se apresenta no homem a negatividade implicada pelo significante, uma vez que o sujeito só existe quando renuncia a si mesmo, em proveito de outra coisa: o simbólico. A emergência do desejo parte da falta, do vazio, da perda da Coisa, lugar ocupado pelo objeto a, e vincula a pulsão de morte ao desejo que traz em si a marca da castração inicial, da negatividade.

Donde a importância, no discurso lacaniano, das fórmulas negativas: "O Real é o impossível"; "não existem relações sexuais". Essas fórmulas negativas remetem à afirmação e à busca de descrição do inconsciente, da estrutura do sujeito por meio de uma formalização

---

19 Ibid., p.251.
20 Lacan, Rapport de Rome (1953). In: *Ecrits*, t. 1, p.181.

cada vez mais extrema, matemática e topológica. Ao real, esvaziado de afeto, correspondem a plenitude da linguagem formal e a miragem de uma psicanálise com acesso ao *status* de ciência formal: "A formalização matemática é nosso objetivo, ou seja, capaz de ser integralmente transmitido".[21] O modelo reivindicado, como em Lévi-Strauss, é o das ciências da natureza; ele alimenta o cientificismo da época, no qual se identificavam as jovens ciências sociais em busca de identidade e de objeto bem delimitado.

A razão pelo avesso

A palavra-chave da filosofia de Foucault está na noção de apagamento. Foucault dizia ser um positivista feliz, mas suas positividades triunfam e apagam-se num mesmo movimento. É também a morte do homem que vai contribuir para o sucesso de sua obra de 1966, *As palavras e as coisas*. Há, acima de tudo, em Foucault, um aspecto singular que remete para a sua própria história e que se manifesta pela firme vontade de denegar o Nome do Pai. Esse apagamento do "Eu" na assinatura de uma voz singular, essa negação do autor participa ao mesmo tempo plenamente do paradigma estrutural, da vontade de romper com o psicologismo vago em uso até então na crítica literária, da preocupação com a literalidade e de captar o Texto como produção. Foucault participa, portanto, dessa temática e não admite que no discurso haja um lugar de verdade do sujeito, do autor. O sujeito é sistematicamente obliterado, dissipado, pulverizado, e Foucault, na qualidade de autor, deve sempre desprender-se de si mesmo: "Muita gente, como eu, escreve para deixar de ter rosto".[22] Foucault constituiu essa exigência em verdadeira ética pessoal.

Não é, portanto, surpreendente que ele tenha sido fascinado de modo especial pela figura do oximoro, que lhe permite reconstituir a tensão constante que é a mola propulsora de toda a sua atividade intelectual e cuja parábola principal é o apagamento do homem: "O homem é uma invenção cuja data recente é facilmente mostrada pela

---

21 Id., *Séminaire XX, Encore*, p.108, 1975.
22 Foucault, *Les Mots et les choses*, p.398.

arqueologia de nosso pensamento. E talvez o fim próximo".[23] Essa figura de retórica permeia toda a sua obra e permite a estetização de suas demonstrações. Elas fazem surgir novas epistemes enigmáticas, cujo efeito é deslumbrar o leitor. Quando Foucault escreve a história da loucura, não o faz como historiador: "Eu não quis fazer a história dessa linguagem, mas sim a Arqueologia desse silêncio.[24] Quando escreve a história da sexualidade e define a dialética das relações entre saber e poder, utiliza também a figura do oximoro para ilustrá-la. Assim, o poder no Antigo Regime tinha o "direito de condenar à morte e de deixar viver",[25] e a situação se inverte na modernidade: "Foi substituído por um poder de condenar à vida ou relegar à morte".[26]

Em Foucault, essa fascinação pelo oximoro, pela escrita da tensão extrema e dos limites, além do contexto intelectual, tem uma origem literária em sua admiração por Maurice Blanchot. No artigo por ele dedicado à obra deste, publicado em *Critique* no ano de 1966, ele retoma a estilística de Blanchot e multiplica o uso do oximoro: "a invencível ausência"; "um vazio que lhe serve de lugar"; "lei sem Lei do mundo"; "a presença real, absolutamente longínqua, cintilante, invisível".[27] Essa passagem para fora permite evitar a afirmação de um sentido ou de uma verdade, assim como a crítica a estes. A escrita romanesca em Blanchot é de eterno fracasso que manifesta no plano literário aquilo que Foucault quer expressar no campo da problematização filosófica. Tudo parte e volta a uma ausência original, ao vazio do espaço primeiro. Blanchot não está "ocultado por seus textos, porém ausente da existência deles".[28] Encontra-se essa fascinação, própria do período, por uma estética do eterno fracasso, da contínua aniquilação. Foucault é seduzido por essa escrita que procura transpor os limites e desestabiliza o pensamento dialético: "O tempo da ausência de tempo não é dialético. Nele o que aparece é o fato de que nada aparece".[29] Blanchot realiza, no plano literário, aquilo que Foucault deseja no plano filosófico: não utilizar dialeticamente a negação, porém fazer

---

23 Ibid.
24 Foucault, *Folie et déraison*, Prefácio.
25 Id., *Histoire de la sexualité*. La volonté de savoir, p.178.
26 Ibid., p.181.
27 Foucault, La pensée du dehors, *Critique*, p.523-46, jun. 1966.
28 Ibid.
29 Blanchot, *L'Espace littéraire*, p.26.

o objeto do discurso passar para fora de si mesmo ou para o outro lado do olhar, para o seu avesso, para o "borbotar e o desamparo de uma linguagem que já sempre começou".[30] Existe nisso uma atividade crítica comum a Blanchot e a Foucault, atividade que se mostra na forma de positividade invertida, de sentido suspenso, ausente da sua presença, perceptível pela ausência.

No plano filosófico Foucault problematiza as experiências-limite. Tem em vista os valores ocidentais, que desestabiliza pelo seu avesso. Com a loucura, interroga os limites e o avesso da razão; com o crime, interroga os limites da lei; com a prisão, interroga os limites da vida e essa morte que se tornou "o núcleo lírico do homem: sua invisível verdade, seu visível segredo".[31] Toda a sua obra é, portanto, animada por essa tensão importante entre Não A/A que só pode ser apreendida de fora para evitar-se considerar esses objetos de pesquisa no desenrolar contínuo de sua positividade.

Essa problematização transforma-se em visão do mundo, mescla de positivismo e niilismo expressa da melhor maneira pela retórica do oximoro, que possibilita a aproximação entre suas demonstrações e a ficção literária, que não é rejeitada por Foucault: "Gosto de fazer uso ficcional dos materiais que reúno, comparo e monto, fazendo intencionalmente construções fictícias com elementos autênticos".[32] A preocupação estética é, portanto, onipresente nesse projeto filosófico de busca de uma verdade que se apaga tão logo se afirma, para dar lugar ao caráter essencialmente literário do empreendimento.

Um marxismo dos limites

O retorno a Marx realizado por Althusser em 1965 inspira-se essencialmente numa concepção da história revisitada pela epistemologia científica e articula-se em torno da noção de corte. Para escapar ao marxismo vulgarizado, segundo o qual a causalidade funcionava de acordo com o esquema simples do reflexo, Althusser preconizou uma leitura sintomática da obra de Marx, que, à maneira da escuta analítica, se baseia na eficácia da falta, da ausência no próprio tecido do dizer.

---
30 Foucault, La pensée du dehors, *Critique*, p.523-46.
31 Foucault, *Naissance de la clinique*, p.175.
32 Foucault apud Mauriac, *Le Temps immobile*, t.IX, p.243.

Para escapar ao círculo hegeliano, Althusser valoriza todo um jogo de dominâncias e de determinâncias das estruturas próprias aos modos de produção.

A complexificação do marxismo paga o preço de sua fragilização teórica, da pluralização/dispersão da contradição, e os conceitos expostos por Althusser são todos marcados por tal tensão interna que incluem seu próprio desaparecimento, à maneira da figura do oximoro. É o que mostra Etienne Balibar quando se interroga sobre as autocríticas cada vez mais radicais de Althusser. Depois de descartar as hipóteses psicológicas e históricas, ele vê razão filosófica dessas autocríticas na situação precária de conceitos que unem ao mesmo tempo a afirmação de sua eficácia e sua obliteração: "esses conceitos são *sempre-já* autocríticos.[33] Todos os conceitos que marcaram o althusserismo incluem de fato sua própria denegação. O caso que provocou mais polêmica é sem dúvida a noção de anti-humanismo teórico, mas também a reprodução e seu desdobramento em aparato repressivo/aparato ideológico do Estado, e evidentemente seu conceito dos conceitos, que é o corte epistemológico. Este pode conduzir a uma Teoria Científica, mas não pode jamais precaver-se contra um eventual retorno do recalcado ideológico no próprio campo da ciência. A ciência e a não ciência participam, portanto, de um mesmo movimento: "A distinção entre objeto de conhecimento e objeto real apresenta assim o paradoxo de só ser formulada para ser anulada. Mas não é nula".[34] A aplicação por Althusser do modo de pensamento de Maquiavel e depois de Lênin, que consiste em impor um sentido à trajetória do pensamento para acentuar a tensão interna dos conceitos propostos, fez dele também, assim como de Foucault, o filósofo dos limites, dos extremos, portanto do lugar do impossível.

A tensão própria a um terceiro discurso

Situadas entre as ciências da natureza e as humanidades clássicas, as ciências sociais têm algumas dificuldades para promover uma ter-

---

[33] Balibar, Tais-toi encore Althusser, *Critique*, p.11, 1988. (Reproduzido em: *Ecrits pour Louis Althusser*, 1991.)
[34] Althusser, Soutenance d'Amiens, *Positions*, p.158.

ceira perspectiva, um discurso específico que permita evitar a transferência dos modelos inadequados para o objeto estudado.

O grau zero

Visto que a primeira preocupação foi emancipar-se da tradição das humanidades, assistiu-se durante todo o período estrutural ao desejo de formalização. Esta se expressa como rejeição da historicidade por meio da suspensão da contradição, na fórmula do grau zero, que se encontra em todos os campos de investigação das ciências sociais.

Roland Barthes expressa, já em 1953, sua aspiração a uma escrita liberta de toda injunção, que fosse puramente formal: "afirmar a existência de uma realidade formal independente da língua e do estilo".[35] Para evitar os dois escolhos ou formas de enleamento que são, por um lado, a dissolução na língua prescritiva e, por outro, a estilística autárquica, Barthes preconiza partir de um ponto zero próprio ao intercâmbio de uma "escrita branca".[36]

Encontra-se esse ponto fundador no pai do estruturalismo, Claude Lévi-Strauss, para quem o valor de um sistema de símbolos constituído por dada cosmogonia seria simplesmente um valor simbólico zero.[37] Assim como no que se refere às relações de parentesco, o grau zero do simbolismo permite situar as condições da comunicação. Lévi-Strauss retoma assim o ensinamento da fonologia para dar-lhe uso antropológico.

No plano filosófico, quando Michel Foucault delineia a arqueologia da loucura, é para "atingir na história o grau zero da loucura naquilo em que ela é experiência indiferenciada, experiência não ainda dividida pela própria divisão.[38]

No entanto, essa busca eidética, à maneira de Husserl, não tem em vista, como na fenomenologia, uma essência do real, mas orienta-se para a descrição das condições de possibilidade do ente. Esse grau zero vai simbolizar a própria atitude do estruturalismo, a tal ponto que se falará de gelo, degelo ou regelo, segundo a apreciação lauda-

---

35 Barthes, *Le Degré zéro de l'écriture*, p.10.
36 Ibid., p.55.
37 Lévi-Strauss, Introduction à l'oeuvre de M. Mauss. In: *Sociologie et anthropologie*, p.10.
38 Foucault, *Folie et déraison*, Prefácio.

tória ou crítica que faça do fenômeno, em todo caso de historicidade congelada.

O emblema dos estruturalistas, a sua busca do Graal, encarna-se no cristal, cuja baixíssima temperatura possibilita impedir a dispersão das moléculas. O aspecto cristalino do estruturalismo é então acompanhado por uma tensão máxima para preservar a coerência global do objeto de estudo. Para evitar qualquer pertinência às diversas manifestações da desordem, do caos, os pensamentos estruturais, induzindo sua própria denegação, sua própria desconstrução que os reduz ao grau zero inicial, tentam libertar-se do subjetivismo.

A crítica literária: literatura e/ou ciência

O momento estruturalista foi marcado pela reativação das funções da retórica antiga em suas dimensões crítica e poética. Essa retórica havia sido progressivamente eliminada do ensino de literatura, que se centrara quase de todo nas preocupações de ordem histórica. O sucesso do formalismo russo e a emergência de uma literatura francesa preocupada com a estilística (Stéphane Mallarmé, Marcel Proust, Paul Valéry, Georges Bataille) imprimiram novo alento à retórica: "Nossa literatura atual [...] é inteiramente retórica, pois é ao mesmo tempo literatura e discurso sobre a literatura".[39] Num momento em que a literatura romanesca se volta cada vez mais para a reflexão sobre o fenômeno da produção literária, as fronteiras entre literatura e crítica literária de fato se atenuarão, o que dará origem a um novo tipo de criador, qualificado por Barthes de escritor/escrevente. Sua tarefa já não é realizar uma ruptura moderna, radical, à maneira do movimento dadaísta ou surrealista, pois as vanguardas logo serão alcançadas pelas leis do mercado.

A tarefa revolucionária da escrita, segundo Barthes, já não é de destruição, mas diz respeito à transgressão. É ainda a figura do oximoro que serve de modelo a essa nova relação com a escrita: "Apresentar o objeto por ser destruído e ao mesmo tempo negá-lo"; estabelecer uma "contradição lógica".[40] Barthes preconiza, portanto, uma escrita

---

39 Genette, *Figures III*, p.41.
40 Barthes, entrevista com R. Bellour, *Les Lettres Françaises,* mar. 1967. (Reproduzido em *Le Grain de la voix*, p.49.)

invertida que apresente ao mesmo tempo a linguagem em seu lugar e em sua paródia, sua contestação. Ambas, unidas na mesma fórmula, numa relação de duplicidade, oferecem a possibilidade da suspensão do sentido. Essa suspensão também é a expressão desse estado de imponderabilidade da escrita tomada entre a aspiração ao *status* de ciência, de produção textual, e a outra vertente, mais lúdica, da ficção assumida. Barthes é quem exprime melhor essa tensão.

Ele afirma ao mesmo tempo que "o ser da literatura nada mais é que sua técnica",[41] e sua obra sobre *O sistema da moda* é o tempo forte de sua tensão cientificista, com a aplicação do modelo greimassiano ao fenômeno da moda. Mas, por outro lado, Barthes afirma em alto e bom som a importância do prazer do texto, seu gosto pelo fragmento literário, o *haikai*, os biografemas. Quando Georges Charbonnier pergunta se a obra do ano 1967 será uma obra de matemática a devorar as ciências humanas, Barthes responde que "o último estágio por ser transposto consiste em (as ciências humanas) questionarem sua própria linguagem e se tornarem, por sua vez, uma escrita".[42]

A verdade da crítica literária se traduz nesse caso pela negação da busca de uma verdade, de um sentido, situando-se, ao contrário, do lado da ficção, da poética mais autotélica. A atividade crítica é, aliás, definida por Barthes, em sua polêmica contra Picard a propósito de Racine, como "ato de plena escrita".[43] Esse pôr entre parênteses da dimensão contextual, da questão do sentido, leva então ao florescimento do uso do oximoro em Roland Barthes, que pode assim afirmar que "a obra mais realista [...] explorará o mais profundamente possível a realidade irreal da linguagem,[44] ou ainda, a propósito do crítico literário, que ele "não pode pretender encontrar o fundo da obra, pois esse fundo é o próprio sujeito, ou seja, uma ausência".[45]

É numa escrita obliterada, a partir de um Sujeito expungido, que se exprimirá a época estruturalista, influenciando assim não só as ciências sociais, mas um modo de escrita literária teorizada por Philippe Sollers como o inverso da escrita plena, fechada, congelada. O texto deve apagar-se ao mesmo tempo em que é empreendido, num

---

41 Barthes, *Essais critiques*, p.140.
42 Barthes, entrevistas a G. Charbonnier, *France-Culture*, dez. 1967.
43 Id., *Critique et vérité*, p.46-7.
44 Id., La Littérature aujourd'hui. *Tel Quel*, 1961. (Reproduzido em *Essais critiques*, p.164.)
45 Id., *Critique et verité*, p.72.

processo de dispêndio, a ponto de se autoconsumir. É aliás em torno desse consumo que se inicia e conclui o romance de Sollers, *Nombres*. O oximoro e o apagamento servem, portanto, de modelo retórico que permite expressar da melhor maneira a inspiração literária da suspensão do sentido.

A estetização do discurso filosófico: obliteração do sentido

Quem encarnará melhor a figura do oximoro, esse trabalho de apagamento, será incontestavelmente Jacques Derrida, que teoriza o fenômeno como um fenômeno de desconstrução necessária de valores e verdades. Seu conceito principal, de desconstrução, contém em si mesmo a antilogia, sua própria expunção. Construir para destruir/ destruir para construir: essa é a tarefa atribuída àquilo que, em 1967, ele apresenta como uma ciência nova: *Da Gramatologia*.[46] A estetização do discurso filosófico em Derrida é então acompanhada por uma ambição cientificista, própria do período estruturalista, que permite ao filósofo responder ao desafio lançado pelas ciências sociais às humanidades clássicas.

A figura do oximoro permeia toda a obra derridiana: "Tentei descrever e explicar como a escrita comporta estruturalmente (contava/ descontava) em si mesma seu processo de anulação".[47] Essa estratégia de desconstrução sistemática dá ensejo à criação de conceitos novos. É assim que Derrida formula sua noção de *différance*,[48] para expressar não só o sentido comum de diferença como Outro, levado ao paroxismo para desfazer-se da metafísica ocidental, mas também resgata o sentido de diferir, no plano temporal. A *différance* é, portanto, um aparecimento como desaparecimento. Não exprime em caso algum uma positividade qualquer, mas as condições mesmas da diferenciação, sempre distintas do próprio jogo, logo inacessíveis por sua posição de retraimento espacial e temporal. A *différance* permite explicar esse desaparecer do fundamento, necessário ao próprio aparecer.

---

46 Derrida, *De la Grammatologie*.
47 Id., *Positions*, p.92.
48 O termo "*différance*" foi criado por Derrida, substituindo "e" por "a" em *différence* (diferença). (N. T.)

A cadeia significante não deve parar em nenhum significado na desconstrução derridiana, que vai mobilizar uma série de indecidíveis para entrar no jogo da disseminação, da remissão indefinida dos indícios a outros indícios. Verdadeiras "unidades de simulacro", esses indecidíveis devem possibilitar a obliteração das oposições metafísicas entre erro e verdade, fora e dentro, centro e periferia, masculino e feminino... Derrida vai buscar a noção de *Pharmacon* em Platão, mas ela não é bem nem mal, a noção de *suplemento* em Rousseau, mas não é o mais nem o menos, a de *hymen* em Mallarmé, que desfaz a oposição entre distinção e confusão, e seu próprio conceito de *grama* não se refere nem ao significante nem ao significado. A obliteração e a morte desestabilizam sistematicamente toda asserção, todo sentido, que deve desvanecer-se no horizonte do desconstrutivismo: "Todo grafema tem essência testamentária. E a ausência originária do sujeito da escrita é também a ausência da coisa ou do referente".[49]

Essa desconstrução douta visa confundir as pistas, deslocar as fronteiras e responder a qualquer pretensão de domínio disciplinar por parte da multidão de textos. É marcada pelo selo da morte, da finitude, da denegação: "Estas dedicatórias podem ser lidas como o prefácio de um livro que não escrevi".[50] O traspassador das eclusas delimitadoras dos territórios disciplinares deve arriscar-se a dizer quando mais nada há para dizer e fazer discurso filosófico apropriando-se do discurso das ciências sociais e ocupando o da poética. Isso permite, ademais, desmultiplicar os ângulos críticos da desconstrução, e disso Derrida não se privou quando, opondo-se a Saussure, Lévi-Strauss, Foucault, Lacan e Searle... escapou simultaneamente à crítica, uma vez que cada afirmação se autodissolve. Desse modo, não pode dar ensejo ao questionamento. Esse estratagema, segundo Vincent Descombes, corresponde a uma artimanha que possibilita falar quando nada mais há para dizer.

O pensamento dialético foi, portanto, substituído pelo pensamento paralógico, que equivale a afirmar que A é A e não é A. Ele permite escapar à historicidade, substituindo-a pela sincronia. Traduz a vontade de recusar qualquer forma de *doxa*, mas sem encontrar as mediações de sua superação. Essa passagem alimentará uma ver-

---

49 Derrida, *De la Grammatologie*, p.100.
50 Derrida, *La Carte postale*, p.7.

dadeira bifurcação estética do discurso das ciências do homem, que reata com um neobarroquismo contemporâneo. Desaparecida a era dos grandes confrontos ideológicos, sobra lugar para estratagemas que põem em ação aparências, simulacros, mal dissimulando o mal--estar da civilização. Por trás da história desenrola-se seu carnaval, o do riso sardônico da desconstrução que utiliza todas as formas de dissonâncias para melhor exprimir o fluxo ininterrupto de um tempo que foge, inapreensível, tempo diante do qual os desconstrutores só podem suspender o juízo, a interpretação, para melhor deixar que se desenrole a cadeia significante indefinida que escapa para sempre à significação quando o real não passa de ficção.

Parte IV
A história entre literatura e cientificidade

12
História literária, filha de Clio[1]

O território do historiador foi abandonado há algum tempo pelos literatos. O formalismo substituiu a história literária, reivindicando tudo na decifração interna da poética do texto, abandonando qualquer validade do referencial. Essa grande liquidação da diacronia faz parte de um período de crise da historicidade. Esse movimento deve ser relacionado com a perda de confiança nas noções de progresso, de aceleração da história, esperança no futuro.

Quando o vento da história soprava em direção à construção de uma sociedade nova, ou seja, no século XVIII, em meados do XIX ou durante a *Libération*, os pensadores procuravam um sentido para o devir humano, viam o presente dentro de uma lógica racional. De Kant a Sartre, passando por Hegel e Marx, dá-se ênfase à busca dos fundamentos para as lutas em curso pela liberdade. Ao contrário, hoje a história parece perder sentido, são captados apenas os sentidos proibidos, ela já não tem motor, imobiliza-se, fragmenta-se, esclerosa-se

---
1 Artigo publicado em *Le Français Aujourd'hui*, 1985.

à medida que a vontade humana já não consegue aspirar a eficácia alguma.

Existe outro fator, menos conhecido, para a pobreza da história literária: a interpretação do fato literário depende em grande parte da maneira como evoluiu o discurso historiográfico.

Ora, por trás da pletora dos estudos históricos, da bulimia de uma história que se tornou antropófaga na preocupação de absorver todas as ciências sociais, esconde-se uma verdadeira crise de identidade, uma perda dos alicerces daquilo que especifica a história. À des-historicização da abordagem literária corresponde a fragmentação do discurso histórico da nova história, ou seja, da escola dos *Annales*.

Lansonismo: a impossível superação do positivismo

Os primeiros passos em direção a uma tentativa de conceituação da história literária autônoma no campo das ciências sociais foram dados por Lanson, no início do século XX. Para lançar as bases de uma abordagem nova, ele dispõe de posição estratégica. O primeiro número da *Revue de Synthèse Historique* de H. Berr em 1900 contém um artigo-manifesto de Lanson que expõe suas ambições. Essa nova revista tenta conciliar a história e as jovens ciências sociais numa perspectiva globalizadora multidisciplinar. Lanson encontra-se no âmago de um debate polêmico intenso no qual estão em jogo questões essenciais, pois dele depende a posição hegemônica de cada disciplina no campo do ensino universitário. De onde virá a renovação? Quem conquistará um território de investigação mais vasto? A jovem sociologia durkheimiana parece bem colocada para se impor em face da escola histórica dominante de Seignobos e Langlois. Seu porta-voz, Simiand, em 1903, na *Revue de Synthèse Historique*, lança um desafio de grande repercussão com o título: "Método histórico e ciência social". Ataca aquilo que designa como os três ídolos dos historiadores: o ídolo político, o ídolo individual e o ídolo cronológico. Convida as ciências sociais a abandonarem o singular pelo estudo das relações estáveis que permita depreender leis, sistemas de causalidade. Convida a desviar o olhar do individual para o social.

A partir de 1897, os sociólogos já estão organizados para tomar a fortaleza dos historiadores em torno da revista *L'Année Sociologique*.

O desafio também vem dos geógrafos, que, com Vidal de la Blache ou Demangeon, fundam uma geografia enraizada num espaço e num tempo mais rico que a película atingida pelos historiadores. Ultrapassam a noção de acidente, de contingência, ao estudarem as relações do homem com seu meio. Nessa acerba luta interdisciplinar, Lanson parece mais um franco-atirador camicase. Tem a seu favor o fato de representar uma disciplina nobre, a mais antiga do mundo universitário, mas esse trunfo é ilusório, pois trata-se de uma situação que gera óbices insuperáveis. A renovação vem de outro lugar: ganha corpo nas fronteiras disputadas da França, na Universidade de Estrasburgo, onde reina um estado de espírito novo, de abertura.

São Febvre e Bloch que, em torno de sua revista lançada em 1929, *Annales d'Histoire Économique et Sociale,* vão realizar a síntese multidisciplinar. Adotam a estratégia ofensiva dos durkheimianos, enfraquecidos então pelo desaparecimento de seu mestre, evitando porém o dogmatismo, que foi a base do malogro deles. Somam a essa estratégia de conquista o ecumenismo de H. Berr para ganhar os diversos componentes das ciências sociais e reuni-los sob a bandeira de uma história renovada e congregadora. A renovação será, portanto, realizada por Clio e seus adeptos; escapará a Lanson e a seus discípulos, cujo programa permanecerá como letra morta.

No fracasso do lansonismo, também é preciso notar que Lanson continua vinculado à historiografia dominante do início do século, a de Seignobos e Langlois. Lanson deseja historicizar a abordagem da literatura e depara naturalmente com a escola metódica, chamada positiva (que não deve ser confundida com o positivismo), mas opõe-se ao positivismo. O cientificismo comtiano não pode ser aplicado à história literária, e Lanson critica Taine, cujo método leva a um impasse redutor.

A metodologia definida por Seignobos e Langlois[2] é retomada quase literalmente por Lanson. Eles definem a função do historiador como colecionador de fatos singulares. O contingente, o casual, cancelam a necessidade. O historiador deve contentar-se em relacionar, reunir e classificar os documentos escritos aos quais tem acesso. Assiste-se então a um verdadeiro culto do acontecimento, limitado basicamente à esfera política e militar. Da mesma maneira, Lanson

---

2 Seignobos, Langlois, *L'Introduction aux études historiques.*

desconfia das normas, regras e leis que o comtismo se propõe trazer à tona, propondo, ao contrário, que "devemos contentar-nos em analisar modestamente o que temos diante de nós, relatar os fatos [...]. Devemos adotar a curiosidade desinteressada, a probidade severa, a paciência laboriosa, a submissão ao fato.[3] A história literária que Lanson tenta definir, portanto, está fortemente marcada pela historiografia dominante, por seus temas, por seu método. Logo, ela não poderia realizar a parte inovadora de seu programa.

No entanto, Lanson não foi apenas o discípulo fiel dos historiadores de sua época; também atuou como precursor.[4] Inicialmente ele se propõe a sair do âmbito restrito das faustas cortes e dos salões parisienses e descobrir a realidade ignorada pela literatura das províncias, a realidade dos anônimos, dos esquecidos da história. Mas, o que é mais importante, lança as bases de uma sociologia da literatura e de uma história das mentalidades ao procurar conhecer as condições de produção, da circulação literária, da relação estabelecida pelo leitor com a obra e as razões do sucesso deste ou daquele acontecimento literário. Rompe assim com a tradicional monografia de grandes autores, de grandes obras incensadas em nome da perenidade da natureza humana: "Os livros existem para os leitores [...]. Quem lia e o que era lido? Essas são as duas perguntas essenciais".[5]

Esse programa não será realizado pelos literatos, porém reivindicado mais tarde pela escola dos *Annales*, que, em sua ambição hegemônica, se apressará a anexar o domínio da história das ideias e da sociologia do consumo literário. Em 1941, Febvre surpreende-se com o abandono do programa de Lanson, e com seus trabalhos sobre Lutero e Rabelais mostra que os historiadores têm condições de realizá-lo: "Uma história histórica da literatura, quer dizer ou deveria querer dizer história de uma literatura, em dada época, em suas relações com a vida social dessa época [...]. Para escrevê-la seria preciso reconstituir o meio, perguntar-se quem escrevia e para quem; quem lia e para quê".[6] A escola dos *Anna-*

---

[3] Lanson, *Essais de méthode de critique et d'histoire littéraire*, p.41-2. Artigo publicado em *Revue du Mois*, 10.out.1910.
[4] Delfau, Roche, *Histoire, Littérature*.
[5] Lanson, Programme d'études sur l'histoire provinciale de la vie littéraire en France, 1903. In: *Essais de méthode et d'histoire littéraire,* p.83.
[6] Febvre, De Lanson à Mornet: un renoncement? *Annales d'Histoire Sociale,* 1941. (Reproduzido em *Combats pour l'histoire*, p.263-8.)

les retoma então literalmente as perspectivas de pesquisa de Lanson, e mais tarde Mandrou ou Bollème dedicaram-se a estudos concretos sobre a cultura popular, sobre a chamada *bibliothèque bleue*. A revista *Annales,* aliás, dá atenção especial a esse campo do saber, pois em 1960 publica um artigo de Roland Barthes que retoma no essencial o programa de Febvre, ou seja, de Lanson.

É sintomático que durante o mesmo ano de 1960 a revista dos *Annales* retome o artigo de F. Simiand escrito na *Revue de Synthèse* em 1903. Barthes, como Simiand, respalda a escola dos *Annales* em sua oposição à história historizante, ao discurso historiador tradicional que dá ênfase aos grandes homens e à história-batalha: "A história literária só será possível se for sociológica".[7] Barthes preconiza realizar o programa por ele atribuído a Febvre tomando o exemplo concreto de Racine. Convém fazer um estudo do meio, separar o público do autor, a formação intelectual deste, e definir uma mentalidade coletiva a partir dessa sociologia literária dissociada da investigação psicológica. Assim como F. Simiand, quando criticava um dos três ídolos dos historiadores, o indivíduo, Roland Barthes considera que a história literária só poderá desenvolver-se "separando a literatura do indivíduo".[8] Contudo, a revolução copernicana vivida pela crítica literária a partir dos anos 1960 assume uma configuração nova. Abandona pura e simplesmente o território do historiador.

Ao estilhaçamento da história corresponde a des-historicização da abordagem literária

Não logrando a metamorfose, a abordagem literária entrega-se às delícias de um formalismo apartado da realidade histórica. Esse período, marcado pelo triunfo do estruturalismo, põe a história entre parênteses. Sem dúvida, dessa orientação resulta um enriquecimento dos conhecimentos da lógica interna dos textos, mas a divisão insuperável instituída entre as palavras e as coisas logo vai esterilizar a pesquisa. Quando G. Genette define a história literária que deve ser construída, deixa de lado tanto o programa de sociologia literária de

---

7 Barthes, Histoire et Littéerature à propos de Racine, *Annales, Économies, Sociétés, Civilisations,* ano 15, n.3, p. 524-37. maio-jun. 1960.
8 Ibid.

Lanson quanto o de uma história das ideias e das sensibilidades. Censura nas duas formas de abordagem o fato de ficarem fora da própria literatura, de se limitarem a um raciocínio analógico falsamente explicativo. Genette preconiza, ao contrário, que a literatura se volte para si mesma: "Uma história da literatura tomada em si mesma (e não em suas circunstâncias exteriores) e por si mesma (e não como documento histórico)".[9] A crítica literária aplica-se então ao estudo das formas, aos códigos retóricos, às técnicas narrativas, às estruturas poéticas, aos sistemas de signos, e Genette preconiza chamar esse estudo de história da literatura por excelência, pois "a única história verdadeira é estrutural".[10] É o fim da ambição totalizadora, e o encontro com a história geral fica para as calendas gregas. Imediatamente, a crítica literária contenta-se em traçar os caminhos de sua própria disciplina. Esse recuo da história literária diante da ambição globalizadora corresponde totalmente à evolução do próprio discurso historiográfico da escola dos *Annales*. De fato, com a terceira geração dessa escola, assiste-se a uma grande mudança nos paradigmas fundadores de M. Bloch e L. Febvre que põe em xeque o próprio alicerce sobre o qual repousa a prática historiográfica.

Estilhaçamento do campo histórico – uma história em migalhas

Há pouco tempo escrevia-se história com letra maiúscula e no singular. Respaldada pela Antiguidade e por sua capacidade de síntese, de racionalizar todas as dimensões da realidade, ela apresentava o sentido da história. A escola dos *Annales* recentemente realizou uma verdadeira desconstrução da história, que a partir de então passou a ser escrita no plural e com minúscula. Já não é História, mas histórias. É história deste ou daquele fragmento de realidade, e não mais História do real. Assim, Pierre Nora dirige na Gallimard a *Bibliothéque des Histoires*, ressaltando essa ruptura epistemológica em relação à ambição primeira dos historiadores no texto de apresentação de sua coleção: "Vivemos a fragmentação da história". Enriquecimento dos horizontes

---

9 Genette, *Figure III*, p.17.
10 Ibid., p.20.

historiográficos? Certamente a multiplicação de objetos novos e a dilatação do território parecem ser sinais de boa saúde da história. Mas o historiador, ao querer absorver todas as ciências sociais, corre o risco de perder aquilo que alicerça a especificidade e o interesse de seu olhar: a capacidade de síntese, à qual ele parece renunciar.

O tempo único se subdivide em temporalidades heterogêneas. Sob a influência da possível quantificação do material histórico, graças ao computador, deu-se primazia a uma abordagem nova do tempo do histórico; é a história serial, conforme designação dada por P. Chaunu. No estágio de serialização de fatos pertencentes a conjuntos homogêneos, "o tempo já não é homogêneo e não tem significação global".[11]

No ponto de partida dessa história serial está a história econômica, mas recentemente esta se abriu para outras dimensões da história humana. As mentalidades, a psicologia social e a afetividade entraram naturalmente no tratamento serial, naquilo que se chama de terceiro nível. Esse é o itinerário da história serial, "do porão ao sótão", para retomar a expressão de M. Voyelle. Visto que as séries evoluem independentemente umas das outras, o historiador já não precisa buscar sistema causal que torne inteligível a totalidade. Ele bate em retirada para ocupar o terreno do empírico, do descritivo. Le Roy Ladurie é quem melhor teoriza a negação do historiador como um dirigente da síntese da realidade: "O historiador é como um minerador de minas profundas. Vai buscar os dados no fundo do solo e os traz à superfície para que outro especialista – economista, climatologista ou sociólogo – os explore".[12] Não seria possível descrever melhor a renúncia do historiador, sua relegação a um papel de mão de obra a trabalhar em regime de subempreitada. É a própria função do historiador que se põe em xeque; errante que vive rondando à margem das coisas, segundo Michel de Certeau, minerador de acordo com Le Roy Ladurie, ele deve renunciar a seu magistério social. Como diz Nora: "A história só se descobriu, afinal, para negar-se".[13] Esse procedimento serial traduz uma impotência dúplice: a da pretensão pelo historiador à visão global da realidade e a da capacidade do homem de agir na

---

11 Furet, *Le Débat*, dez. 1981, reproduzido em *L'Atelier de l'histoire*.
12 Le Roy Ladurie, *Le Territoire de l'historien I*, p.13-4.
13 Nora, *Le Débat*, maio 1980.

história, homem dilacerado entre séries que lhe escapam. Aqui, ele perde toda a eficácia, toda a capacidade de agir sobre a realidade.

Nessa história serializada, em migalhas, o homem está descentrado como força coletiva; já não é o sujeito da história, mas objeto passivo que está sujeito às diversas injunções naturais, demográficas ou culturais plurisseculares. Na base desse estilhaçamento, está a ideia de que o discurso substitui a realidade, de que o homem morreu para dar lugar a sistemas que o superam. Foi na negação de um futuro potencial diferente que a escola dos *Annales* aboliu a figura histórica: "O homem, figura central do dispositivo anterior, deixa de ser o referente fundador para tornar-se objeto transitório, datado, de uma organização particular do discurso científico".[14]

Uma história nominalista

Assim como a história literária, o discurso historiográfico da escola dos *Annales* reflui para a linguagem. A realidade tende a tornar-se textual, e não mais material. Discursos, enunciados, formações discursivas, estão no centro do olhar histórico. Essa inflexão é corolário da desconstrução do histórico em sua unidade e sua totalidade. O discurso sobre a realidade tende a tomar o discurso como realidade. Essa substituição dos significados pelos significantes baseia-se numa tradição nominalista que data do século XIV: "Geografia e história são nominalismos".[15] Nesse campo, o historiador sofre a influência do linguista, toma de empréstimo seus métodos de análise no estudo do passado. Roland Barthes pergunta[16] se a narrativa dos acontecimentos passados, baseada no "real", difere fundamentalmente da narração imaginária que se encontra no romance, na epopeia... A narração cria realidade, contém a materialidade das coisas nas palavras. O real, para Barthes, não passa de um "efeito do real", artifício do discurso historiador para introduzir um sentido na construção de uma ficção. No plano dos estudos históricos concretos o resultado disso são análises redutoras. Assim, A. Besançon[17] considera o regime soviético simples

---

14 Revel, *Annales*, nov.-dez. 1979.
15 Veyne, *Comment on écrit l'histoire*.
16 Barthes, *Social science information*, p.65-75.
17 Besançon, *Court traité de soviétologie*.

subproduto da ideologia. Essa fetichização do discurso está presente nos trabalhos dos novos historiadores que, desejando valorizar as representações que determinada época faz de si mesma, tendem a confundi-las com o referente abandonado pela realidade histórica. É o que ocorre com o estudo "etnográfico" realizado por Le Roy Ladurie[18] a partir de *La Vie de mon père* [*A vida de meu pai*] de Rétif de la Bretonne. Nele, a vida campesina do século XVIII nos é revelada tão somente pelo texto de Rétif, considerado uma boa tradução da realidade da época. É legítimo questionar[19] a validade desse texto como estudo da sociedade campesina da época. Le Roy Ladurie procede a uma espécie de fenomenologia da sociedade aldeã com base nas fantasias de Rétif. Se o trabalho do historiador se reduz ao estudo das operações de linguagem, como propõe Michel de Certeau ao definir a operação histórica,[20] então ele está exposto a perder sua função crítica. Dupront vê na linguística um "choque libertador"[21] que acaba com a história continuísta. Diremos, ao contrário, assim como R. Robin, que a linguística "só serve para trazer à tona a economia interna de uma ideologia, e nunca para estabelecer sua função social".[22]

Uma história imóvel

A aula inaugural do sucessor de Fernand Braudel no Collège de France, Le Roy Ladurie, em 30 de novembro de 1973, tinha o título revelador "história imóvel".[23] Título um tanto provocador, não só em relação aos fundadores da escola, visto que Bloch definia a história como ciência da mudança, mas em relação à natureza mesma da história, que encontra na imobilidade sua própria negação. Nessa nova escrita, mudança e ruptura não são mais significativas.

O discurso historiográfico da escola dos *Annales* absorve o novo no velho, a mudança na continuidade, as rupturas nas imobilidades. A antropologização dessa história só aprofunda essa tendência e relativiza ainda mais as divisões operadas até então no campo histórico.

---

18 Le Roy Ladurie, *Histoire de la France rurale*, t.2, 1975.
19 Benrékassa, *Revue des Sciences Humaines*, n.172, 1978.
20 Certeau, *Faire de l'histoire*, t.1, p.341.
21 Dupront, *Revue de l'Enseignement Supérieur*, n.44-45, 1969.
22 Robin, *Histoire et linguistique*.
23 Le Roy Ladurie, *Le Territoire de l'historien*, v.II, p.7.

O olhar fixa-se então nas regularidades, no tempo das estações, dos ciclos, das constâncias do cotidiano. A condição do acontecimento histórico é subvertida. De sintoma significativo, ele se torna cristalização artificial e mitológica da insignificância. É relegado à margem, à escuma dos dias, e chega-se até a passar muito bem sem ele, a "não sentir nenhum interesse por ele".[24] A duração nesse novo discurso historiográfico permanece imóvel, a vã agitação humana não tem poder nenhum. A natureza é imutável, e o homem é insensato.

O historiador "*annaliste*" torna-se celebrante de uma humanidade sem projeto, presa da desesperança, e sua mensagem passa a ser conservadora: "Esse tipo de história (a dos tempos longos, do homem médio) no fundo é uma história cuja vocação conservadora reconheço de bom grado", admite F. Furet.[25]

Nesse ritmo, a própria história se dissolverá, pois ela é indissociável da tríade passado-presente-futuro. Ora, às interpelações da história em vias de fazer-se a escola dos *Annales* não responde "presente". Ela reintroduziu uma divisão muito nítida, ao contrário do que desejavam M. Bloch e L. Febvre nos anos 1930, entre passado e presente, encontrando refúgio nas terras distantes dos séculos XVI e XVIII ou do período medieval. Disso resulta uma imagem mítica de uma idade de ouro do passado, magnificado em si mesmo, um universo fetal em que, na longa duração, numa sociedade despolitizada, num passado não conflituoso, pacífico, o louco e o doente conviviam com a razão, o camponês e o senhor viviam integrados numa coexistência excelente, longe dos dispositivos de poder.

O retorno da natureza humana

Por trás de um discurso historiográfico que aparece como inovador, inspirado nas ciências sociais mais modernas, vê-se ressurgir a antiga noção de natureza humana permanente, noção esta também antinômica à historicidade. As inflexões da longa duração do ecossistema e as periodizações a partir de dados estatísticos, de curvas de produção e de população não poderiam, sozinhas, suprir a ausência do homem. Foi preciso reintroduzir o humano no horizonte inexorá-

---

24 Pomian, *La Nouvelle Histoire*, p.543-4.
25 Furet, Colloque de Venise, 1971. *L'Historien entre l'ethnologue et le futurologue*.

vel do qual ele desaparecera. Mas o homem que volta a ser alvo do olhar da nova história no momento da antropologia histórica já não é o homem-sujeito de seu próprio destino, não é o homem social de importante papel na evolução das sociedades. É um homem amputado que descobrimos. Ele só tem sentido graças às manifestações diversas e incontroladas de um inconsciente coletivo transformado em invariante insuperável da natureza humana. O estudo de seus comportamentos, de suas projeções, de suas fantasias, garante o sucesso daquilo que se chama história das mentalidades.

O historiador *annaliste*, para pôr em evidência essas invariantes, entrou para a escola da biologia e da etologia.

"Procurei captar as atitudes no nível mais baixo da escala cultural, ou seja, no nível do biológico."[26] Esse deslizamento encerra o homem no imobilismo de uma natureza insuperável. Suas ações tornam-se agitação estéril e impotente, à semelhança de rato em ratoeira, a debater-se sem esperança de salvação. O outro empréstimo, que também redunda no retorno do recalcado, a natureza humana, é o da transposição mecânica de conceitos provenientes da psicanálise, em especial o uso da noção de inconsciente coletivo.

A transposição em nível explicativo da evolução histórica dos esquemas psicanalíticos mostra-se claramente voltada para a demonstração de que toda resistência à ordem revela perturbações profundas. Quer se trate de manifestações históricas em torno de uma possessão ou da neurose coletiva da revolta dos camisardos, a resistência social parece sempre ser da alçada de uma terapia de grupo. Para além do interesse incontestável do estudo de Ariès, que nos revela muitas coisas sobre os diversos comportamentos em relação à morte, pode-se questionar a legitimidade de seu estudo diacrônico, que abarca vários séculos num mesmo alento em torno de um parâmetro central, a morte, sem jamais buscar os fundamentos de suas inflexões: para ele, trata-se apenas de variações de um inconsciente coletivo a transcender seu ambiente.

Como o longo período mascara as tensões sociais, o estudo do mental relativiza a consciência dessas tensões e as oposições delas decorrentes. O homem reduzido a seu âmbito mental é objeto de sua

---

26 Ariès, *Un Historien du dimanche*, p.172.

história, e não sujeito. Como objeto de enumeração e de quantificação, ele se torna objeto psicológico, objeto de mentalidade. Desse modo, risca-se o homem social do discurso histórico, homem que, numa relação individual com a sociedade, simboliza o processo de dominação e as articulações de um modo de produção.

Construir uma história literária: sair do empirismo

A grande vaga estruturalista arrastou então tanto os literatos quanto os historiadores para costas distantes da historicidade. Hoje se anuncia uma grande guinada quanto ao retorno à escrita antiga. Estamos em fase de recidiva: as grandes batalhas da França, por um lado, as obras-primas do patrimônio nacional, por outro. Decididamente, Clio e a história literária caminham num mesmo ritmo em seus avanços e recuos. Como tal regressão é possível? Sem dúvida, porque até agora nem a história literária nem a história "*annaliste*" saíram realmente do terreno do empirismo. O horizonte teórico permaneceu um horizonte morto. O objeto do historiador continua fundamentalmente obscuro sob a pletora.[27]

Superar o empirismo e tornar pensável uma articulação de nosso passado com o presente para lhe dar sentido, essa deve ser a ambição de uma nova história que está por ser construída por meio de uma dialética das durações que integre tempo longo e acontecimentos, permanências e rupturas. Está também por ser construída uma história literária que evite dois escolhos: a negação da historicidade e a singularidade do texto literário. É preciso, antes de mais nada, reintroduzir a historicidade no texto literário da mesma maneira como a nova história só poderá ser construída reivindicando um procedimento totalizador. Para fazer isso, cabe lembrar uma evidência frequentemente esquecida: o elo indissolúvel entre as obras literárias e o estado de desenvolvimento da sociedade que as viu nascer. Esse elo é muitas vezes rejeitado em nome dos abusos reais do período stalinista durante o qual se aplicava, com um mecanicismo inexorável, a teoria do reflexo da instância econômica.

---

27 Ver "Cet obscur objet de l'histoire", *Espaces Temps*, n.29-30, 1985.

Restituir a obra a um circuito de produção, distribuição e consumo permite superar o mito romântico ou kantiano da transcendência da arte em relação à sua época, do avanço progressivo do Belo absoluto, equívoco no qual incidiu Marcuse em sua obra sobre estética. Nem por isso deixa de existir o perigo de banalizar a obra, de fazer dela um simples espelho de sua época. Isso equivale a ignorar tanto a pluralidade das temporalidades quanto a singularidade da arte como projeto futurista, de antecipação. Para evitar esse impasse, convém lançar as bases de uma teoria das mediações.[28]

A história literária conta já com uma série de trabalhos inovadores que evitam o escolho do reflexo. Inicialmente, a contribuição pioneira de Lukács, depois, a de L. Goldmann (*Le Dieu caché* [*Deus escondido*], 1956), que ao mecanicismo vigente opõe a noção de visão do mundo sem abandonar a perspectiva de construção de uma abordagem materialista.

Outra obra inovadora é a de Sartre, sobretudo seu afresco sobre Flaubert, *L'Idiot de la famille* [*O idiota da família*], em que ele busca a ação do prático-inerte na obra de um autor em particular. Quem foi mais longe na historicização do discurso literário, graças a um procedimento particularmente fecundo, parece-me ter sido M. Serres. Ao decifrar, através de *Rougon Macquart* de Zola, o modo de funcionamento do princípio da termodinâmica – revolução central do século XIX[29] –, está dando um exemplo magistral do vasto campo que pode ser aberto pela pesquisa da historicidade de um texto literário. No nível da teorização daquilo que poderia ser uma história dos discursos, Foucault foi mais longe em *Arqueologia do saber.* Seu mérito é ter mostrado que todo discurso deve ser abordado como instância material, historicamente datada, implicada num conjunto social complexo, produzindo, em contrapartida, efeitos reais em termos de jogos de poder. Foucault situa-se ao mesmo tempo dentro e fora do discurso que estuda.[30]

Como diz P. Barbéris: "Só há texto pela história e na história, e só há história nos textos e pelos textos".[31] Cabe, portanto, à crítica literária discernir a historicidade das formações discursivas, o que implica uma

---

28 Cf. Idt, "Pour une histoire littéraire tout de même", *Poétique*, n.30, p.167-74, abr. 1977.
29 Serres, *Feux et signaux de Brume*.
30 Ver um exemplo de aplicação concreta de seu método em *Surveiller et punir* (1975).
31 Barbéris, *Le Débat*, p.184-6, mar.1985..

abordagem multidisciplinar e o aprofundamento da noção de intertextualidade. Só tal exigência teórica pode permitir evitar a restauração da história literária tradicional, feita de monografias dos grandes autores. Então, o retorno do referente poderá ter ares de instauração.

13
O caráter psíquico da história[1]

A relação ativa do historiador com o passado

As duas disciplinas, psicanálise e história, estão numa tensão semelhante entre nomotética e idiografia, entre narratividade e temporalidade da narrativa, por um lado, e aspiração a encontrar coerências pertinentes, relações de causalidade, aspirações científicas, por outro. Essa semelhança está na base de grande número de problemas comuns entre os dois procedimentos.

A escrita historiográfica mudou muito desde o grande período da chamada escola positivista que dominava na França no início do século XX. Essa escola teve o mérito de fazer o método historiográfico progredir ao delimitar seu campo de pesquisa, ao desenvolver a erudição e o aparato crítico das fontes utilizadas, mas com o objetivo confesso de obter uma história puramente nacional que possibilitasse a reconquista da Alsácia-Lorena. A finalidade é então estritamente militar, e o *Petit Lavisse* tem por missão formar os jovens cidadãos para seus

---
[1] Artigo publicado na *Revue Internationale de la Psychanalyse*, n.6, 1994.

deveres de futuros soldados que terão coragem de defender a pátria. A história é então ufanista, estritamente politizada e diplomática: é a fase da história-batalhas.

Surgem, no entanto, novas ciências sociais, que pouco se reconhecem naquele discurso enfeudado no Estado-Nação. Entre elas, a sociologia, por seu dinamismo e por sua proximidade com a disciplina histórica, representa a concorrência mais perigosa. A jovem sociologia durkheimiana tem por ambição realizar, sob sua égide, a unificação de todas as ciências humanas. A partir de 1897, surge uma revista para fazer impor suas teses, *L'Année Sociologique*. A sociologia, aliás, não é a única a postular uma posição central e congregante; isso também acontece com a radiante geografia vidaliana, reunida em torno dos *Annales de Géographie* (1891). Por outro lado, em 1900, a renovação e a unificação parecem realizadas com o lançamento da *Revue de Synthèse Historique* por Henri Berr. Foi a partir desta última revista que o jovem sociólogo durkheimiano François Simiand lançou, em 1903, um importante desafio aos historiadores com o título "Método histórico e ciência social", em que atacava a obra de um dos eminentes representantes da escola positiva, Charles Seignobos, que acabava de publicar, em 1901, *La Méthode historique appliquée aux sciences sociales* [*O método histórico aplicado às ciências sociais*]. Ele conclama os historiadores à reação, ao abandono de seus ouropéis para participar da renovação em curso, o que pressupõe o abandono de seus três ídolos: o político, o individual e o cronológico.

Os historiadores são convidados a passar do singular às relações estáveis, aos fenômenos regulares, para neles depreender verdadeiras leis, sistemas de causalidade. Nessa perspectiva, a sociologia apresenta-se como disciplina centralizadora e capaz de oferecer modelos. Esse desafio será da maior importância, pois os *Annales* retomarão o essencial do programa de François Simiand. Mas quando realizam esse programa, em 1929, Marc Bloch e Lucien Febvre o fazem em proveito da história nova, que se torna a grande centralizadora da modernidade em ciências sociais. Os *Annales* propõem então uma ampliação do campo da história que, abandonando o terreno político, desloca o interesse do historiador para outros horizontes: a natureza, a paisagem, a demografia, as trocas, os costumes... Os *Annales* renovam, portanto, radicalmente o discurso histórico, apresentando – como revela o próprio título da revista – o econômico como terreno privilegiado de investigação. Essa mudança pressupõe uma concepção completamente diferente do ofício de historiador, que não pode mais contentar-se apenas com fontes escritas. As séries estatísticas, os planos agrários, os fluxos monetários, as grandes tendências demográficas, tornam-se objetos novos dessa história que abre as portas e as janelas para ter acesso às raízes subjacentes da História. Os *Annales* respondem, assim, às interpelações da sociedade contemporânea por uma escrita da história que restabeleça o elo entre passado e presente.

Lucien Febvre e Marc Bloch convidam o historiador a inspirar-se nos problemas propostos pelo tempo presente, no qual ele vive. Assim, Marc Bloch teoriza um procedimento recorrente que o leva a estudar o regime agrário do período medieval a partir da descrição das paisagens rurais contemporâneas. Os *Annales* naquele momento aclaram a atualidade com artigos sobre a crise mundial, a coletivização soviética, a experiência Roosevelt... Embora haja um enriquecimento inconteste do território do historiador, a rejeição radical à história política baseada no acontecimento foi longe demais, chegando a certa cegueira em face de fenômenos tão essenciais quanto a natureza da URSS, o fascismo e o nazismo, mal compreendidos naqueles anos 1930, em razão de uma abordagem puramente economicista.

Mas a grande inovação situa-se na nova relação do historiador com suas fontes; ele já não deve escrever o que estas lhe ditam, mas, ao contrário, tornar-se um diretor de cena que recompõe, constrói e desconstrói a realidade ao sabor de suas hipóteses: "Todos diziam que a história era: estabelecer os fatos e depois os pôr em ação. E era verdade, estava claro... Tais fatos são apreendidos de maneira direta? Não!... São coisas dadas? Não, são coisas criadas pelo historiador, quantas vezes? Coisa inventada e urdida... Abalar outra doutrina, tão frequentemente ensinada havia pouco: 'O historiador não poderia escolher os fatos'. Mas toda história é escolha... Ela o é de fato, sobretudo porque o historiador cria seu material ou, se quiserem, os recria".[2]

Essa relação ativa do historiador com suas fontes induz a uma nova relação com o passado, que se torna inseparável do presente, imanente ao modo atual de ver e de problematizar: "'A história é a ciência do passado'. Na minha opinião, isso está errado".[3] Marc Bloch

---

2 Febvre, *Combats pour l'Histoire*.
3 Bloch, *Apologie pour l'histoire*.

considera que o historiador deve partir do presente, que este desempenha um papel na formulação de suas hipóteses e exerce assim uma função heurística na reconstituição do passado, que é indissociável das experiências cotidianas: "O erudito que não tem o gosto de olhar ao redor de si, seja para os homens, para as coisas ou para os acontecimentos, talvez mereça, como dizia Pirenne, o nome de antiquário. Será prudente renunciar ao título de historiador".[4] Assim, o medievalista Marc Bloch, por mais afastado que esteja de seu período de pesquisa, demonstra até que ponto a observação da paisagem lhe permite reconstruir hipóteses de reconstituição da propriedade agrícola na Idade Média.

Dessa relação ativa entre presente e passado resulta uma aproximação possível entre a disciplina histórica e a psicanálise. Como mostra Conrad Stein em *L'Enfant imaginaire* [*A criança imaginária*],[5] o tratamento tem a meta paradoxal de mudar o passado. Missão tão impossível para o historiador, que está irremediavelmente separado do passado por uma ruptura intransponível que opõe as gerações vivas às desaparecidas, quanto para o psicanalista, que esbarra na estrutura de incompletude do analisando.

Encontram-se semelhanças entre os dois procedimentos em relação ao lugar ocupado pelo acontecimento para o historiador e para o psicanalista. Para este, o acontecimento não é redutível a um traumatismo externo: "O trauma não poderia ser definido simplesmente como um acontecimento externo, por mais violento e doloroso que seja, mas como a ligação entre o perigo interno e o perigo externo, entre o presente e o passado".[6] Em Freud, o trauma é algo *a posteriori*, que põe em ação um passado incorporado no presente, caminhos de facilitação, intersecções. A tarefa do analista é, pois, segurar as duas extremidades da cadeia significante, longe de determinismos simplistas.

A escola dos *Annales*, ao realizar a ligação entre passado e presente, pôde assim assumir como objeto privilegiado esse tipo de intersecção, aclarando o passado *a posteriori*. Mas a comparação entre esses dois procedimentos logo encontra limites nos postulados durkheimianos da escola histórica francesa, que conheceu uma longa fase

---

4 Ibid., p.48.
5 Stein, *L'Enfant imaginaire*.
6 Bertrand, Doray, *Psycanalyse et sciences sociales*, p.132.

"de eclipse da narrativa", como bem analisou Paul Ricoeur em *Temps et récit*.[7] O trabalho dos historiadores dos *Annales*, trabalho com ambição científica, orientou-se para diversas formas de objetivação das fontes, afastando-se da abordagem compreensiva. Se a história era criação, era-o no sentido de suas hipóteses científicas, não no sentido de um diálogo subjacente entre o historiador e aqueles que este exumava do passado.

Pouco a pouco essa orientação, fortalecendo-se, contribuiu para pluralizar o tempo social, para serializá-lo a partir de categorias de análise extraídas do campo econômico: tendências, ciclos, conjunturas. A história tornou-se quantitativa a ponto de não ver salvação científica para o historiador fora da quantificação: "O historiador de amanhã será programador ou não será", dizia Emmanuel Le Roy Ladurie nos anos 1970, deixando que a síntese fosse feita pelas outras ciências sociais e comparando o papel do historiador ao de um minerador que vai buscar as fontes cuja análise será feita pelos outros. Isso era, de algum modo, assumir a renúncia do historiador à sua função de síntese.

Da mesma maneira, um outro fundamento da prática historiográfica era então desvalorizado nessa perspectiva cientificista: o acontecimento, a mudança. Passou-se então imperceptivelmente da história como ciência da mudança, definida como tal por Marc Bloch, a uma história quase imóvel, com a geo-história braudeliana, e finalmente à "História imóvel", título da aula inaugural de Emmanuel Le Roy Ladurie no Collège de France. Nessa perspectiva, o tempo curto, a escala humana de análise, torna-se inimigo das ciências do homem, e Braudel atribui a esse nível de análise apodos especialmente reveladores: "sortilégio", "quimera", "capricho", "falaciosas ilusões"...

Agora parece que chegamos a um novo momento da escrita historiográfica. Depois de constatar o estado de crise nas relações da história com as ciências sociais num editorial e num número especial intitulado "Le tournant critique", a revista dos *Annales* (nov.-dez. 1989) admite implicitamente o fundamento das críticas que lhe foram feitas[8] e reorienta totalmente o eixo principal da disciplina histórica para uma abordagem hermenêutica. Esse momento pode ser fecundo nos intercâmbios entre história e psicanálise. Permite levar em conta, além

---

7 Ricoeur, *Temps et récit*.
8 Dosse, *L'Histoire en miettes*: des *Annales* à la Nouvelle Histoire.

do acontecimento em si, a trama textual a que ele dá origem, os vestígios que deixa, os mitos que funcionam a partir dele e os discursos de ficção que dele cuidarão. Todo esse material torna-se um campo privilegiado para o historiador que considera hoje que as representações em suas transformações sucessivas são consubstanciais a seu objeto de pesquisa.

Sem que haja consciência por parte dos atores do acontecimento, a evolução da representação deste e a diversidade das narrativas que ele enseja fazem parte integrante do próprio acontecimento em sua eficácia flutuante ao longo do tempo. É o que Georges Duby já mostrara muito bem a propósito da batalha de Bouvines.[9] Giovanni Levi preconiza um uso novo da biografia quando escreve a história de um exorcista numa aldeola do Piemonte no século XVII. Essa biografia não é concebida como biografia modal, reveladora de um caráter essencial e típico da sociedade dessa época, nem está simplesmente sobreposta ao contexto que preside ao seu desenvolvimento. Ela é o exercício de uma atenção particular à singularidade da experiência individual, enquanto esta é dada, acima de tudo, naquilo que tem de mais significativo, sem que por isso seja típica ou atípica.

Depois de uma época em que a história social foi amplamente tributária da história econômica, quando esta última era considerada determinante em última instância, ela tende hoje a tornar-se autônoma para aproximar-se mais da sociologia e da etnologia e tirar proveito de todos os domínios, seja o da cidade, o da empresa, o das relações entre sexos ou o das práticas simbólicas. Menos do que pela singularidade de seu objeto, a história social caracteriza-se hoje por um modo de problematização particular. É nessa perspectiva que o historiador Gérard Noiriel define aquilo que chama de "abordagem subjetivista do social". Ele situa sua ação na esteira aberta pela epistemologia prática de Lucien Febvre e contribui para o sucesso de uma história social por inteiro, ao lembrar as palavras deste quando, em 1960, escrevia: "se fizemos teoria da história, não fizemos sua sociologia".

Nesse aspecto, o paradigma subjetivista deve possibilitar a consideração daquilo que a abordagem puramente quantitativista impediu. Isso permitirá fazer valer a noção de experiência vivida, há muito posta de lado numa perspectiva cientificista e mutiladora: "A abor-

---
9 Duby, *Le Dimanche de Bouvines*.

dagem subjetivista convida assim a todo um trabalho crítico que tem em vista questionar as evidências cotidianas, visando enxergar todas as coisas que nos parecem naturais como um produto arbitrário da história social".[10] Essa história social abre-se então para todo um trabalho dedicado aos modos de objetivação do saber, para as implicações do passado sobre a sociedade atual. Ao historicizar seus materiais e métodos, o historiador do social permite, além disso, evitar qualquer forma de naturalização dos objetos sociais.

O presente como passado cristalizado ou a prevalência do conceito de experiência vivida possibilita, também nesse caso, fazer analogias entre prática historiográfica e psicanalítica, pelo menos na relação que ambas têm com a temporalidade e a subjetividade. A definição de um gênero novo definido por Pierre Nora como ego-história[11] participa de uma busca semelhante. Ele parte do postulado de que o historiador esclarece a história que escreve, seja qual for sua especialidade, desvendando sua própria história. Portanto, ele deve aplicar a si mesmo o método que experimenta com os outros.

O historiador, no entanto, assim como o psicanalista, depara com o mesmo obstáculo, ou seja, o da confrontação necessária entre discurso e realidade. O historiador não pode limitar-se à esfera das representações, apenas ao campo discursivo autônomo em relação a suas condições de emergência. Ele deve levar em conta a materialidade da trama factual, a materialidade da história social em sentido amplo. Da mesma maneira, o psicanalista deve referir-se a um real que, sem se confundir com a realidade, possibilite atribuir estatuto à fantasia: "A realidade tem de ser considerada no tratamento, pois não poderemos distinguir o que é fantasia daquilo que não o é se não houver referenciais na realidade".[12]

Crise da historicidade: refluxo para a memória

As certezas de construção dentro da perspectiva do progresso acabam por tropeçar na tragicidade de um século XX que não para de reservar surpresas ao eurocentrismo. A cada um de seus abalos, a Europa precisou renunciar à própria ideia de futuro em ruptura. Disso

---

10 Noiriel, Pour une approche subjectiviste du social, *Annales*, nov.-dez. 1989.
11 Nora, *Essais d'ego-histoire*.
12 Bertrand, Doray, *Psycanalyse et sciences sociales*, p.141.

resultaram a dilatação do presente, a presentificação do passado e um novo modo de relação com a historicidade, no qual o presente já não é pensado como antecipação do futuro, mas sim como campo de uma possível reciclagem do passado, no modo genealógico. O futuro dissolvido e o presente estanque não possibilitam um distanciamento do passado: "Visto que não deve ser mais extraída do presente, a diferença do futuro reflui, anda em marcha a ré".[13]

O que se institui é uma relação não tensa entre passado e presente quando se deixa de procurar nessa relação aquilo que permita construir um futuro outro, quando o futuro fica trancado, amarrado a um equilíbrio presente chamado a repetir-se indefinidamente. A voga do novo, cenografia publicitária de nosso cotidiano, permite diluir ainda mais qualquer eventualidade de alteridade futura. E com base na rejeição a qualquer teleologia histórica, à atribuição de qualquer sentido à história da humanidade, são reencontradas as belezas perdidas desse "mundo que perdemos", de uma Idade Média magnificada como lugar de alteridade associada à busca das raízes identitárias. É no contexto desse descentramento, de desagregação da cultura europeia, de desconstrução da metafísica, que uma consciência nova, etnológica, se impõe, substituindo a consciência histórica.

A provincialização da razão ocidental, a descoberta da irredutibilidade da resistência de outras lógicas, da pluralidade cultural, alimentaram um pessimismo radical, uma espécie de teologia negativa. Os desenganados do racionalismo ocidental entraram na contramão do racionalismo otimista para guinar numa espécie de niilismo, de pensamento do limite, nas fronteiras entre sentido e não sentido. Situação complexa, pois compreende uma idiossincrasia pessoal feita de desilusão e rejeição, porém marcada simultaneamente pelo ponto de partida rejeitado. A teorização da incapacidade do homem de exercer domínio sobre sua história coletiva ou pessoal, a tônica posta na sua incompletude e a marcha fúnebre da razão ocidental prenunciam ao mesmo tempo um trabalho mais rigoroso e mais lúcido da mesma razão ocidental. É ela que atua em Lévi-Strauss quando ele exuma as sociedades primitivas, é ela que permite a Lacan cuidar de seus pacientes, é ela ainda que permite a Foucault estar junto aos esquecidos,

---

13 Torrès, *Déjà-vu*, p.142.

aos rejeitados, aos prisioneiros.¹⁴ Artimanhas de uma razão que se encarrega de seu próprio descentramento.

O século XX das rupturas induziu um pessimismo radical em relação à história e ao advento de uma era chamada pós-moderna. Pode-se datar, como Jean-François Lyotard, a fratura definitiva no evolucionismo ocidental em 1943,¹⁵ momento da solução final, imersão radical no horror. A partir de então será preciso pensar após Dachau e Auschwitz, como disse Adorno. Uma vez que se transforma em rolo compressor, em máquina de morte em escala planetária, a modernidade tecnológica está eivada de negatividade e presa na ideologia da desconfiança. A isso se soma a descoberta daquilo que há por trás da cortina de ferro, daquilo que, apresentado como modelo, mostra ser a realidade do totalitarismo. Por trás da razão, suas artimanhas implacáveis bloquearam as esperanças de criação de um mundo melhor. Certo olhar ingênuo quanto à exaltação do progresso contínuo da liberdade e da lucidez humana já não é possível. A perspectiva do porvir risonho é substituída pela abordagem de tópicos referentes a mudanças parciais cujos limites de possibilidade cabe definir. O ano de 1956, com seu cortejo de desilusões, de Budapeste a Alexandria, passando pela Argélia, interrompeu os cantos de libertação e de certa esperança coletiva.

Nesse meio de século, soam e troam, ao contrário, a voz do dono, a força da resistência à mudança, a invariância da regra, a prevalência do código. Para toda uma geração, a esperança revolucionária, atacada pelas forças da opressão, é relegada à condição de mitologia, reduzida a fantasia e confinada, recalcada, como mito do século XIX. Essas grandes transições, tão desejadas pelos intelectuais, sofrem uma erosão irreversível numa sociedade ocidental que já não se pensa como parte de uma história quente, mas que parece inspirar-se nas sociedades primitivas e privilegiar assim uma relação fria com a temporalidade que se encontra presa ao chão, na imobilidade.

A escatologia revolucionária dissolve-se no molde das resistências, dos bloqueios e das inércias próprias à nossa sociedade. Ao descrédito que afeta o engajamento e o voluntarismo político corresponde, no plano teórico, um mesmo descrédito que atinge tudo o que diz

---

14 Dosse, *Histoire du structuralism*. t.1. *Le Champ du signe*: *1945-1966*; t.2: *Le Chant du cygne*: *1967 à nos jours*.
15 Lyotard, *La Condition post-moderne*, p.11.

respeito à história. A fascinação de um Ocidente que rompe com sua historicidade pelo modo de vida imutável dos nhambiquaras, resgatado por Lévi-Strauss, revela-nos, em meados dos anos 1950, que o Ocidente entra na era da pós-modernidade. É a própria ideia de progresso que está submetida à assepsia, em todo caso como fenômeno unificador. O progresso se pluraliza, deixa de ser a força motriz da evolução social. Ainda que certos avanços não sejam negados, estes já não participam de uma problematização global da sociedade.

As ciências humanas substituíram a consciência de uma Europa modelo, vanguardista na marcha da humanidade, por uma consciência crítica que destitui o sujeito e a história, pelo retorno da consciência para si mesma, ou melhor, para seu reverso, seu recalque. Essa ideia de igualdade dos povos que surge no pós-guerra para impor-se com a descolonização é uma ideia totalmente nova que modifica todos os referenciais que possibilitam pensar o espaço geopolítico. Para o intelectual ocidental, a percepção da humanidade se descentra. A identidade já não é vista no interior, mas sim projetada num espaço exterior. Essa mudança no modo de ver impõe a dialetização dos espaços e exige lentes de antropólogo a perscrutar o universo do Outro.

A consciência planetária, topográfica, reprime a consciência histórica. A temporalidade transforma-se em espacialidade. O afastamento da ordem natural dá lugar a uma busca das lógicas invariantes oriundas da junção natureza/cultura. Diante de um futuro opaco, o olhar se volta para a busca da imutável natureza humana percebida em suas constantes – demarcações mentais, ecossistema, longa duração, estrutura, extensão do conceito de geograficidade –, e o paradigma da natureza desforra-se: "Hoje se percebe como a dessacralização da história provoca, por meio de vasos comunicantes, uma ressacralização da natureza".[16]

Se as rupturas são trágicas, para nos protegermos, nos voltamos para as constantes e permanências culturais, étnicas e naturais numa atitude que visa mais nos preservar da história por meio da solidez de uma base identitária do que construir a partir de uma lógica diacrônica significativa. Os balbucios da história, o culto do passado e as restaurações que são ocultadas pelas rupturas superficiais transformam o homem-sujeito de sua história em objeto de uma história que o supera.

---

16 Debray, *Critique de la raison politique*, p.299.

As transformações da sociedade ocidental oriundas das Trinta Gloriosas contribuíram também para a desagregação da relação passado/presente/futuro. Sempre que o porvir é reduzido pela programação informática a uma reprodução de modelos presentes projetados no futuro, nenhum porvir diferente pode ser problematizado. O fim das sociedades agrárias e o advento da sociedade desvinculada do solo contribuíram para criar um estado de imponderabilidade temporal, uma relação mais fria com a temporalidade: "Aquilo que há meio século chamávamos aceleração da história [...] transformou-se em esmagamento da história".[17] Da mesma maneira, essa relação atemporal fragmenta-se numa miríade de objetos sem correlação, segmentação de saberes parciais, desarticulação do campo dos conhecimentos e esvaziamento dos conteúdos reais.

A pós-história nos faz entrar numa relação nova com um presente dilatado que se apresenta como a-histórico, eterna reciclagem das diversas configurações do passado. Esse presente, horizonte fechado em si mesmo, só pode autorreproduzir-se num presenteísmo dominante. A voga das rememorações ilustra bem essa nova relação com a historicidade. A memória recalca a história, não há mais a busca das origens para desenvolver as potencialidades do devir, porém simples invocação do universo dos signos do passado que sobrevive no presente imutável. Signos que se remetem uns aos outros e não têm outros referentes senão os lugares de memória, vestígios deixados no espaço de um passado avistado para além das linhas de uma fratura intransponível. Conhecemos "o fim daquilo que vivíamos como evidência: a adequação entre história e memória".[18] Esses lugares de memória não são revisitados com a perspectiva de reconstrução, mas simplesmente considerados como restos de um passado recalcado, desaparecido. Conservam ainda valor simbólico e inauguram uma relação arquivística com o tempo passado.

Uma descontinuidade radical opõe a memória de um passado irremediavelmente indefinível, invisível como real pelo menos na materialidade de seus signos múltiplos, a um presente estanque que recicla, comemora, rememora. A relação com a temporalidade é por ela clivada, e a memória se pluraliza, atomiza-se por falta de massa constitutiva de uma memória plena. A história reflui para o instante,

---

17 Chesneaux, *De la Modernité*, p.50.
18 Nora, *Les Lieux de mémoire. La République*, p.XVIII.

favorecido este pela unificação dos modos de vida e das mentalidades, quando já não há verdadeiros acontecimentos, porém profusão de "notícias". O presente mergulha suas ramificações no passado por meio de uma relação puramente museográfica, sem vínculo com os esboços da definição de um futuro. É a própria função do discurso histórico como inter-relação entre passado e futuro que se desestabiliza. Esse processo de pacificação, esse fim das rupturas significativas, encerra o presente em si mesmo e estabelece o domínio do sentimento de repisamento, de estagnação.

A história, assim como a psicanálise, entre ciência e ficção

Visto que a memória substitui a noção de historicidade, ocorre um deslocamento das linhas fronteiriças entre as duas disciplinas, que são a história e a psicanálise. Essa inversão suscita uma aproximação, tanto no âmbito dos materiais utilizados quanto no dos métodos. Nos dois casos, o saber se constitui a partir de uma descontinuidade radical que opõe um passado tornado opaco, com uma memória em busca de referenciais, a um presente estanque dificilmente superável. Essa evolução põe em xeque a sutil distinção estabelecida por Michel de Certeau quando este opõe duas estratégias da temporalidade, ou seja, a da história, que se apresentaria ineluctavelmente na forma de sucessividade, correlação, efeito, e a da psicanálise, que, ao contrário, se basearia no modo de imbricação, repetição, equívoco: "A psicanálise e a historiografia têm, portanto, duas maneiras diferentes de distribuir o espaço da memória. Elas pensam de modos diferentes a relação entre passado e presente. A primeira reconhece um no outro; a segunda põe um ao lado do outro".[19] Nesse novo espaço memorativo comum ao psicanalista e ao historiador, a imbricação entre passado e presente é semelhante e, em vez de opor as duas abordagens, tece-lhes um horizonte comum, o do vestígio do passado em sua eficácia e da máscara deste em sua capacidade de velar.

Dessa aproximação emerge um paradigma comum às duas disciplinas: o paradigma indicial que deu ensejo a férteis campos de trabalho

---
19 Certeau, *Histoire et psychanalyse entre science et fiction*, p.99.

com a micro-história iniciada pelo historiador italiano Carlo Ginzburg. Essa nova escrita da história inspira-se muito na psicanálise para sair de uma falsa alternativa entre racionalismo e irracional. O paradigma indicial, surgido no final do século XIX, situa-se na confluência entre um método adotado por Morelli em história da arte, para autenticar os autores dos quadros com base nos detalhes mais desprezíveis, o método de investigação policial e, sobretudo, o método freudiano de análise das manifestações do inconsciente, por meio da atenção especial dada às associações livres, aos sonhos, aos lapsos etc. Carlo Ginzburg, Giovanni Levi e sua escola situam a escrita historiográfica ao lado da narratividade, do singular, da idiografia, do indício, do conjectural. Renunciam aos sonhos cientificistas de uma história científica e nomotética, para captar melhor as linhas de uma história com os pés no chão.

A busca dos acontecimentos significativos situa o procedimento desses autores ao lado dos da psicanálise, da qual eles extraem boa parte do método como modelo heurístico, para aplicá-lo ao campo histórico. Seu ponto de partida é, assim como o do analista, a figura da incerteza que se deve reduzir. A micro-história não se apresenta como um simples retorno à história puramente anedótica – que, por outro lado, sempre teve seu público popular; ela não nega a existência de uma macro-história, mas oferece um novo método de acesso a esta por meio de suas repartições locais, de microcomunidades, como a que serve de objeto de estudo a Giovanni Levi: Santena, a cerca de vinte quilômetros de Turim.[20] Essa forma de história não renuncia à busca de racionalidade em ação nas práticas sociais, mas não a deduz de uma grade funcional ou estrutural. Faz isso partindo da interação entre comportamentos cuja lógica se inscreve num lugar que não é escolhido por sua exemplaridade, mas, ao contrário, por sua banalidade.

Da psico-história à história das mentalidades: uso da psique pela escola dos *Annales*

Os dois fundadores da revista dos *Annales* em 1929, Marc Bloch e Lucien Febvre, são conhecidos principalmente por terem aberto o campo da pesquisa histórica ao domínio econômico e social. A maior

---

20 Levi, *Pouvoir au village*.

parte da obra pessoal de ambos, porém, está ligada a uma região nova do saber histórico: o estudo das mentalidades. Sua obra é nutrida por duas fontes principais: a psicologia, cuja influência era particularmente grande na época entre os historiadores que desejavam renovar sua disciplina – "A história, em suma, é a própria psicologia: é o nascimento e o desenvolvimento da psique"[21] –, e a sociologia durkheimiana. Essa dupla inspiração marca, aliás, de modos diferentes, os dois diretores da revista dos *Annales*.

Lucien Febvre é mais sensível à confrontação entre o homem singular e o universo mental no qual ele age. Abre, assim, uma brecha crítica na história tradicional das ideias, ao situar a tarefa do historiador no nível da articulação entre a obra e as condições sociais e mentais que lhe dão origem. Para realizar a introspecção do universo mental e psíquico, toma, ademais, o indivíduo como terreno de análise, seja ele Lutero, Rabelais ou Margarida de Navarra, ou seja, o campo do concreto singular. A psicologia é, portanto, a grande inspiradora de Lucien Febvre, que reclama uma história dos sentimentos, do amor, da morte, da piedade, da crueldade, da alegria, do medo..., mas logo explica que essa história deve integrar-se num estudo global de uma civilização, e não ficar isolada de suas raízes como objeto separado de seu contexto em grandes generalizações diacrônicas sobre a natureza humana.

No centro da problemática de Lucien Febvre, o binômio indivíduo/sociedade é assim enunciado: "O indivíduo nunca é mais do que aquilo que lhe permitem ser a sua época e o seu meio social".[22] Em Lutero,[23] ele põe em confronto a psicologia de um indivíduo com o universo mental da Alemanha no século XVI. É desse encontro que nasce a Reforma da Igreja, a dissidência com Roma. Ao contrário dos estudos tradicionais, já não se valoriza o peso do indivíduo, mas o que prevalece é o universo mental, ponto de encontro entre aspirações individuais e coletivas. A psicologia retrospectiva ou psicologia histórica tem por vocação reconstituir os esquemas mentais dos períodos passados, romper com a concepção de natureza humana atemporal e imutável, bem como com qualquer forma de anacronismo, ou seja, com a tendência natural a transpor nossas categorias de pensamento,

---

21 Berr, 1911, apud Revel, *Dictionnaire des sciences historiques*.
22 Febvre, *Combats pour l'histoire*, p.211.
23 Id., *Un Destin: Martin Luther*.

sentimentos e linguagem para as sociedades nas quais elas não têm significação alguma ou não têm a mesma. É o sentido de *Rabelais*, publicado em 1942: "Evitar o pecado dos pecados, o pecado entre todos irremissível: o anacronismo".[24] Lucien Febvre interroga-se sobre a possibilidade da descrença no século XVI e opõe-se à tese de A. Lefranc, que faz de Rabelais um racionalista, um livre-pensador. Para Lucien Febvre, o instrumental mental do século XVI não permitia a irrupção de um pensamento lógico que só nasce depois, com o século XVIII cartesiano, com Galileu e a gramática de Port-Royal. Essa descoberta das estruturas do pensamento do século XVI prenuncia o estudo das formações discursivas feito por Michel Foucault.

Marc Bloch compartilha com Lucien Febvre esse interesse por uma história das mentalidades e, na perspectiva de sua construção, também atribui posição central à psicologia. No entanto, Marc Bloch não escreve a mesma história das mentalidades que Lucien Febvre. Sua inspiração principal é outra. Mais que na psicologia, ele se inspirou na antropologia histórica nascente, com a qual conviveu em grande proximidade. Na verdade, ele foi condiscípulo de Louis Gernet e Marcel Granet na École Normale, e com eles se reencontrou na Fundação Thiers, onde estudou de 1909 a 1912. Marc Bloch, nesse trio, sofre influência decisiva de um durkheimismo aberto para a história. Marcel Granet arrasta Marc Bloch em seu interesse pelos ritos, pelos mitos, pela psicologia coletiva comparada, pelos sistemas de crença: temas que vão permitir a eclosão da obra maior e precoce de Marc Bloch, *Os reis taumaturgos* (de 1924).

Marc Bloch não limita sua abordagem do mental ao domínio do pensamento consciente estruturado: perscruta as correlações entre atitudes religiosas e realidades sociais para compreender as implicações sociais da história religiosa e as implicações religiosas da história social. Nessa escrita histórica, a Igreja pertence à fronteira dos dois mundos, o ideal e o material. Assim como Lucien Febvre, Marc Bloch reage contra a concepção passiva do historiador que prevalecia na chamada escola historizante, privilegiando, ao contrário, o questionamento e as hipóteses submetidas à prova dos fatos, e não ditadas por estes. No plano da história das mentalidades, desse ponto de vista ele abre outra perspectiva

---

24 Febvre, *Rabelais ou Le Problème de l'incroyance au XVIe siècle*.

riquíssima, ao concitar o historiador a ser mais atento ao não dito dos documentos: "O que o texto nos diz expressamente deixou hoje de ser o objeto preferido de nossa atenção".[25] Tomando o exemplo das hagiografias escritas na alta Idade Média, mostra que essas vidas de santos não nos ensinam nada sobre as personagens que pretendem reconstituir; em compensação, constituem uma mina para o historiador que se interrogue sobre as categorias mentais da época.

Marc Bloch integra também novas fontes e novos objetos para discernir as mentalidades. Não se limita ao documento escrito, mas enriquece-o com a iconografia e o estudo dos rituais, meios estes de se ter acesso ao inconsciente das práticas sociais. Encontramos aí, tanto nos objetos quanto no intuito hermenêutico, a mesma postura da antropologia. Uma experiência, dessa vez existencial, levou Marc Bloch para o estudo dessas estruturas profundas, dessas categorias mentais: foi a guerra de 1914-1918, da qual ele participa como soldado, mas também como historiador que reflete sobre o que vive: "A guerra foi uma imensa experiência de psicologia social".[26] Com essa experiência, a partir de um procedimento recorrente que ele preconiza como modelo, Marc Bloch interroga a crença coletiva no poder de cura dos reis para concluir que o que existe é uma "gigantesca falsa nova". No entanto, quando estuda seu objeto de história mental, integra-o numa perspectiva global, ampla pelo espaço que abrange, longa pela duração e capaz de integrar todos os aspectos da sociedade sem abandonar o estudo do aspecto político, que, ao contrário, está no próprio cerne do livro.

Bloch interroga-se sobre a força, a vitalidade e a permanência do sentimento de lealdade para com o poder monárquico e vê no caráter sobrenatural deste uma explicação possível. Desse modo lança as bases de uma nova história das ideias, alimentada mais pelos fatos da vida cotidiana do que por obras teóricas. O ritual de cura, de sagração, de unção real, constituem motivos de conflito entre a Igreja e os príncipes seculares. É acerba a luta sobre esse pano de fundo, em que está em jogo a primazia das duas ordens dominantes da sociedade medieval: os que oram e os que guerreiam. E a contestação política ao

---

25 Bloch, *Apologie pour l'histoire*, p.62.
26 Bloch, Refléxions d'un historien sur les fausses nouvelles de la guerre, *Revue de Synthèse Historique*. (Republicado em *Mélanges M. Bloch*, p.57.)

absolutismo será o fator de destruição dessa crença, tanto na Inglaterra, com a Revolução do século XVII, quanto na França, com o desenvolvimento do Iluminismo no século XVIII e a Revolução de 1789. Com os progressos do racionalismo e a derrocada do absolutismo, desaparece uma concepção de universo, e nasce um mundo novo.

Após longa fase de eclipse do interesse pela história das mentalidades, esta volta ao centro do campo de investigação histórica a partir dos anos 1960. O contexto histórico, marcado pelos progressos da descolonização e pelo sucesso intelectual do estruturalismo, vai favorecer o interesse pelas longas extensões imóveis do tempo, pelas permanências, pelas resistências à mudança. É nesse quadro que a história das mentalidades vai provocar espetacular entusiasmo, permitindo que o historiador vista a camisa do etnólogo para construir uma história sociocultural. Essa história das mentalidades desempenha então triplo papel estratégico para os historiadores, em especial para a escola dos *Annales*, que domina o discurso histórico erudito.

Em primeiro lugar, a abordagem em termos de mentalidades possibilita evitar os parâmetros marxistas baseados na sobreposição de dois níveis: a infraestrutura e a superestrutura. Essa distinção induz relações mecânicas de causalidade, mesmo em sua versão mais complexa, a de Althusser. Por seu caráter englobante, o conceito de mentalidade tem a vantagem de situar-se na intersecção dessas duas instâncias. Em segundo lugar, a história das mentalidades é uma resposta dos historiadores à intensa voga do freudismo, presente naqueles anos 1970. Possibilita a instalação no campo psicológico por meio do enraizamento da psicologia individual no coletivo. Os historiadores podem assim ter acesso ao inconsciente das práticas coletivas, resgatar esse domínio considerado inacessível para uma disciplina tradicionalmente descritiva e empírica, limitada à esfera do consciente. Ao resgatar o inconsciente, ao historicizá-lo a partir de seus vestígios, da positividade do vivido, a disciplina histórica pode assim apropriar-se de novos territórios. Em terceiro lugar, a voga estruturalista relega o historiador e sua abordagem diacrônica ao século XIX; esse é um importante desafio para a disciplina histórica, que corre o risco de ser transformada em atividade puramente museográfica. Os historiadores dos *Annales* responderão ingressando no terreno novo e fecundo da história das mentalidades, da antropologia cultural, apossando-se assim do campo de investigação privilegiado dos estruturalistas.

Nessa reorientação do olhar para o campo do mental, constituiu um momento essencial o colóquio organizado na École Normale Supérieure de Saint-Cloud em 1965, sob a presidência de Ernest Labrousse. Contando com um grande grupo de discípulos empenhados na elaboração de monografias regionais para construir, por meio da quantificação, uma história social mais científica centrada nas categorias de grupos e classes sociais, Ernest Labrousse indica uma direção nova de pesquisa, já utilizada pelos sociólogos, ou seja, o estudo daquilo que é mais irredutível à mudança, as mentalidades: "Querem uma confissão? [...] Pois bem, até agora fizemos a história dos movimentos, e não fizemos suficientemente a história das resistências [...]. A resistência das mentalidades vigentes é um dos grandes fatores da história lenta".[27]

Muitos dos estudiosos labroussianos abandonaram então seus campos de estudos sociográficos e os reorientaram para um estudo do aspecto mental. Esse itinerário, que leva do porão ao sótão – retomando a expressão de Michel Vovelle –, do estudo das estruturas econômicas e sociais à história das mentalidades, foi percorrido por toda uma geração de historiadores. A longa duração encontrará nele um domicílio ideal, e o mesmo ocorrerá com a abordagem serial importada dos métodos em uso até então na investigação das curvas demográficas e econômicas.

Podem-se, porém, distinguir duas abordagens do domínio das mentalidades, segundo se encare esse novo terreno como um meio de aperfeiçoar e enriquecer a história social, ou, ao contrário, como alavanca para escapar dela. Georges Duby considera que a história das mentalidades constitui o que há de mais avançado em história social, ponto de junção entre o ideal e o material. O historiador das mentalidades tem como objeto privilegiado detectar discordâncias, múltiplas discrepâncias entre realidade social e representações. Já em 1961, define a situação das mentalidades na disciplina histórica.[28] Não a vê como uma entidade independente, mas, ao contrário, considera que não podemos nos abster da relação entre aquilo que os marxistas chamam de infraestrutura e superestrutura.

---
27 Labrousse, *L'Histoire sociale*, p.5.
28 Duby, L'histoire des mentalités. In: *L'Histoire et ses méthodes*.

O mental, para Georges Duby, tem sua própria temporalidade, por ele subdividida segundo os parâmetros braudelianos em três ritmos: um rápido, das emoções de um momento, de uma conjuntura, do rumor à pequena frase em seus ecos momentâneos; depois, a evolução dos comportamentos e das crenças comungadas por um grupo social determinado; e, na duração mais longa, os esquemas mentais mais resistentes às mudanças, a herança cultural, o sistema de crenças ou modelo de comportamento que perdura para além do acontecimento.

Para promover a história das mentalidades, Georges Duby precisou mudar o alvo de atenção do historiador, da narração dos fatos passados, da busca da veracidade dos vestígios deixados a partir das genealogias, hagiografias e crônicas, voltando-a para o estudo, a partir dessas mesmas fontes, das representações que uma época tem de si mesma, de sua história, em sua subjetividade. A fonte deixa de ser um anteparo entre o historiador e o real que deve ser resgatado; torna-se o próprio objeto da construção da transparência. As mentalidades não são então concebidas como simples objeto suplementar graças ao qual o território do historiador possa estilhaçar-se em fragmentos díspares; elas tornam ao mesmo tempo mais difícil e mais excitante a exigência de resgate do conjunto, da coerência.

Da mesma maneira, quando define o lugar da história das mentalidades, Michel Vovelle a integra no âmbito de uma história global. O conceito de mentalidade tem a vantagem de ir mais longe, de abranger uma dimensão maior que o conceito de ideologia. Possibilita a transição do estudo do consciente, daquilo que é formulado claramente pelas instituições ou pelos indivíduos àquilo que não é formulado, às atitudes e representações inconscientes. O universo mental deve, pois, levar em conta o aspecto ideológico ao mesmo tempo que o supera, ao passo que, com demasiada frequência, ele é apresentado como um magma informe sem articulação possível. A complexidade é particularmente grande nesse duplo movimento de ação e retroalimentação entre o real e o imaginário.

Quanto à temporalidade das mentalidades, ela evolui em geral num ritmo mais lento que a sociedade, como analisou Marx. Por isso, houve quem a qualificasse de "prisão de longa duração", como Fernand Braudel, ou de "resistência", como Ernest Labrousse. No entanto, Michel Vovelle destaca o aspecto inovador dos sistemas de representação: "Ao contrário, devemos falar da real criatividade desse imaginário".²⁹ Contudo, foi outro uso da história das mentalidades que prevaleceu em grande parte nos anos 1970: o de, pela articulação entre o biológico e o cultural, encontrar a natureza humana, os vestígios do inconsciente coletivo. Essa visão possibilita que nos instalemos no terreno da psicanálise, recobrindo/ocultando a história social. A história das mentalidades é então um fenômeno "no qual o inconsciente coletivo, favorecido pelas culturas orais e recalcado pelas culturas escritas, substituiria o inconsciente individual de Freud, ou se sobreporia a ele".³⁰

Uma concepção mais junguiana que freudiana é então mobilizada para descobrir os arquétipos, as invariantes transistóricas da natureza humana: "A meu ver, as grandes derivas que arrastam as mentalidades, atitudes diante da vida e da morte, dependem de móbeis mais secretos, mais entranhados, no limite entre o biológico e o cultural, ou seja, no inconsciente coletivo".³¹

Philippe Ariès trabalha de modo independente nesse campo, sendo na França um verdadeiro precursor na exploração das mentalidades. Publicou já em 1948 sua *Histoire des populations françaises et de leurs attitudes devant la vie* [*História das populações francesas e de suas atitudes diante da vida*]. Seu modo de ver é profundamente nostálgico em relação à sociedade tradicional de ontem, a ponto de às vezes apresentar a imagem mistificada de uma idade de ouro. Seu estudo assemelha-se a variações em torno de um único tema, o da evolução interna da ideia de infância, da família e dos comportamentos daí resultantes. Nesse aspecto, a contribuição de Philippe Ariès está longe de ser desprezível, pois ele abre caminhos novos na investigação histórica, ainda que permaneça num nível descritivo do universo mental. Esquivando-se à questão do porquê, ou pelo menos dando-lhe uma resposta insatisfatória, ele tem o mérito de nos dizer o como. Encontra-se depois o mesmo procedimento serial no seu trabalho sobre a morte ao longo da história ocidental. Nela acompanhamos as oscilações do inconsciente coletivo segundo os mecanismos de adaptação, de virada e de inversão dos significantes.

---

29 Vovelle, *Idéologies et mentalités*, p.23.
30 Ariès, *La Nouvelle Histoire*, p.423.
31 Id., *Essai sur l'histoire de la mort en Occident*, p.222.

O problema das extrapolações

A questão fundamental, que permeia as relações da disciplina histórica com a psicanálise, consiste em saber se o historiador deve limitar-se a casos individuais em suas extrapolações sobre o inconsciente ou se pode elaborar generalizações coletivas. Esse tipo de transposição, um tanto selvagem, de considerações psicanalíticas para o campo da história foi amplamente praticado, sobretudo nos anos 1970. Em sua aula inaugural no Collège de France, Emmanuel Le Roy Ladurie reconhece a influência de Freud sobre sua abordagem, o Freud dos primeiros anos, ao contrário do que ocorre com os althusserianos, que só consideram o Marx da maturidade: "Para nós, Sigmund Freud nunca foi velho. Nem mesmo maduro".[32] Essa influência é dupla sobre o trabalho histórico: a obra freudiana é a que mais serve para compreender certas revoltas populares, como expressão de uma histeria de conversão, e, por outro lado, permite captar os efeitos traumáticos do controle de natalidade: "Nos dois casos, ficamos no Freud dos primeiros anos, antes da descoberta do complexo de Édipo, no homem das *Cartas a Flies* e dos *Estudos sobre a histeria*".[33] Assim, em sua tese sobre os camponeses de Languedoc, Le Roy Ladurie apresenta a revolta dos camisardos contra Luís XIV como a expressão de uma histeria de conversão. Nesse caso, a neurose teria nascido do recalque sexual imposto pelos huguenotes e desembocado num fanatismo sangrento: "Há sobretudo entre sabás e revoltas certas semelhanças profundas, no nível das estruturas mentais e do psiquismo inconsciente".[34]

Preconizando uma antropologização da história religiosa, Alphonse Dupront vê nos arquétipos do inconsciente coletivo o meio de escapar à temporalidade e de ter acesso a verdadeiras invariantes a-históricas: "Longa duração e eternidade ou, melhor, extratemporalidade na verdade costumam ser confundidas no mental coletivo".[35] Em seu modo de ver, as pulsões estão na base do sacro intra-humano, e ele as define como resultante da "vida do irracional na alma coletiva".[36] Essa

---

32 Le Roy Ladurie, Leçon inaugurale au Collège de France. *Le Territoire de l'historien*, p.11.
33 Ibid., p.12.
34 Le Roy Ladurie, *Les Paysans de Languedoc*.
35 Dupront, *Faire de l'histoire*, p.106.
36 Ibid., p.110.

valorização do inconsciente coletivo terá sido a razão do sucesso de uma história psicanalítica cujo preconizador foi Alain Besançon. Ele também defende uma concepção fixista que se desenvolve a partir de um postulado de partida, segundo o qual o inconsciente funciona em todos de acordo com as mesmas regras, permitindo fazer generalizações sobre uma natureza humana inconsciente e imutável: "A psicanálise me parece estar ao lado de quem afirma que o homem não muda. Essa é a própria condição de seu exercício como método histórico".[37] Essa perspectiva permite que Alain Besançon reduza toda manifestação histórica à expressão de um inconsciente coletivo que torna derrisória qualquer veleidade de mudança.

No entanto, há exemplos mais probantes das interferências entre história e psicanálise. Podem-se citar os trabalhos de Erickson sobre Lutero. O autor da Reforma teria reproduzido em sua dissidência da Igreja Romana as relações conflituosas que tinha com o pai. Nesse caso exato, Erickson utiliza o método analógico, como especialista no tratamento de crianças afetadas pelo meio familiar. Transpõe então suas observações para a sociedade alemã do século XVI, na pessoa de Martinho Lutero. O pai deste queria transformá-lo em digno herdeiro de uma grande família capitalista envolvida na extração de minas argentíferas e fica consternado ao saber que o filho quer ingressar no convento, itinerário geral das famílias modestas. Entra então num estado de cólera permanente contra o filho Martinho e o amaldiçoa. Erickson enxerga nessa rejeição paterna e na desesperança que ela provoca no filho o fundamento da vida protestante, austera, sobre um pano de fundo trágico, defendido contra Roma pelo monge Martinho Lutero. Esse ponto de vista sem dúvida é interessante e apropriado a um caso individual, mas não diz nada sobre as razões da ressonância encontrada por Lutero em sua denúncia das pompas romanas e das indulgências. Falta à sua análise toda a dimensão sócio-histórica, sem a qual não se pode compreender o sucesso do protestantismo. Seu Lutero torna-se atemporal.

Por sua vez, Michel de Certeau, grande especialista das duas disciplinas – a histórica e a psicanalítica –, realizou estudos interessantes, situados na inter-relação entre ambas. Ele tem o mérito de trabalhar na interface dos dois procedimentos, ao mesmo tempo que respeita as

---

37 Besançon, *L'Histoire psychanalytique*, p.11.

fronteiras implícitas, evitando assim as generalizações abusivas. Com seu estudo sobre a possessão de Loudun, analisa um caso-limite que remete, porém, à história social ao mostrar como o saber médico se implanta diante do ponto de vista teológico. Ele reconstitui a busca inextricável das relações entre o oculto e o ostensivo: "Tomo Loudun mais ou menos como Freud toma um lapso num discurso. Há entre Loudun e a sociedade contemporânea uma espécie de sintoma num sistema dado".

Uma exigência semelhante do historiador e do analista

Embora seja possível a colaboração entre os dois continentes do saber que são a prospecção do inconsciente do ponto de vista psicanalítico e a da temporalidade pela história, isso só ocorre desde que se evitem os usos abusivos, a adoção inconsiderada dos conceitos e dos métodos da outra. O historiador, assim como o analista, está diante da mesma aporia. Nenhum dos dois pode ressuscitar o passado a não ser por meio da mediação de seus vestígios. É tão impossível o analista ter acesso ao real quanto é impossível o historiador ressuscitar a realidade do passado. Ambos precisam segurar as duas extremidades da cadeia: a realidade externa e seu impacto interno, para tentar abordar seu objeto. Por sua vez, o historiador ainda precisa aprender com o analista o caráter fundamentalmente clivado do homem. Quanto ao psicanalista, deve renunciar a acreditar na existência de categorias trans-históricas. É o que mostra muito bem Jean-Pierre Vernant a Pierre Kahn ao lembrar-lhe que o sujeito antigo é muito diferente do sujeito moderno: "A experiência de si não é orientada para dentro, mas para fora. O indivíduo procura-se e acha-se no outro".[38] A consciência de si ainda não é a experiência de um eu, mas passa por um ele.

O historiador e o psicanalista só avançarão juntos se preservarem o horizonte teórico da globalidade, o que não significa em absoluto a referência a uma totalidade de tipo magma, mas, ao contrário, a busca de melhor articulação entre seus respectivos procedimentos.

---

38 Vernant, *Revue Espaces*, primavera 1986.

14
Barthes, Lacan, Foucault: o autor, a estrutura[1]

A atividade estruturalista foi no mínimo paradoxal, uma vez que fala em nome de mestres do pensamento, verdadeiros gurus do mundo intelectual – Barthes, Foucault, Lacan, Althusser, Lévi-Strauss... – no momento em que se teoriza acerca da morte do homem, do apagamento do sujeito, da obliteração do autor. Na base desse paradoxo, pode-se discernir o intuito literário de autores que optaram pelas ciências sociais para exprimir-se de maneira criativa. A acomodação cada vez mais rápida das vanguardas culturais incita certo número de autores dos anos 1960 a escolher um terreno de extraterritorialidade não acomodável. A crise do romance amplificou o fenômeno, a ponto de se poder perguntar se o verdadeiro romance daqueles anos 1960 não terá sido a escrita das ciências sociais.

Fundamentação da cientificidade de um terceiro discurso

A esperança de renovação científica das ciências sociais encontrou na linguística estrutural o método e a linguagem comum capazes de

[1] Artigo publicado em *L'Auteur à l'oeuvre*, textos coligidos por Patrick di Mascio, p.11-43.

impor mudanças. A linguística mostrou-se então como modelo para toda uma série de ciências carentes de formalismo. Difundiu-se aos poucos para a antropologia, a crítica literária e a psicanálise, renovando profundamente o modo de questionamento filosófico.

Os setores mais afetados pelo contágio linguístico foram disciplinas que se encontravam numa situação ainda precária no plano institucional ou que estavam em busca de uma identidade marcada por contradições internas entre suas pretensões à positividade científica e sua relação com o plano político, como a sociologia, e também por aquelas que, tais como os estudos literários ou a filosofia, estavam plenamente empenhadas numa disputa entre antigos e modernos. Essa conjunção contribuiu para atenuar as fronteiras entre disciplinas. O estruturalismo apresentou-se como um projeto unificador: "Pareceu necessário, no fim dos anos 1960, unificar as diversas tentativas de renovação das ciências humanas numa única corrente, senão numa única disciplina, mais geral que a linguística".[2] Essa tentação foi mais claramente expressa por Roland Barthes, que preconizou uma semiologia geral capaz de agrupar todas as ciências humanas em torno do estudo do signo.

A modernização conjuga-se nesse momento com a interdisciplinaridade, pois é necessário violar as sacrossantas fronteiras para deixar penetrar o modelo linguístico em todo o campo das ciências humanas. A partir do momento em que tudo é pleno de linguagem, em que somos todos plenos de linguagem, o mundo é linguagem. Essa interdisciplinaridade que infringe o modelo humboltiano de universidade, no qual cada disciplina ocupa seu lugar dentro de limites estritos, e está ligada à deslegitimação das metanarrativas, provoca um verdadeiro entusiasmo por todas as variantes do formalismo, por um saber imanente a si mesmo. A palavra-chave do período é comunicação, que, além da revista *Communication*, lembra a euforia multidisciplinar da época.

Lévi-Strauss foi o primeiro a formular esse programa unificador das ciências humanas já no pós-guerra. Evidentemente, a constelação por ele elaborada gravitava em torno de uma antropologia social da qual ele era representante e que, única, podia levar a termo aquela empresa totalizadora. O que, para Lévi-Strauss, baseia a vocação parti-

---

[2] Pavel, *Le Mirage linguistique*, p.61.

cular da antropologia é sua capacidade de encontrar-se na intersecção das ciências da natureza com as ciências humanas, e nesse sentido a antropologia "não se desespera por acordar entre as ciências naturais no dia do Juízo Final".[3]

Respaldado em seu frutífero encontro com Jakobson nos Estados Unidos durante a guerra, Lévi-Strauss atribui lugar privilegiado ao modelo linguístico em seus estudos antropológicos. Em sua busca de invariantes, em suas desconstruções paradigmáticas e sintagmáticas, retoma em seus próprios termos os ensinamentos da fonologia de Jakobson: as oposições binárias, os desvios diferenciais. Com ele, a linguística transformará um campo do saber especialmente fecundo no pós-guerra. Embora, graças ao privilégio atribuído à linguagem e à decifração dos signos, Lévi-Strauss oriente a antropologia para uma direção cultural, nem por isso abandona sua ambição à unidade. Sua busca das demarcações mentais visa também ao terreno biológico. A totalidade à qual ele aspira, retomando assim à sua maneira a ambição de construção do "fato social total" de Marcel Mauss, visa, portanto, abarcar todo o campo científico e finalmente fazer da antropologia estrutural A Ciência do Homem, congregadora de ciências que teriam se tornado auxiliares, armada de modelos lógico-matemáticos, da contribuição da fonologia e de um terreno de investigação sem fronteiras que englobe num mesmo olhar as sociedades sem história, sem escrita, com as dimensões do planeta.

O antropólogo pode então ter acesso ao inconsciente das práticas sociais, pode reconstituir as combinatórias complexas das regras em vigor em todas as sociedades humanas. É de entender que tal ambição tenha representado um importante desafio para todas as ciências que tinham o homem como objeto, e que tenha suscitado reações no sentido da concorrência com tal programa a partir de outras posições do saber ou, ao contrário, de apoiar-se nessa dinâmica conquistadora a fim de ganhar uma posição para disciplinas ainda marginais que estavam à cata de legitimidade. O descomedimento da ambição assim definida está à altura da dificuldade enfrentada pela antropologia em seus primórdios para situar-se institucionalmente. Se a antropologia,

---

[3] Lévi-Strauss, Leçon inaugurale au Collège de France, 5 jan. 1964. In: *Anthropologie structurale II*. p.27.

sozinha, não conseguiu romper o isolamento das ciências do homem, o estruturalismo, que assumiu seu posto, foi na verdade o paradigma comum, mesmo não sendo uma escola comum a toda uma série de disciplinas que desembocassem no mesmo sentido de construção de uma ciência total unificada.

A vez da psicanálise

Foi num contexto de crise declarada que Lacan proferiu, em 1953, o seu Relatório de Roma. Ele precisava abrir um caminho atraente, uma via francesa para o inconsciente. A fim de vencer esse desafio, era preciso buscar alicerces, respaldo institucional e teórico. Lacan sai à cata de pontos de apoio. Tem então a preocupação de imprimir um segundo alento à psicanálise, de deter a crise por meio de uma estratégia ofensiva e dinâmica de alianças. Se Lacan faz fogo cerrado, por outro lado utiliza todos os projéteis intelectuais à disposição, sempre que lhe convenha.

O Relatório de Roma é ao mesmo tempo um retorno a Freud, revisto por Hegel, Heidegger, Lévi-Strauss, e uma pitada de Saussure. Naquela época Lacan já havia aumentado sua esfera de influência, pois era uma das personalidades psicanalíticas mais notórias da França, e, para dar seus seminários, troca o domicílio de sua mulher Sylvia pelo anfiteatro do Hospital Saint-Anne. Para definir essa nova doutrina em gestação, freudismo renovado, apresentada pela nova Sociedade Francesa de Psicanálise (SFP), Lacan apoia-se então explicitamente no paradigma estruturalista que se apresenta como a própria expressão da modernidade em ciências sociais. Lacan incita a reencontrar o sentido da experiência psicanalítica. Assume a ambição da levá-la ao nível de ciência: "Não haveria melhor modo de chegar a esse fim, a não ser voltar à obra de Freud".[4] Isso significa inicialmente distanciar-se dos destinos da psicanálise nos Estados Unidos, onde ela se perdeu no pragmatismo. Lacan denuncia o behaviorismo ali praticado, cuja finalidade é a simples adaptação do indivíduo às normas sociais, bem como a função de ordem e normalização representada pelos trabalhos de Erich Fromm e Sullivan, entre outros.

---

4 Lacan, Rapport de Rome, 1953; *Écrits I*, p.145.

Esse retorno deve ocorrer a partir de uma atenção especial à linguagem: "A psicanálise só tem um meio: a fala do paciente. A evidência do fato não nos escusa de negligenciá-lo".[5] Nesse domínio, Lacan justifica sua prática da escansão da sessão e opõe à parada cronométrica a lógica interna da trama do discurso do paciente. A prevalência atribuída à linguagem é afirmada com força e clareza: "É o mundo das palavras que cria o mundo das coisas".[6] A análise desempenha em primeiro lugar uma função simbólica, e Lacan baseia-se nas *Estruturas elementares do parentesco*, de Lévi-Strauss: "A lei primordial é, portanto, a que, regulando a aliança, sobrepõe o reino da cultura ao reino da natureza entregue à lei do *acoplamento*. O interdito do incesto é apenas seu pivô subjetivo [...]. Essa lei se dá, pois, suficientemente a conhecer como idêntica a uma ordem de linguagem".[7]

Lacan, numa abordagem inspirada na filosofia de Heidegger, considera que a noção de ciência se perdeu a partir do *Teeteto*, numa lenta degradação acentuada pela fase positivista, que pôs o edifício das ciências do homem a serviço das ciências experimentais. A reação, a volta às fontes, deve provir da linguística, que, para Lacan, já em 1953, encontra aí seu papel de ciência-piloto: "A linguística pode nos servir de guia, pois esse é o papel que ela recebe em linha reta da antropologia contemporânea, e não poderíamos ficar indiferentes a isso".[8] Há uma referência explícita a Lévi-Strauss que, na opinião de Lacan, avançou mais no terreno do inconsciente freudiano que os psicanalistas profissionais, e a chave de seu sucesso está na implicação das estruturas da linguagem, sobretudo fonológicas, nas regras de aliança.

A releitura de Freud feita por Lacan insere-se na filiação saussuriana, com prevalência da dimensão sincrônica: "A referência, enfim, à linguística nos introduzirá no método que, distinguindo as estruturações sincrônicas das estruturações diacrônicas na linguagem, pode possibilitar compreender melhor o valor diferente que nossa linguagem assume na interpretação das resistências e da transferência".[9] Nesse

---

5 Ibid., p.123.
6 Ibid., p.155.
7 Ibid., p.156.
8 Ibid., p.165.
9 Ibid., p.168.

sentido, ele participa também plenamente do paradigma estruturalista e incita a uma nova leitura de Freud que já não considere essencial a teoria dos estágios sucessivos, mas remeta estes últimos a uma estrutura edipiana básica, caracterizada pela universalidade, autônoma em relação às contingências temporais e espaciais, já antes da história.

Ao contrário de Saussure, cujo objeto privilegiado era a língua, Lacan privilegia a fala, deslocamento que se tornou necessário na prática do tratamento. Mas essa fala nem por isso representa a expressão de um sujeito consciente, senhor do seu dizer; ao contrário: "Identifico-me na linguagem, mas só para nela me perder como objeto".[10] Essa fala está separada para sempre de qualquer acesso ao real; ela veicula apenas significantes que se remetem uns aos outros. O homem, portanto, só existe graças à sua função simbólica, e é por meio dela que deve ser apreendido. Lacan apresenta, portanto, uma inversão radical da ideia de sujeito pensado como produto da linguagem, como seu efeito, o que implica a famosa fórmula segundo a qual "o inconsciente é estruturado como uma linguagem". Logo, não há por que buscar essência humana em outros lugares, senão na linguagem. É o que Lacan quer dizer quando afirma que "a língua é um órgão"; "o ser humano caracteriza-se pelo fato de que seus órgãos estão fora dele".

Lacan, em seu discurso de Roma, opõe essa função simbólica, que funda a identidade do homem, à linguagem das abelhas, que só vale pela fixidez da relação estabelecida com a realidade que ela significa. Lacan vê, pois, no signo saussuriano, separado do referente, o núcleo quase ontológico da condição humana: "Se quisermos caracterizar essa doutrina da linguagem, precisaremos dizer em suma que ela é abertamente criacionista. A linguagem é criadora".[11] Para Lacan, a existência humana não tem outro lugar senão nesse nível simbólico, e assim, naturalmente, acaba convergindo para Saussure e Lévi-Strauss em razão da prevalência atribuída à linguagem, à cultura, ao intercâmbio, à relação com o outro.

Em Roma, Lacan equipou-se e apropriou-se da cientificidade da linguística. Desse modo, oferecia à psicanálise a possibilidade de desafiar a filosofia, aproximando-se dela, desmedicalizando a abordagem do inconsciente e preconizando, ao contrário, o inconsciente como

---

10 Lacan, Rapport de Rome, *Écrits I*, p.181.
11 Sichère, *Le Moment lacanien*, p.59.

discurso. Era um novo desafio lançado à filosofia, vindo de uma psicanálise renovada, revitalizada, que pretendia substituir o discurso filosófico.

Em 1953, Lacan conhecia Saussure sobretudo indiretamente, por meio da obra de Lévi-Strauss. Depois de 1953, aprofunda a questão ao trabalhar diretamente com base no *Curso de linguística geral*. Essa segunda leitura lhe propicia todo um vocabulário novo, oriundo de Saussure, do qual ele se apropria, divulgando-o com estardalhaço em 1957 em *L'Instance de la lettre dans l'inconscient*. Nesse importante texto, Lacan baseia-se totalmente na linguística estrutural e cita com fervor tanto Saussure quanto seu amigo Jakobson, que vai visitá-lo regularmente em Paris, onde se hospeda na casa da mulher de Lacan, Sylvia. Lacan situa-se então no âmago do saussurianismo, cuja conceituação retoma, ainda que adaptada à sua finalidade: "É toda a estrutura da linguagem que a experiência psicanalítica descobre no inconsciente".[12] Em Saussure, retoma o algoritmo que, segundo ele, funda a cientificidade da linguística: "O signo escrito assim merece ser atribuído a Saussure",[13] só que impõe ao algoritmo saussuriano certo número de modificações que dizem muito sobre a perspectiva lacaniana. Modifica sua simbolização ao atribuir maiúscula ao significante e ao relegar o significado à minúscula.

No mesmo espírito, graças à sua prevalência, o significante passa para o alto da barra, ao contrário do que acontece em Saussure. Ele dá sumiço às setas que, no *Curso de linguística geral*, indicavam a relação recíproca entre as duas faces do signo, seu caráter indissociável, como o verso e o reverso de uma folha de papel. Por fim, ainda que persista a barra saussuriana, Lacan não lhe dá o significado de estabelecimento de relação entre o plano do significante e o do significado, mas, ao contrário, de "uma barreira resistente à significação".[14]

Os linguistas, portanto, têm motivos para ficar perplexos diante desse uso de Saussure, mas captaram o ponto de vista de Lacan, que também aí participa plenamente do paradigma estruturalista, esvaziando ainda mais radicalmente o referente, relegando o significado à posição acessória, significado submetido à cadeia significante num mo-

---

12 Lacan, L'instance de la lettre dans l'inconscient, *Écrits I*, p.251.
13 Ibid., p.253.
14 Ibid., p.254.

vimento em que Lacan introduz "a noção de deslizamento incessante do significado por sob o significante".[15] O sujeito é descentrado, efeito do significante que se remete a outro significante; ele é o produto da linguagem que nele fala. O inconsciente torna-se, pois, efeito de linguagem, de suas regras, de seu código: "O *cogito* filosófico está no foco dessa miragem que torna o homem moderno tão seguro de ser ele mesmo em suas incertezas sobre si mesmo"; "Penso onde não sou, logo sou onde não penso".[16]

Essa nova visão de sujeito descentrado, clivado, é totalmente coerente com a noção de sujeito que na época valia para os outros campos estruturalistas das ciências do homem. Esse sujeito é, de algum, modo uma ficção que só tem existência graças à sua dimensão simbólica, ao significante. Embora haja prevalência do significante sobre o significado, não se trata de esvaziar o significado. Resta, pois, uma interação entre esses dois planos diferentes, que Lacan põe em referência com a descoberta freudiana do inconsciente, o que faria de Freud, na opinião de Lacan, o primeiro estruturalista. O significante chega a submeter o significado a uma espécie de paixão. Como se pode verificar aqui, Lacan submete os conceitos de Saussure a certo número de torções, e, se a noção de deslizamento do significado por sob o significante não tinha sentido algum para Saussure, do mesmo modo a noção de inconsciente lhe escapava. Lacan retoma as duas grandes figuras de retórica já utilizadas por Jakobson – metáfora e metonímia –, para explicar o desenvolvimento do discurso, e equipara esses dois procedimentos ao mecanismo de funcionamento do inconsciente que, estruturado como linguagem, se situa em total isologia em relação às regras desta.

O homem: uma figura transitória e efêmera

A metáfora da figura do homem a apagar-se em *As palavras e as coisas*, de Michel Foucault, é bem conhecida. Desaparece o homem sujeito de sua história, homem que age e tem consciência de sua ação. Essa figura só aparece em data recente, e sua descoberta prenuncia

---

15 Ibid., p.260.
16 Ibid., p.276-7.

seu fim próximo. Sua situação central no pensamento ocidental não passa de ilusão dissipada pelo estudo dos múltiplos condicionamentos por ele sofridos. O homem é assim descentrado, rebaixado à periferia das coisas, submetido a influências, até se perder na escuma dos dias: "O homem sem dúvida nada mais é que certa laceração na ordem das coisas [...] o homem não passa de invenção recente, de figura que não conta dois séculos, simples ruga no nosso saber".[17] Foucault empenha-se, portanto, em historicizar o advento dessa ilusão que seria o homem e que só nasceria neste mundo no século XIX. O que existia na era grega eram os deuses, a natureza, o cosmos; não havia lugar para um pensamento do sujeito responsável. Na problemática platônica, a falta é atribuível a um erro de julgamento, à ignorância, e não à responsabilidade individual.

Da mesma maneira, na episteme clássica, o homem não tem lugar. Nem o humanismo do Renascimento nem o racionalismo dos clássicos puderam pensar o homem. Foi preciso esperar uma fratura na configuração do saber para que o homem estivesse no coração do campo do saber. Depois, a cultura ocidental passa a ser aquela que atribui maior papel ao homem. Este aparece numa situação central, de rei da criação, referente absoluto de todas as coisas. Essa fetichização aparece especialmente numa forma filosófica, com o ego cartesiano que introduz o sujeito como substância, receptáculo de verdades. Ela inverte a problemática do erro e da falta, tal como funcionava na Antiguidade e ainda na escolástica medieval: "A subordinação se inverte, e é o esquema do erro que se relativiza em relação ao da falta: enganar-se [...] é afirmar livremente, por meio da vontade livre e infinita, conteúdos de sentido do entendimento que permanecem confusos".[18] No entanto, como observa Foucault, depois de Freud esse homem sofreu, na história do pensamento ocidental, algumas grandes feridas narcísicas. Copérnico, ao descobrir que a terra não estava no centro do universo, revolucionara o campo do pensamento e deslocara a soberania primitiva do homem. Darwin, ao descobrir que à porta do homem está o macaco, rebaixa o homem ao estágio de episódio num tempo biológico que o ultrapassa. Depois, Freud descobre que o homem não pode se conhecer sozinho, que não é plenamente cons-

---

17 Foucault, *Les Mots et les choses*. p.15.
18 Benoist, *La Révolution structurale*, p.202.

ciente e que se comporta sob a determinação de um inconsciente ao qual não tem acesso mas que torna inteligível seus feitos e gestos.

Portanto, o homem foi sendo, por etapas, desapossado de seus atributos, mas assenhoreou-se dessas rupturas no campo do saber para transformá-las em instrumentos de restituição de seu reino. Assim, no século XIX mostrou-se em sua nudez, na confluência de três formas de saber, como objeto concreto e perceptível, com o aparecimento da filologia de Propp, da economia política com Smith e Ricardo e da biologia com Lamarck e Cuvier. Aparecia então a figura singular de um sujeito vivo, que falava e trabalhava. O homem teria então nascido dessa tripla resultante, ocupando o lugar central desses saberes novos, figura obrigatória desses dispositivos de conhecimento, o significado comum a todos eles. Pôde então instalar-se de novo numa posição soberana em relação à natureza. A astronomia possibilitou a física; a biologia possibilitou a medicina; o inconsciente possibilitou a psicanálise. Mas essa soberania, para Foucault, ao mesmo tempo que é recente, está fadada a desaparecer e é ilusória. Na esteira de Freud, que descobriu o inconsciente das práticas do indivíduo, e de Lévi-Strauss, que se volta para o inconsciente das práticas coletivas das sociedades, Foucault sai em busca do inconsciente das ciências que acreditamos habitadas por nossas consciências.

É essa a revolução copernicana que ele acaba de realizar para desmistificar o humanismo, que, segundo ele, é a grande perversão do período contemporâneo: "Nossa Idade Média na era moderna é o humanismo".[19] O papel mais importante do filósofo, de acordo com Foucault, é, pois, eliminar o obstáculo epistemológico constituído pelos privilégios atribuídos ao *cogito*, ao sujeito como consciência e substância. Foucault teoriza, portanto, plenamente sobre a constituição de uma verdadeira base filosófica que interligue as diversas semióticas, que têm todas o texto como ponto cardeal, e submeta o homem a uma rede que o dissolva contra a sua vontade: "Acabar com o velho filosofema da natureza humana, com esse homem abstrato".[20] Essa é a perspectiva de Foucault, associada à de Lévi-Strauss, que também falava da figura fugaz do homem: "O mundo começou sem o homem

---

19 Foucault, *France-Culture*, jun. 1984.
20 Benoist, *La Révolurion structurale*, p.27.

e acabará sem ele".[21] Aliás, Foucault presta homenagem a Lévi-Strauss quando, graças à etnologia, ele possibilita dissolver o homem, desfazer uma a uma todas as suas tentativas de positividade. A etnologia e a psicanálise ocupam lugar de destaque em nosso saber moderno, constata Foucault: "Pode-se dizer de ambas aquilo que Lévi-Strauss dizia da etnologia: elas dissolvem o homem".[22]

Essa nota de falecimento, cuja parábola Foucault elaborou, pode parecer paradoxal na hora da explosão das ciências humanas, mas Foucault concebe a psicanálise e a etnologia como "contra-ciências",[23] e a posição valorizada que atribui a estas enquadra-se no paradigma estruturalista que lhes deu proeminência como chaves maiores da inteligibilidade moderna. Nesse plano, a revolução estrutural é "guardiã da ausência do homem".[24]

A morte do autor em Barthes

A luta homérica mais reveladora de tudo o que estava em jogo no período, luta que opunha a nova crítica à antiga Sorbonne, foi travada entre Roland Barthes e Raymond Picard a respeito do clássico dos clássicos, Racine, que se transformou em pivô do litígio, motivo de escândalo.

A velha Sorbonne se deixaria desapossar de seu patrimônio exatamente por aqueles que não faziam nenhuma distinção de valor entre garatujas em papel jornal e joias da literatura nacional? A provocação era evidente demais para ficar sem resposta; a *francidade* estava sendo ultrajada. A confrontação situa-se num momento privilegiado, em meados da década de 1960, num terreno dileto, a tragédia, e opõe dois protagonistas com situações opostas: Raymond Picard, da venerável Sorbonne, e Roland Barthes, que fala de uma instituição moderna porém marginal. Portanto, estão reunidos todos os ingredientes para que o duelo seja amarrado com os fios das grandes peças racinianas. Essa disputa vai marcar época, e os campos respectivos vão usá-la como insígnia para abrir suas trincheiras; ela será o momento de implicação,

---

21 Lévi-Strauss, *Tristes tropiques*. p.447.
22 Foucault, *Les Mots et les choses*, 1966, p.390-1.
23 Ibid., p.391.
24 Benoist, *La Révolution structurale*, p.38.

a fonte da identidade clivada de uma história literária, agora às voltas com a confrontação de duas linguagens estranhas entre si.

Já em 1960 Roland Barthes publica, por um lado, *L'Homme racinien* [*O homem raciniano*], pelo Club Français du Livre, e, por outro, um artigo sobre Racine, publicado na revista dos *Annales*,[25] esses dois estudos e um terceiro, sobre o mesmo tema, têm grande sucesso de público em 1963, quando de sua publicação na editora Le Seuil com o título *Sur Racine* [*Sobre Racine*]. Que a nova crítica tratasse do *nouveau roman* era coisa que ainda podia ser tolerável do ponto de vista da Sorbonne, mas que ela se apossasse do cantor do classicismo e da tradição, para fazer com ele as experiências diabólicas de sua análise, mistura de métodos linguísticos, visão psicanalítica e ambição antropológica, era algo que beirava o escândalo. Aliás, Barthes ataca a tradição de frente, sem rodeios: "Se quisermos fazer história literária, precisaremos renunciar ao indivíduo Racine".[26] A publicação do artigo de Barthes na revista dos *Annales* é reveladora da filiação em que se enquadra a sua abordagem da história literária, que fala em nome de Lucien Febvre contra os defensores do positivismo literário. Ele retoma em seus próprios termos a luta de Lucien Febvre contra a história historizante, contra a prevalência do acontecimento, para defender a necessária dissociação entre a história da função literária e a história dos homens de letras. Para isso, Barthes retoma as problematizações esboçadas por Lucien Febvre ao formular o desejo de um estudo do meio no qual se encontre o escritor, em ligação com seu público, e, mais geralmente, dos fatos de mentalidade coletiva, o que Lucien Febvre chamava de instrumentos mentais de uma época: "Em outras palavras, a história literária só será possível se for sociológica, se tiver interesse pelas atividades e pelas instituições, não pelos indivíduos".[27]

Barthes retoma a ideia da revista dos *Annales* sobre o papel ativo do crítico, que não pode se contentar em reunir, coligir documentos e arquivos sem questioná-los e submetê-los a hipóteses novas. Da mesma maneira que a história não era somente história-dado para Lucien Febvre, que preconizava uma história-problema, o crítico lite-

---

25 Barthes, Histoire et Littérature: à propos de Racine, *Annales*, p.524-37, maio-jun. 1960.
26 Barthes, *Sur Racine*, p.157.
27 Ibid., p.146.

rário, para Barthes, deve fazer-se paradoxal, submeter a obra às suas interrogações contemporâneas e assim participar também do âmbito indefinido da obra literária. Barthes submete Racine, portanto, a uma leitura ao mesmo tempo analítica e estruturalista. O autor já não é objeto de culto, mas terreno de investigação da validade de novas metodologias de abordagem.

Do homem raciniano Barthes quer saber a estrutura, e esta se mostra sobretudo por meio de uma dialética minuciosa do espaço, por uma lógica dos lugares. É assim que ele opõe o espaço interior, o da câmara – antro mítico separado da antecâmara, lugar cênico da comunicação, por um objeto trágico, a porta, que é objeto de transgressão – ao espaço exterior, que contém três espaços – da morte, da festa e do acontecimento: "Em suma, a topografia raciniana é convergente: tudo concorre para o lugar trágico, mas tudo nele se enleia".[28]

A partir dessa topológica, Barthes vê a unidade trágica realizar-se não tanto na singularidade individual das personagens racinianas quanto na função que define o herói como prisioneiro: "Aquele que não pode sair sem morrer: seu limite é seu privilégio, o cativeiro é a sua distinção".[29] Essa oposição funcional, binária, que delimita o espaço interior e o exterior, possibilita também a distinção entre dois Eros: o amor enraizado na infância, o amor sororal de manifestações pacíficas, e o Eros-acontecimento, brutal, súbito, de efeitos funestos e devastadores, fonte de alienação, que, segundo Barthes, é o verdadeiro tema raciniano: "A desordem raciniana é essencialmente um signo, ou seja, um sinal e uma cominação".[30] Nesse combate mítico entre sombra e luz, que anima os heróis racinianos, desenrola-se toda uma dialetização da lógica dos lugares quanto a contiguidade e hierarquia. O herói raciniano deve manifestar-se por sua capacidade para a ruptura; ele nasce de sua infidelidade, advém então como criatura de Deus, produto da luta inexpiável entre o Pai e seu filho. Com justeza, Barthes mostra que Racine substitui a práxis, o acontecimento que ocorre fora da cena, pelo *logos*, pela comunicação verbal como fonte de desorganização, lugar da tragédia que nele se desenrola e consuma. Barthes encontra então em Racine essa autonomização da

---

28 Ibid., p.13.
29 Ibid., p.14.
30 Ibid., p.21.

linguagem que é própria do estruturalismo: "A realidade fundamental da tragédia é, portanto, essa fala-ação. Sua função é evidente: mediar a Relação de Força".³¹

Essa análise da tragédia raciniana, que tanto mobiliza o binarismo de Jakobson quanto categorias freudianas, ou ainda a abordagem sincrônica estrutural, provoca uma reação particularmente violenta do raciniano mais erudito da Sorbonne, autor de *La Carrière de Jean Racine*, editor do *Racine* da Bibliothèque de la Pléiade, grande especialista da obra em questão, Raymond Picard, que em 1965 publica uma obra de título sugestivo, *Nouvelle critique ou nouvelle imposture* [*Nova crítica ou nova impostura*]. A réplica de Picard situa-se especialmente no plano da excessiva importância atribuída à descodificação psicanalítica utilizada por Barthes para analisar o teatro raciniano. Picard apressa-se em repor um véu pudico sobre os heróis cujas secretas paixões sexuais contrariadas Barthes havia penetrado: "É preciso reler Racine para convencer-se de que, afinal, suas personagens são diferentes das de D. H. Lawrence [...] Barthes decidiu descobrir uma sexualidade desbragada".³² Picard desanca o sistematismo do procedimento de Barthes, denuncia sua confissão de impotência para dizer a verdade sobre Racine e, portanto, nega-lhe o direito de dizer o que quer que seja sobre um autor cujo especialista é ele. Para Picard, Barthes é "o instrumento de uma crítica 'metida'"³³ que se arma de um jargão pseudocientífico para enunciar inépcias e absurdos, tudo em nome do saber biológico, psicanalítico, filosófico etc. Nesse jogo crítico que embaralha as pistas, Picard denuncia a tendência à generalização, tomando casos concretos e particulares por categorias de vocação universal. Nesse ritmo de indeterminação modernista, que para Raymond Picard é uma mistura de impressionismo e dogmatismo, "pode-se dizer qualquer coisa".³⁴

Trata-se, portanto, de um contra-ataque cabal por parte de um Picard que não era pessoalmente visado pelo estudo de Barthes sobre Racine, mas que se arvorava em porta-voz de uma Sorbonne irritada por aquela agitação estruturalista, cujo maior desejo era ver o ídolo,

---

31 Ibid., p.60.
32 Picard, *Nouvelle critique ou nouvelle imposture*, p.30-4.
33 Ibid., p.52.
34 Ibid., p.66.

em que Barthes se transformara, finalmente no pelourinho, antes que seus livros fossem para a fogueira. Barthes, aliás, surpreende-se com a violência da polêmica travada contra ele: "Eu não esperava o ataque de Picard. Eu nunca tinha atacado a crítica universitária, só a tinha distinguido, denominado".[35] Atribui esse assalto aos interesses em jogo nos exames universitários para o curso de Letras. Nesse sentido, a nova crítica era perigosa, pois punha em xeque o caráter absoluto e intangível dos critérios de seleção que levavam em conta um saber canonizado e estabelecido em termos de certeza de valores e métodos. Para Barthes, a defesa de um saber verificável e mensurável segundo parâmetros de verdade definitivos era a razão das acusações lançadas contra ele.

Uma geração de estudantes entusiastas logo terá a oportunidade de contestar o saber acadêmico, quando Barthes responde a Picard com a publicação de *Critique et vérité* [*Crítica e verdade*] em 1966, ano que corresponde ao apogeu do paradigma estruturalista. A publicação do livro de Barthes, aliás, é anunciada com estardalhaço, e ele vem coberto por uma faixa: "Barthes deve ser queimado?". A dramatização é então levada ao extremo, e Barthes reaparece no papel de Joana D'Arc enfrentando o carrasco. É a oportunidade de entusiasmar toda uma comunidade intelectual em torno do ambicioso programa de *Elementos de semiologia*, que pode assim conquistar grande público. Barthes responde, dessa vez, em tom polêmico.

Ele denuncia o fato de que no "Estado literário, a crítica deve ser tão comportada quanto uma polícia".[36] A crítica de Picard é recebida por Barthes como a expressão da história literária mais tradicional que existe, vinculada a uma noção vaga que é "a verossimilhança crítica", o evidente, que não precisa ser demonstrado. Essa noção engloba referências à objetividade do crítico, a seu gosto e, em terceiro lugar, à clareza de exposição. Barthes qualifica a história literária assim constituída como crítica antiga: "Essas regras não são de nosso tempo: as duas últimas vêm da época classicista; a primeira, do tempo do positivismo".[37] Opõe-se também à afirmação de que a crítica literária deveria restringir-se ao nível literário, e nesse campo Barthes sai um pouco

---

[35] Barthes, *Océaniques*, FR3, 8 fev. 1988 (nov. 1970-maio 1971).
[36] Barthes, *Critique et vérité*. p.13.
[37] Ibid., p.35.

das proclamações imanentistas para fazer-se defensor do conteúdo, dos elementos exógenos que vêm aclarar a economia geral do texto literário e tornam necessário o recurso à história, à psicanálise e a toda uma cultura antropológica. À atitude positivista Barthes opõe o ato crítico como ato de escrita no sentido pleno do termo, como trabalho com a linguagem, e, nesse sentido, unindo a figura do escritor à do crítico, solapa os contornos, as limitações, os interditos que fundaram a constituição de gêneros distintos de escrita.

A linha de defesa adotada por Barthes diante de Picard é dúplice: ele reivindica os direitos do crítico como escritor, portador de sentido, verdadeiro criador em sua própria leitura ativa da obra, e, por outro lado, constitui-se representante de um discurso mais científico que deixa de considerar a escrita como um protocolo, mas como fonte de verdade. Nessa perspectiva, Barthes apoia-se em toda a corrente estruturalista e evoca o trabalho de Lacan, Jakobson, Lévi-Strauss e outros. Com base no trabalho de desconstrução das ciências humanas, substitui a história da literatura tradicional por uma "ciência da literatura",[38] da qual se torna porta-voz, ciência que não se define como dos conteúdos, mas sim das condições do conteúdo, ou seja, de suas formas. Não é de surpreender que Barthes encontre o modelo dessa ciência na linguística: "Seu modelo será, evidentemente, a linguística".[39] A linguagem, portanto, é o verdadeiro sujeito que ocupa o lugar da noção de autor. É vã a busca de um sentido oculto e último da obra, pois ela se baseia numa noção de sujeito que na verdade é uma ausência: "A literatura nunca enuncia mais que a ausência de sujeito".[40] Ao anunciar o nascimento de uma era histórica nova, fundada na unidade e na verdade da escrita, Barthes enuncia a ambição de toda uma geração, que vê na explosão do discurso crítico das ciências humanas um modo de escrever que converge para a criação propriamente literária. Põe em evidência e desestabiliza um discurso universitário que deseja continuar surdo à expressão de um pensamento cada vez mais exigente.

Ao mesmo tempo que, em 1968-1969, pluraliza a estrutura e abre-a para a intertextualidade, Barthes reitera sua adesão a esse postulado

---

38 Ibid., p.56.
39 Ibid., p.57.
40 Ibid., p.71.

básico da "morte do autor".[41] O autor é visto por Barthes como um fenômeno recente, moderno, trazido pelo positivismo, e a escrita pressupõe seu desaparecimento: "Assim que um fato é contado, com fins intransitivos [...] o autor entra em sua própria morte, e começa a escrita".[42] O surrealismo havia começado a dessacralizar essa noção de autor, mas isso não passou de meio sucesso, que a linguística possibilita transformar em verdadeira destruição, "ao mostrar que a enunciação inteira é um processo vazio".[43] À noção de autor Barthes opõe a do *escriptor* moderno, que, aqui e agora, nasce junto com seu texto. Disso resulta, segundo ele, que toda empresa hermenêutica se choca com uma aporia que a torna vã, ou seja, a aporia de pressupor uma intencionalidade, um autor: "Uma vez afastado o autor, a pretensão de decifrar um texto torna-se totalmente inútil".[44] Essa perspectiva abre para a nova crítica literária um campo totalmente livre em relação à tradição, uma liberdade crítica livre de apoios: "O nascimento do leitor deve ser compensado com a morte do autor".[45]

Os fundadores de discursividade

Ainda que Maio de 68 traga de volta a problematização do sujeito, seu movimento confirma a contestação da noção de autor feita havia pouco tempo pelos estruturalistas, ao tomar como alvo os mandarins universitários e seu *páthos* psicológico que, segundo os contestadores de então, pertence à esfera ideológica, portanto à pior das infâmias. Logo, pode haver correspondência nesse plano também entre estruturalismo e espírito de Maio, o que é muito bem entendido por Michel Foucault, cuja obra é toda permeada pela temática do apagamento do nome do autor. Ele faz a pergunta "Que é um autor?" durante a conferência proferida diante da Société Française de Philosophie em 22 de fevereiro de 1969,[46] já citada antes. A posição de Foucault situa-se na estrita ortodoxia estruturalista e chega a ser autocrítica no que se refere ao uso de nomes de autores em *As palavras e as coisas*:

---

41 Barthes, La mort de l'auteur, *Manteia*. (Reproduzido em *Le Bruissement de la langue*.)
42 Ibid., p.61.
43 Ibid., p.63.
44 Ibid., p.65.
45 Ibid., p.67.
46 Foucault, Qu'est-ce qu'un auteur?, 22 fev. 1969. (Reproduzido em *Littoral*, n.9, jun. 1983.)

"Trata-se de abrir um espaço em que o sujeito escrevente não cesse de desaparecer".[47] Encontra-se a temática da intertextualidade que não deve deter-se num significado final que represente um nome próprio. Numa inversão retórica admirável, Foucault revisita a fórmula secular, segundo a qual a escrita seria o meio de se ter acesso à imortalidade, para transformá-la em ato sacrificial graças a seu poder de matar seu autor: "A marca do escritor nada mais é que a singularidade de sua ausência; ele deve desempenhar o papel do morto no jogo da escrita".[48]

Michel Foucault relativiza a fetichização ocidental do nome do autor literário. Antes do século XVII, o discurso literário circulava sem que fosse valorizada essa noção, ao passo que as descobertas científicas traziam o selo do autor; a partir de então, "o anonimato literário deixou de ser suportável".[49] Foucault discerne não a existência de autores, mas de fundadores de discursividade: Marx ou Freud "criaram uma possibilidade indefinida de discursos".[50] Essas fundações discursivas implicam a legitimidade de um movimento de "retorno a..." e abrem as portas para um procedimento mais que nunca historiador em relação às formações discursivas, a fim de discernir as próprias modalidades de sua existência. Foucault anuncia de certa maneira um tipo de percepção do sujeito, não do sujeito originário, mas de seus pontos de inserção, de sua dependência e das condições de seu aparecimento. Entende-se de que modo esse posicionamento de Foucault repercute os famosos "retornos" do estruturalismo: retorno a Saussure por parte dos linguistas, retorno a Marx por parte de Althusser, retorno a Freud por parte de Lacan. Este último, aliás, estava na sala, e aquela conferência desempenharia papel importante para ele.

Lacan vê nas palavras de Foucault aquilo que vai contribuir para fundar sua teoria dos quatro discursos. Toma parte da discussão e responde: "Esse retorno a Freud é algo que assumi como uma espécie de bandeira, dentro de certo campo, e nisso só posso agradecê-lo, já que o senhor correspondeu totalmente às minhas expectativas".[51] É a primeira vez que Lacan vê confirmada do ponto de vista filosófico a justeza de sua atitude de retorno a Freud. Ele vai apoiar-se na posição

---

47 Ibid., p.7.
48 Ibid.
49 Ibid., p.14.
50 Ibid., p.18.
51 Lacan, *Écrits I*, p.31.

de Foucault sobre a funcionalização da noção de autor e retomar a ofensiva em termos de redefinição do compartilhamento dos saberes em relação à filosofia.

Jean Allouch nota a concordância cronológica entre a conferência de Foucault e a construção lacaniana dos quatro discursos. No seminário que se segue imediatamente às afirmações de Foucault, Lacan repete – dessa vez diante de seu próprio público – que se sentiu convocado pela importância atribuída a esse "retorno a...".[52] Outro acontecimento vai acelerar essa evolução de Lacan rumo à discursividade. Lacan divulga em 26 de junho de 1969 a carta de expulsão por ele recebida em março do diretor da ENS: Robert Flacelière. Via-se privado da sala Dussane, onde se realizava o famoso seminário para o qual acorria toda Paris. De novo Lacan é tratado como proscrito; é banido mais uma vez de uma instituição (universitária, no caso) e privado de um público privilegiado, o dos filósofos. Responde, em primeiro lugar, com causticidade naquela última sessão de seu seminário, em 26 de junho de 1969 ("De um Outro ao outro"), qualificando Flacelière de "*Flatulencière*", "*Cordelière*", "*ne tire pas trop sur la flacelière*".[53] Os participantes do seminário decidem ocupar o escritório do diretor: lá estão Jean-Jacques Lebel, Antoinette Fouque, Laurence Bataille, Philippe Sollers, Julia Kristeva...,[54] que são devidamente evacuados pelas forças da ordem ao cabo de duas horas. Por fim, Lacan conseguirá encontrar refúgio num lugar próximo, para continuar ensinando: é perto do Panthéon, num anfiteatro da faculdade de Direito.

Mesmo que o público seja mais numeroso, o lugar é menos prestigioso, e o isolamento sentido por Lacan, agravado pela impressão de que Derrida e Althusser não se mobilizaram realmente para fazer Flacelière mudar de ideia, reforça sua ideia da necessidade de um novo assalto, teórico mais uma vez, contra o discurso universitário e contra as pretensões da filosofia. Nesse plano, portanto, está em correspondência com os participantes do movimento de Maio de 68. Quando da primeira sessão de seu seminário na faculdade de Direito, em 26 de

---

[52] Id., Séminaire: D'un Autre à l'autre, fev. 1969, apud Allouch, Les trois petits points de retour à..., *Littoral*, n.9, jun. 1983.
[53] Trocadilhos com "flatulência", "*cordelier* = franciscano" e com a expressão *Tirer sur la ficelle* = exagerar, ir longe demais. (N. T.)
[54] Roudinesco, *Histoire de la psychanalyse*, p.543.

novembro de 1969, Lacan menciona pela primeira vez o "discurso" no sentido daquilo que será sua doutrina dos quatro discursos. Define a existência de um discurso universitário que está ao lado do "discurso do mestre e do histérico".[55] Ao lado desses três discursos – o discurso universitário, o do mestre e o do histérico –, só o discurso analítico está fora do universo neurótico e dá acesso a alguma verdade, o que legitima sua primazia. A construção teórica de Lacan insere-se numa lógica de hegemonia do discurso psicanalítico, e o descomedimento dessa ambição traduz as dificuldades da psicanálise lacaniana em instituir-se e institucionalizar-se. Mas Lacan ganha a cada vez em audiência aquilo que perde em posição de poder. Essa contestação traduzia bem o estado de espírito dos estudantes de 68.

A *in-signature*: Derrida

No momento em que a fenomenologia é contestada pelo estruturalismo na França, Derrida quase fica ao lado da tradição. Na defensiva, Derrida logo vai encontrar-se em posição ofensiva e dar início a um trabalho de desconstrução sistemática de cada obra estruturalista, detectando nelas vestígios de um logocentrismo que devia ser superado. Para esse trabalho crítico, Derrida deixa de lado a perspectiva fenomenológica e põe-se no interior do pensamento de Heidegger, que serve de verdadeira máquina de guerra crítica ao estruturalismo. Ocupa então uma posição paradoxal, ao mesmo tempo dentro e fora do paradigma estruturalista. Mas pode ser também considerado como aquele que levou ao extremo a lógica estruturalista em direção ao questionamento ainda mais radical de qualquer substantificação, de qualquer essência fundadora, no sentido de esvaziamento do significado. Nesse aspecto, ele se coloca de imediato no campo de reflexão estruturalista, ainda que a posição por ele assumida seja a de distância crítica: "Como vivemos da fecundidade estruturalista, é cedo demais para fustigar nosso sonho".[56]

Derrida abre a perspectiva de uma estética inspirada no programa mallarmeano e desemboca no apagamento da delimitação das

---

55 Allouch, Les trois petits points du retour à... *Littoral,* n.9, p.59, jun. 1983.
56 Derrida, Force et signification, *Critique,* n.193-4, jun.-jul. 1963. (Reproduzido em *L'Écriture et la différence.* p.11.)

fronteiras entre filosofia e literatura. Esta permeia então a problematização filosófica que se instala no terreno dos indecidíveis a partir da reflexão sobre a face oculta da história literária: Antonin Artaud, Georges Bataille, Edmond Jabès... Nisso também essa proximidade toca e radicaliza a orientação estruturalista de interrogação sobre a linguagem (além da separação entre gêneros e das classificações tradicionais), portanto o acesso ao texto a partir das leis próprias da textualidade. A estratégia adotada por Derrida é de desconstrução na dupla acepção destrutiva/construtiva; permite reconhecer os vestígios da metafísica ocidental no pensamento do outro, ao mesmo tempo que introduz uma nova maneira de escrever. Privilegia, portanto, a esfera da escrita como esfera autônoma que diz respeito à textualidade em geral e está além das diferenças genéricas entre filosofia e literatura. Derrida une-se, pois, à nova crítica literária estruturalista, mas foge a suas categorias cientificistas ao assumir como horizonte a criação de conceitos novos, de indecidíveis, elevando-se assim "à altura de uma atividade criadora".[57] Derrida realiza desse modo a grande ambição da maioria dos estruturalistas que se inspiraram na linguagem das ciências sociais para fazer obra criativa, obra literária. Identifica-se também com os formalistas do início do século, com os trabalhos do Círculo de Praga que buscavam já realizar uma simbiose entre poética e reflexão filosófica. Faz parte, portanto, de uma filiação totalmente estruturalista.

A desconstrução permanece fiel à valorização atribuída à esfera oculta, ao inconsciente, mas permite sobretudo a pluralização e a disseminação, causando a fragmentação da referência a um centro estrutural, à unicidade de um princípio estruturante qualquer. É uma verdadeira estratégia que Derrida desenvolve em relação à Razão ocidental: "A estratégia da desconstrução é a artimanha que permite falar no exato momento em que, afinal, nada mais há para dizer".[58]

Derrida é também aquele que levou a sério o desafio das ciências sociais novas para enriquecer o discurso e o tipo de questionamento da filosofia. Essa estratégia prenuncia o fim da filosofia e ao mesmo tempo recolhe as conquistas das ciências humanas em proveito da filosofia apenas, convergindo para aquilo que ele já chama, antes da publicação

---

57 Habermas, J. *Le Discours philosophique de la modernité*. Paris: Gallimard, 1988 (1985). p.226.
58 Descombes, *Le Même et l'autre*. p.163.

do livro de Barthes, de prazer do texto: "Produz-se certo trabalho textual que dá grande prazer".[59] Os diversos pares binários – significante/significado, natureza/cultura, voz/escrita, sensível/inteligível –, que constituíram o próprio instrumento de análise do estruturalismo, vão sendo questionados, pluralizados, disseminados num jogo indefinido que expõe, desagrega, disseca o sentido das palavras, numa ofensiva a palavras-chave e transcendências. Toda uma linguagem característica desestabiliza assim as oposições tradicionais, pondo em ação os indecidíveis, verdadeiras unidades de simulacro, organizadores de uma nova ordem – carnavalesca – da razão.

Derrida colhe seus conceitos ambivalentes na tradição e a ela os devolve em forma de bumerangue, à maneira de último pontapé no leão moribundo. Em Platão, vai buscar o termo *Pharmacon*, que não é remédio nem veneno, nem bem nem mal; em Rousseau, *suplemento*: nem o mais nem o menos; em Mallarmé, *hymen*, que não é confusão nem distinção. Todas essas noções, que são instrumentos de desconstrução, têm um ponto comum: "Obliteram a oposição entre dentro e fora".[60] A escrita parte, portanto, ao assalto do conceito para em seu lugar pôr um jato seminal que dá para o infinito. No campo filosófico, essa desconstrução se opõe não só à fenomenologia, quando descentra o sujeito, mas também à dialética hegeliana, cujas noções de unidade e identidade dissolve: "A negação é reduzida ao papel secundário de polícia do saber [...]. O conceito é reduzido a exercício de um mandamento teológico".[61] Derrida preserva o lugar da filosofia como rainha das ciências, lugar onde se determina a norma de todos os saberes, e ao mesmo tempo prepara uma possível linha de fuga na criatividade puramente literária, que não é concebida como acontecimento redentor, à maneira de Heidegger. Esse trabalho de desfazimento radicaliza a perspectiva heideggeriana ao esvaziar a ideia de fundamento por ser encontrado, substituindo-o por simples "errância" e dando preferência às margens mallarmeanas. A ruptura saussuriana já afastara o referente do horizonte linguístico; Lacan, por sua vez, fizera o significado deslizar por sob o significante; com Derrida, o significado é esvaziado, em proveito de uma cadeia significante indefinida, sem ponto de amorte-

---

59 Derrida, *Positions*, p.15.
60 Kofman, *Lectures de Derrida*, p.39.
61 Ruby, *Les Archipels de la différence*, p.30.

cimento. Com isso, ele provoca uma inversão espetacular a partir da qual procura a corporeidade da escrita.

Em primeiro lugar, Derrida, como estruturalista radical, critica Foucault por ter conservado a ideia de sujeito. Ainda que o sujeito escolhido constitua a face oculta, o reverso, da história, Foucault errou ao preservar a ideia de um sujeito permeando a história: a loucura – "Isso é o que há de mais louco em seu projeto".[62] Foucault, aliás, será sensível a essa crítica, e seu projeto arqueológico futuro excluirá qualquer ponto de vista que parta de um sujeito qualquer, nem que recalcado. Derrida em seguida classifica como ilusória a ideia de poder situar-se fora da Razão, a partir de um alhures que seria a loucura, de um lugar de exílio: "A grandeza insuperável, insubstituível, imperial da ordem da razão [...] está no fato de que só a ela podemos recorrer contra ela, só nela podemos protestar contra ela".[63] Naquilo que Foucault acredita ter realizado uma revolução, só teria conseguido uma modesta agitação de superfície. A demonstração de Foucault parte de uma decisão inicial drástica, que é apresentada como a própria condição da história, a que levou a excluir a loucura do mundo da razão antes de encerrá-la.

Esse ato fundador da idade clássica é atribuído a Descartes na primeira das *Meditações,* por meio da qual ele teria instituído a linha divisória entre dois solilóquios irremediavelmente estranhos um ao outro. Aí está o grande ponto de discordância entre Foucault e Derrida, que não vê no texto de Descartes nenhum ostracismo da loucura. Ao contrário, para Descartes "aquele que dorme ou sonha é mais louco que o louco".[64] Se a hipótese do gênio maligno convoca a loucura total, o ato do *cogito* nem por isso é o ponto de divisão decisivo entre razão e loucura, pois vale "ainda que meu pensamento seja integralmente loucura".[65] Derrida contesta assim a validade do par binário razão/loucura (divisão que permite a Foucault exumar a parte maldita da história ocidental), mostrando que, em Descartes, o fato de fundar o *cogito* não está sujeito ao ato preliminar de eliminação da loucura.

Derrida considera, portanto, que Foucault cometeu um contrassenso em sua leitura de Descartes, mas sua crítica visa mais longe,

---

62 Ibid., p.55.
63 Ibid., p.58.
64 Ibid., p.79.
65 Ibid., p.85.

uma vez que questiona todo o método de Foucault: "O totalitarismo estruturalista realizava aqui um ato de reclusão do *cogito* que seria do mesmo tipo das violências do período clássico".[66] E então Foucault está preso nos laços e acusado de ter perpetrado uma violência semelhante à que afirma denunciar. É de imaginar que ele não deve ter apreciado muito a flechada de perto desferida por seu "discípulo". No entanto, não responde imediatamente a essa diatribe, nem na hora – pois fica atento, porém silencioso na sala – nem em 1967, quando o texto é publicado em *L'Écriture et la différence*.

Uma possível dialógica: autor/leitor

O sujeito desaparecera da problematização das ciências humanas, sob o impulso, entre outras coisas, de um modelo linguístico que descartara sua pertinência para melhor fundamentar sua própria cientificidade. Ora, essa mesma linguística nos anos 1970 orienta-se cada vez mais para uma reintrodução do que fora alijado de seu campo de investigação. Esse retorno, no próprio âmago de uma disciplina que ainda goza de grande prestígio, vai acelerar o processo ao termo do qual o sujeito e o indivíduo vão poder ser de novo problematizados. Cabe lembrar que já bem cedo, em 1966, Julia Kristeva introduzira no seminário de Barthes a ideia de intertextualidade, de dialógica, expondo a obra de Mikhail Bakhtin.

Essa apresentação de Bakhtin será retomada mais tarde por um outro semiólogo de origem búlgara, Tzvetan Todorov, que mudará radicalmente suas posições no final dos anos 1970, a partir da leitura sistemática de toda a obra de Bakhtin. A ocasião para isso é constituída por um projeto de estudo cuja finalidade é restituir à obra de Bakhtin uma coerência que fora impedida pela dispersão de seus escritos, publicados em traduções díspares, o que conferia impressão de vagueza a seus conceitos em língua francesa. A obra é publicada em 1981.[67] É surpreendente constatar que o processo de implicação e de transformação do leitor, vivenciado por Bakhtin ao estudar a obra de Dostoievski, repetiu-se com Todorov em sua leitura de Bakhtin. É

---

66 Ibid., p.88.
67 Todorov, *M. Bakhtine, le principe dialogique*, 1981.

esse fenômeno de interação entre o objeto de estudo e o sujeito deste que dá ensejo ao conceito de dialógica. Este provoca uma ruptura decisiva com o distanciamento e a normalização do objeto linguístico até então em uso no estruturalismo.

A partir daí é o diálogo entre o leitor e o autor que faz sentido e, portanto, abre o campo do estudo literário ou ideológico para um horizonte muito mais vasto que a simples decifração da coerência interna de um texto. Todorov, baseando-se em Bakhtin, dirige os projetores para o conteúdo do dizer, para a recepção deste pelo leitor, e não mais exclusivamente para as diversas maneiras de *produzir* sentido.

São as implicações do sentido que devem ser discernidas, e só a dialógica pode explicá-las. O que vai determinar em Todorov a ruptura com o formalismo do primeiro período e a preocupação em reintroduzir a reflexão sobre o sujeito e o sentido é sua trajetória política. Sua fascinação pelo formalismo nos anos 1960 era devida essencialmente a uma reação de rejeição ao que se praticava em seu país de origem, a Bulgária, ou seja, à história literária puramente factual, totalmente exterior aos próprios textos. Por outro lado, diante do contexto stalinista, de um dogmatismo ideológico implacável que ditava as normas de leitura de qualquer texto literário, fazia-se sentir em Todorov a vontade de subtrair-se a esse fardo, refugiando-se no âmago do próprio texto, de suas categorias gramaticais, de seu ritmo, no nível mais afastado possível da capa de chumbo ideológica que pesava sobre os estudos literários.

Esse desejo de escapar aos aspectos políticos e ideológicos mudou em Todorov, que logo se assimila à França, naturaliza-se francês e adapta suas posições a outra realidade, democrática. Embora não renegue então as conquistas importantes de uma reflexão que lhe permitiu ler melhor os textos, captar melhor sua construção, Todorov distancia-se daquilo que não considera um fim em si, porém simples instrumento para se ter acesso ao conteúdo, à própria significação.

Esse trabalho tem como resultado duas obras, uma de 1982 e outra de 1989,[68] que permitem a Todorov travar um diálogo com a tradição literária francesa em sua percepção da alteridade e, da mesma maneira, reviver a conquista da América implicando-se nela: "Quero

---

68 Todorov, *La Conquête de l'Amérique*; *Nous et les autres*.

falar da descoberta que faço do outro".⁶⁹ O sentido dessa conquista só é perceptível como realidade intersubjetiva. Ela se revela na incapacidade dos ocidentais de descobrirem os americanos atrás da América, o que equivale à revelação e à recusa da alteridade. Por sua vez, os indígenas, que encaram sua própria relação com o mundo como ponto de chegada de todo um sistema de signos e que são mais atentos à comunicação com o mundo do que à dimensão inter-humana dessas relações, têm um modo de comunicação "que é responsável pela imagem deformada que terão dos espanhóis".⁷⁰ Se os espanhóis vencem, é acima de tudo, segundo Todorov, porque privilegiam essa comunicação inter-humana que fundamenta sua superioridade, mas essa vitória é amarga, pois custa o alto preço do sacrifício de uma dimensão essencial, a da relação com o mundo na civilização ocidental: "Vencendo de um lado, o europeu perdia do outro; impondo-se sobre toda a terra graças à sua superioridade, ele esmagava em si mesmo a sua capacidade de integração no mundo".⁷¹

Nem por isso Todorov volta à história tradicional, puramente factual da conquista. Fica na perspectiva de um estudo dos sistemas simbólicos a partir da reflexão sobre o signo, sobre a semiótica, mas voltando a situar esta última no seu âmbito contextual e dialógico: "O semiótico não pode ser pensado fora da relação com o outro".⁷² Nessa reflexão, Todorov participa de uma preocupação ética, para a qual os textos e a história não passam de suportes, cujo fim é produzir o advento de uma era nova: a da comunicação entre os homens, que possibilitaria superar o antagonismo conflitante entre o mesmo e o outro, velho como a humanidade, lançando os alicerces de uma nova harmonia.

O conceito de dialógica, nascido da crítica literária, vai penetrar no campo da linguística, na qual será utilizado como instrumento operacional. Ele é a manifestação evidente da inversão em curso, pois até então era a linguística que alimentava a reflexão da nova crítica literária. Assim, no campo linguístico, Oswald Ducrot vai utilizar a noção de dialógica em sua reflexão sobre *Os atos de linguagem*, a

---

69 Id., *La Cônquete de l'Amérique*, , p.11.
70 Ibid., p.81.
71 Ibid., p.102.
72 Ibid., p.163.

propósito da pragmática. Em *Les Mots du discours* [*As palavras do discurso*],⁷³ Oswald Ducrot já analisara os conectores argumentativos, o papel das pequenas unidades de linguagem que induzem certo número de posições argumentativas e assim exercem pressão sobre o interlocutor. Numa perspectiva semelhante, dessa vez impregnada pela noção de dialógica, Ducrot escreve *Le Dire et le dit* [*O dizer e o dito*],⁷⁴ no qual utiliza as concepções polifônicas de Bakhtin numa óptica propriamente linguística.⁷⁵ Ao contrário de Todorov, porém, Ducrot não concebe sua abordagem pragmática da linguagem como uma ruptura em relação a suas posições saussurianas, estruturalistas. Nesse caso, a pragmática abre as portas para um horizonte de estudo ignorado até então, o sujeito, mas este continua, por princípio, sendo uma abstração formal interna às convenções de linguagem.

Uma outra abordagem, hermenêutica, volta a introduzir o sujeito sem ocultar o nível das regras e convenções da linguagem. Paul Ricoeur sempre disse que não dissocia dois níveis considerados complementares: o plano explicativo, que é o da semiologia ("o modelo explicativo chamado de estrutural não esgota o campo das atitudes possíveis em relação a um texto"),⁷⁶ e o plano interpretativo, que representa a reapropriação do sentido do texto pelo sujeito ("O texto tinha apenas um sentido, ou seja, das relações internas, uma estrutura; agora ele tem uma significação").⁷⁷ Essa reintegração do sujeito não significa, porém, de modo nenhum, uma recaída no psicologismo de autor, pois não se baseia num processo presumido de criação da obra, mas nas técnicas por meio das quais uma obra se torna comunicável: "Disso resulta que o único tipo de autor cuja autoridade está em jogo não é o autor real, objeto de biografia, mas o autor implicado".⁷⁸

O apagamento do autor nos anos 1960 e 1970 não teria, portanto, passado de uma técnica entre outras: "Ela faz parte da panóplia de

---

73 Ducrot, *Les Mots du discours*.
74 Id., *Le Dire et le dit*.
75 Em especial, Ducrot, Esquisse d'une théorie polyphonique de l'énonciation. In: *Le Dire et le dit*. p.171-233.
76 Ricoeur, Qu'est-ce qu'un texte?. (Reproduzido em *Du Texte* à *l'action. Essais d'herméneutique*, p.147.)
77 Ibid., p.153.
78 Ricoeur, *Temps et récit*, 1995. t.3, p.240.

disfarces e máscaras que o autor real usa para se transformar em autor implicado".[79]

A morte do autor não teria sido senão um momento, o da necessária superação de uma história literária puramente psicológica, do "homem e a obra". O radicalismo da ruptura teria como função fazer-se ouvir. Hoje, armados da lição estruturalista, cabe-nos reintroduzir a necessária dimensão hermenêutica da compreensão de si como outro.[80]

---

79 Ibid., p.291.
80 Ver Dosse, *L'Empire du sens*.

Referências bibliográficas

ALTHUSSER, L. Soutenance d'Amiens. *Positions*. Paris: Ed. Sociales, 1976.
ABEL, O. Qu'est ce que s'orienter dans l'interprétation? In: RÖMER, T. (Ed.) *L'Exégèse comme expérience de décloisonnement*. Heidelberg: [S.l.], 1991.
ALLOUCH, J. Les trois petit points de retour à... *Littoral*, n.9, jun. 1983.
ANNALES. Histoire et structure, n.3-4, maio-ago. 1971.
ARIÈS, P. *Essai sur l'histoire de la mort en Occident*. Paris: Seuil, 1975. [Ed. bras.: *História da morte no Ocidente*. São Paulo: Ediouro, 2003.]
_____. *La Nouvelle Histoire*. Paris: Encyclopédie Retz, 1978.
_____. *Un Historien du dimanche*. Paris: Seuil, 1979.
ARISTÓTELES. *Física*.
BACHELARD, S. et al. *Hommage à Hyppolite*. Paris: PUF, 1971.
BALIBAR, E. *Ecrits pour Louis Althusser*. Paris: La Découverte, 1991.
_____. Tais-toi encore Althusser. *Critique*, p.11, 1988.
BARBÉRIS, P. *Le Débat*, p.184-6, mar. 1985.
BARTHES, R. Histoire et Littérature à propos de Racine. *Annales, Économies, Sociétés, Civilisations,* ano 15, n.3, p. 524-37, maio-jun. 1960.
_____. *Critique et vérité*. Paris: Seuil, 1966. [Ed. bras.: *Crítica e verdade*. São Paulo: Perspectiva, 1970.]
_____. De part et d'autre. *Critique*, n.17, p.915-22, 1961.
_____. Entrevistas a G. Charbonnier, *France-Culture*, dez. 1967.
_____. *Essais critiques*. Paris: Seuil, 1971. [Ed. port.: *Ensaios críticos*. Lisboa: Edições 70, 2009.]
_____. La Littérature aujourd'hui. *Tel Quel*, 1961.

BARTHES, R. La mort de l'auteur, *Manteia*.

_____. *Le Bruissement de la langue*. Paris: Seuil, 1984. [Ed.bras.: *O rumor da língua*. São Paulo: Martins Fontes, 2012.]

_____. *Le Degré zéro de l'écriture*. Paris: Seuil, 1953; Points-Seuil, 1972. [Ed. bras.: *O grau zero da escritura*. São Paulo: Cultrix, 1971.]

_____. Littérature littérale. *Critique*, 1955.

_____. *Michelet*. Paris: Seuil, 1988. [Ed. bras.: *Michelet*. São Paulo: Companhia das Letras, 1991.]

_____. *Océaniques, FR3*, 8 fev. 1988 (nov. 1970-maio 1971).

_____. *Social science information*. [S.l.]: [s.d.], 1967.

_____. *Sur Racine*. Paris: Points-Seuil, 1979. [Ed. bras.: *Sobre Racine*. São Paulo: Martins Fontes, 2008.]

BENOIST, J.-M. *La Révolution structurale*. Paris: Denoël, 1980.

BENTHAM, J. *Le Panoptique*. Paris: Belfond, 1977. [Ed. bras.: *O panóptico*. São Paulo: Autêntica, 2008.]

BENRÉKASSA, G. Le Typique et le fabuleux, histoire et roman dans *La Vie de mon père*. *Revue des Sciences Humaines*, n.172, 1978.

BERTRAND, M.; DORAY, B. *Psycanalyse et sciences sociales*. Paris: La Découverte, 1989.

BESANÇON, A. *Court traité de soviétologie, à l'usage des autorités civiles, militaires et religieuses*. Paris: Hachette, 1980.

_____. *L'Histoire psychanalytique*. Paris: Mouton, 1974.

BLANCHOT, M. *La Part du feu*. Paris: Gallimard, 1949. [Ed. bras.: *A parte do fogo*. Rio de Janeiro: Rocco, 2011.]

_____. *Le Livre à venir*. Paris: Gallimard, 1959. [Ed. bras.: *O livro por vir*. São Paulo: Martins Fontes, 2013.]

_____. *L'Espace littéraire*. Paris: Gallimard, 1955. [Ed. bras.: *O espaço literário*. Rio de Janeiro: Rocco, 2011.]

BLOCH, M. *Apologie pour l'histoire*. Paris: Armand Colin, 1974. [Ed. bras.: *Apologia da história*. Rio de Janeiro: Zahar, 2002.]

_____. *L'Étrange défaite*. Paris: Francs-Tireurs, 1946. [Ed. bras.: *A estranha derrota*. Rio de Janeiro: Zahar, 2011.]

_____. Refléxions d'un historien sur les fausses nouvelles de la guerre. *Revue de Synthèse Historique*. (Republicado em *Mélanges M. Bloch*. Paris: EHESS, 1983, p.57.)

BOLTANSKI, L. *L'Amour et la justice comme compétences*. Paris: Métaillié, 1990.

BOUVERESSE, J. *Le Philosophe chez les autophages*. Paris: Minuit, 1984.

BOYER, A. *L'Aplication historique*. Paris: P.U.L., 1992.

BRAUDEL, F. *Civilisation matérielle...*, 1979, t.2, p.408. [Ed. bras. *Civilização e capitalismo*: séculos XV-XVIII. Rio de Janeiro: Cosmos, s.d.]

BRAUDEL, F. Débat FNAC. "Y a-t-il une nouvelle histoire?", 7 mar. 1980.

_____. *La Dynamique du capitalisme*, 1985. [Ed. bras.: *A dinâmica do capitalismo*. Rio de Janeiro: Rocco, 1987.]

_____. *Écrits sur l'histoire*. Paris: Flammarion, 1969. [Ed. bras.: *Escritos sobre história*. São Paulo: Perspectiva, 1978.]

_____. Histoire et sciences sociales: la longue durée. *Annales*, n.4, p.725-53, out.-dez. 1958.

_____. *L'Identité de la France*. Paris: Flammarion, 1986. [Ed. bras.: *A identidade da França*. Globo, 1989.]

_____. Leçon inaugurale au Collège de France, 1950. *Ecrits sur l'histoire*. Paris: Flammarion, 1969.

_____. *Magazine Littéraire*, nov. 1984, entrevista.

_____. *La Méditerranée et le monde méditerranéen à l'époque de Philippe II*. Paris: Armand Colin, 1946. [Ed. bras.: *O Mediterrâneo e o mundo mediterrâneo na época de Felipe II*. São Paulo: Edusp, 2016.]

_____. *La Méditerranée...*, ed. 1966, t.2, conclusão. [Ed. port.: *Mediterrâneo e o mundo mediterrâneo na época de Filipe II*. Lisboa: Pub. Dom Quixote, 1983.]

BRAUDEL dans tous ses états, *Espaces Temps*, n.34-35, 1987.

BUISSON, F. *Dictionnaire de pédagogie*, 1885.

BURGUIÈRE, A.; REVEL, J. (Dir.) *Histoire de la France*. Paris: Seuil, 1989. (Tomo 1 – "L'espace français", sob a direção de J. Revel; Tomo 2 – "L'Etat et les pouvoirs", sob a direção de J. Le Goff.)

CASTORIADIS, C. *Pouvoirs*, n.39, p.108-9, 1986.

CERTEAU, M. de. *L'Absent de l'histoire*. Paris: Mame, 1973.

_____. Débat autour du livre de Paul Ricoeur. *Temps et récit*. Confrontations. *Cahiers Recherches-Débats*, p.24, 1984.

_____. *Faire de l'histoire*. Paris: Gallimard, 1974. t.1.

_____. *Histoire et psychanalyse entre science et fiction*. Paris: Gallimard, 1987. [Ed. bras.: *História e psicanálise*: entre ciência e ficção. São Paulo: Autêncica, 2011.]

_____. *L'Écriture de l'histoire*. Paris: Gallimard, 1975. [Ed. bras.: *A escrita da história*. São Paulo: Forense Universitária, 2008.]

_____. L'invention du quotidien. *Arts de Faire*, U.G.E., v.1, p.10-8, 1980.

CHARTIER, R. Débat sur l'histoire. *Esprit*, n.7-8, p.258, jul.-ago. 1988.

_____. *Le Monde*, 18 mar. 1993.

_____. Le monde comme représentation. *Annales, E.S.C.*, n.6, p.1505-20, 1989.

CHESNEAUX, J. *De la Modernité*. Paris: Maspéro, 1973.

_____. *Vendredi*, 23 nov. 1979.

CITRON, S. *Enseigner l'histoire aujourd'hui*. Paris: Ouvrières, 1984. [Ed. port.: *Ensinar a história hoje*. Lisboa: Livros Horizonte, 1990.]

CITRON, S. *Le Mythe national*. Paris: EDI, 1987.
CONDORCET, *L'Esquisse d'un tableau historique des rapports de l'esprit humain*. [S.l.]: [s.d.].
CORBIN, A. Le vertige des foisonnements, esquisse panoramique d'une histoire sans nom. *Revue d'Histoire Moderne et Contemporaine*, v.36, p.117, 1992.
DAIX, P. *L'Homme et la Société*, v.1-2, n.93-96, 1990.
_____. *Structuralisme et révolution culturelle*. Paris: Casterman, 1971.
DANTO, A. *Analytical Philosophy of History*. Cambridge: Cambridge University Press, 1965.
DAVIDSON, D. Actions, reasons and causes. In: *Essays on Actions and Events*: Philosophical Essays Volume I. Oxford, 2001.
_____. *Actions et événements*. Paris: PUF, 1983.
DEBRAY, R. *Critique de la raison politique*. Paris: Gallimard, 1981.
_____. *Modeste contribution aux discours et cérémonies du 10ᵉ anniversaire*. Paris: Maspéro, 1978.
_____. *Le Pouvoir intellectuel en France*. [S.l.], 1979.
DELACROIX, C. La falaise et le rivage. Histoire du tournant critique. *Espaces Temps*, n.59-60-61, p.86-111, 1995.
DELEUZE, G. *Dialogue avec Claire Parnet*. Paris: Flammarion, 1977.
_____. *Un Nouvel Archiviste*. Paris: Fata Morgana, 1972.
_____; GUATTARI, F. *L'Anti-Oedipe*. Paris: Éditions de Minuit, 1972. [Ed. bras.: *O anti-Édipo*. São Paulo: Editora 34, 2010.]
DELFAU, G.; ROCHE, A. *Histoire, Littérature*. Histoire et interpretation du fait littéraire. Paris: Seuil, 1977.
DERRIDA, J. *La Dissémination*. Paris: Seuil, 1972.
_____. *De la Grammatologie*. Paris: Minuit, 1967. [Ed. bras. *Gramatologia*. São Paulo: Perspectiva, 1973.]
_____. Force et signification. *Critique*, n.193-4, jun.-jul. 1963.
_____. *L'Écriture et la différence*. Paris: Seuil, 1967. [Ed. bras.: *A escritura e a diferença*. São Paulo: Perspectiva, 2014.]
_____. *La Carte postale*. Paris: Flammarion, 1980. [Ed. bras.: *Cartão-postal*. Rio de Janeiro: Civilização Brasileira, 2007.]
_____. *Positions*. Paris: Minuit, 1972. [Ed. bras.: *Posições*. [S.l.]: Autêntica, 2001.]
DESCOMBES, V. *Le Même et l'autre*. Paris: Minuit, 1979.
DOMENACH, J-M. Requiem structuraliste. In: *Le Sauvage et l'ordinateur*. Paris: Seuil, 1976.
DOSSE, F. *Histoire du structuralisme*. Paris: La Découverte, 1991-1992. t.1-2.
_____. *L'Empire du sens*. Paris: La Découverte, 1995.
DOSSE, F. *L'Histoire en miettes*: des *Annales* à la Nouvelle Histoire. Paris: La Découverte, 1987. [Ed. bras.: *História em migalhas*: dos *Annales* à Nova História. São Paulo: Ensaio, 1992.]

DRAY, W. *Laws and Explanation in History.* Oxford: Oxford University Press, 1957.

DREYFUS, H. L.; RABINOW, P. *Foucault, un parcours philosophique.* Paris: Gallimard, 1984. [Ed. bras.: *Michel Foucault*: uma trajetória filosófica. São Paulo: Forense Universitária, 2010.]

DUBY, G. *La Dimanche de Bouvines.* Paris: Hachette, 1973. [Ed. bras.: *O domingo de Bouvines.* Rio de Janeiro: Paz e Terra, 1993.]

_____. *L'Histoire continue.* Paris: Odile Jacob, 1991. [Ed. port.: *A história continua.* Lisboa: Asa Portugal, 1992.]

_____. L'histoire des mentalités. In: *L'Histoire et ses méthodes.* Paris: Gallimard, 1961.

DUCROT, O. *Le dire et le dit.* Niduh, 1984. [Ed. bras.: *O dizer e o dito.* Campinas: Pontes, 1987.]

_____. *Les Mots du discours.* Paris: Minuit, 1980.

DUHEM, P. *La Théorie physique, son objet, sa structure.* Textos apresentados por P. Brouzeng. Paris: Vrin, 1981.

DUPRONT, A. *Faire de l'histoire.* Paris: Gallimard, 1974.

_____. *Revue de l'Enseignement Supérieur,* n.44-45, 1969.

DURKHEIM, E. *L'Année sociologique,* 1897.

ELSTER, J. *Le Laboureur et ses enfants.* Paris: Minuit, 1987.

ENGEL, P. *Introduction à la philosophie de l'esprit.* Paris: La Découverte, 1994. [Ed. bras.: *Introdução à filosofia do espírito.* São Paulo: Instituto Piaget, s.d.]

ESPRIT, número especial dedicado a Paul Ricoeur, n.7-8, jul.-ago. 1988.

FAIRE DE L'HISTOIRE, 3 tomos: *Nouveaux problèmes, Nouvelles approches, Nouveaux objets.* Paris: Gallimard, 1974.

FEBVRE, L. *Annales, Économies, Sociétés, Civilisations,* 1953.

_____. *Combats pour l'histoire.* Paris: Armand Colin, 1953.

_____. De Lanson à Mornet: un renoncement? *Annales d'Histoire Sociale,* 1941.

_____. *La Terre et l'évolution humaine.* Paris: A. Michel, 1922.

_____. *Rebelais ou le problème de l'incroyance au XVIe siècle.* Paris: Albin Michel, 1968.

_____. *Un destin*: Martin Luther. Paris: PUF, 1968. [Ed. port. *Martinho Lutero*: um destino. Porto: Asa, 1994.]

_____. Une histoire de la Russie moderne. In: *Combats pour l'histoire.* Paris: Armand Colin, 1953.

FERRY, J.-M. *Les Puissances de l'expérience.* Paris: Cerf. 1992. t.1. *Le Sujet et le verbe*; t.2: *Les Ordres de la reconnaissance.*

FOUCAULT, M. *L'Archéologie du savoir.* Paris: Gallimard, 1969. [Ed. bras.: *Arqueologia do saber.* 8.ed. São Paulo: Forense Universitária, 2012.]

FOUCAULT, M. Debate com M. Clavel em Vézelay, 1977, transmitido por *Océaniques*, FR3, 13 jan. 1988.
_____. Entrevista, *La Quinzaine Littéraire*, n.5, 15 maio 1966.
_____. Entrevista a Knut Boesers, "Die Folter, das ist die Vernunft", *Literaturmagazin* 8, Reibek: Rowohlt, 1977.
_____. Entrevista, *Nouvel Observateur*, 1 jun. 1984.
_____. *Folie et déraison*. Paris: Plon, 1961.
_____. *France-Culture*, rediffusion, jun. 1984.
_____. *Histoire de la folie*. Paris: Gallimard, 1972 (1961). [Ed. bras.: *História da loucura na idade clássica*. São Paulo: Perspectiva, 1995.]
_____. *Histoire de la sexualité*. La Volonté de savoir. Paris: Gallimard, 1976. [Ed. bras.: *História da sexualidade*: a vontade de saber. Rio de Janeiro: Graal, 1999.]
_____. La pensée du dehors. *Critique*, p.516-23, jun. 1966.
_____. L'éthique du souci de soi comme pratique de la liberté (entrevista), *Concordia 6*, p.104, 1984.
_____. Lectures pour tous, 1966, documento INA, diffusion *Océaniques*, FR3, 13 jan. 1988.
_____. *Le Monde*, 22 jul. 1961.
_____. *Le Monde*, 3 maio 1969.
_____. *Le Nouvel Observateur*, 12 mar. 1977.
_____. *Le Souci de soi*. Paris: Gallimard, 1984. [Ed. bras.: *História da sexualidade 3*: o cuidado de si. Rio de Janeiro: Graal, 1985.]
_____. *Les Mots et les choses*. Paris: Gallimard, 1966. [Ed. bras.: *As palavras e as coisas*. 10.ed. São Paulo: Martins Fontes, 2007.]
_____. *Les Nouvelles Littéraires*, entrevista, 8 jun. 1984.
_____. *L'Usage des plaisirs*. Paris: Gallimard, 1984. p.14. [Ed. bras.: *História da sexualidade 2*: o uso dos prazeres. Rio de Janeiro: Graal, 1984.]
_____. *Naissance de la clinique*. Paris: PUF, 1972. [Ed. bras. *O nascimento da clínica*. Rio de Janeiro: Forense Universitária, 1994.]
_____. Nietzsche, la généalogie, l'histoire. In: *Hommage à Hyppolite*. Paris: PUF, 1971.
_____. "Océaniques", entrevista em Lovaina, 7 maio 1981, transmissão FR3, 13 jan. 1988.
_____. *Politique-Hebdo*, entrevista, 4 mar. 1976.
_____. Qu'est-ce qu'un auteur? 22 fev. 1969. (Reproduzido em *Littoral*, n.9, jun. 1983.)
_____. *Surveiller et punir*. Paris: Gallimard, 1975. [Ed. bras.: *Vigiar e punir*. Nascimento da prisão. Petrópolis: Vozes, 2015.]

FOUCAULT, M. Vérité et pouvoir, entrevista a M. Fontana, *L'Arc*, n.70, p.16.
FRANK, M. *Qu'est-ce que le néo-structuralisme?* Paris: Cerf, 1989.
FRANK, R. Enjeux épistémologiques de l'enseignement de l'histoire du temps présent. In: INSTITUT UNIVERSITAIRE DE FORMATION DES MAÎTRES. *L'Histoire entre épistémologie et demande sociale*. Paris: Actes de l'Université d'Été de Blois, set. 1993.
FURET, F. Colloque de Venise, 1971. *L'Historien entre l'ethnologue et le futurologue*.
_____. *Le Débat*, v.12, 1981.
_____. *Dictionnaire critique de la Révolution Française*. Paris: Flammarion, 1988 (Prefácio). [Ed. bras.: *Dicionário crítico da Revolução Francesa*. Rio de Janeiro: Nova Fronteira, 1989.]
_____. *Histoire de France*. Paris: Hachette, 1988.
_____. *L'Historien entre l'ethnologue et le futurologue*. Colloque International de Venise. Paris: Mouton, 1971.
_____. *Le Nouvel Observateur*, 28 fev. 1986.
_____. *Penser la Révolution Française*. Paris: Gallimard, 1978.
_____; JULLIARD, J.; ROSANVALLON, R. *La République du centre*. Paris: Calmann-Lévy, 1988.
_____; OZOUF, J. *Lire et écrire*. Paris: Minuit, 1977.
_____; RICHET, D. *La Révolution Française*. Paris: Hachette, 1965.
_____; _____. *La Révolution Française*. Paris: Fayard, 1973.
GADAMER, H.-G. *Vérité et méthode*. Paris: Seuil, 1976. [Ed. bras.: *Verdade e método*. v.1: Traços fundamentais de uma hermenêutica filosófica. Petrópolis: Vozes, 2008.]
GAUCHET, M. A. Changement de paradigme en sciences sociales? *Le Débat*, n.50, p.165-70, maio-ago. 1988.
_____. *Le Débat*, n.50, p.166, maio-ago. 1988.
_____. Les Lettres sur l'histoire de France d'Augustin Thierry. In: NOVA, P. *Les Lieux de mémoire*. Paris: Gallimard, 1986.
_____. *Philosophie des sciences historiques*. Lille: Presses Universitaires de Lille, s.d.].
GENETTE, G. *Figures III*. Paris: Seuil (1966), 1969. [Ed. bras. *Figuras III*. São Paulo: Estação Liberdade, s.d.]
GIDDENS, A. *Social Theory and Modern Sociology*. Stanford, 1987.
GINZBURG, C. *Mythes, emblèmes, traces*. Paris: Flammarion, 1989. [Ed. bras.: *Mitos, emblemas, sinais*: morfologia e história. São Paulo: Companhia das Letras, 1990.]
GINZBURG, C. Traces, racines d'un paradigme indiciaire. In: *Mythes, emblèmes, traces*. Paris: Flammarion, 1989.

GLUKSMANN, A. *L'Express*, 18 jul. 1977.
GODDARD, J. C. Saint-Just critique de Rousseau. *Espaces Temps*, n.38-9, 1988.
GRATALOUP, C. L'appel des grands espaces. *Espaces Temps*, n.34-5, 1986.
GRENDI, E. Micro-analisi e storia sociale. *Quaderni Storici*, v.35, p.506-20, 1972.
GUILHAUMOU, J. Décrire la Révolution Française. Les porte-paroles et le moment républicain (1790-1793). *Annales, E.S.C.*, n.4, 1991.
HABERMAS, J. *Le Discours philosophique de la modernité*. Paris: Gallimard, 1988. [Ed. bras.: *Discurso filosófico da modernidade*. São Paulo: Martins Fontes, 2002.]
HAMON, H.; RATMAN, P. *Les Intellocrates*. Ramsay, 1981.
HEMPEL, C. The function of general laws in history. *The Journal of Philosophy*, n.39, p.35-48, 1942.
HEXTER, J. F. Braudel and the Monde Braudelien. *Journal of Modern History*, n.4, p.507, 1972.
IDT, G. Pour une histoire littéraire tout de même. *Poétique*, n.30, p.167-74, abr. 1977.
INSTITUT UNIVERSITAIRE DE FORMATION DES MAÎTRES. *L'Histoire entre épistémologie et demande sociale*. Paris: Actes de l'Université d'Été de Blois, set. 1993.
INSTITUT D'HISTOIRE DU TEMPS PRESENT (IHTP). *Écrire l'Histoire du temps présent*. Paris: CNRS, 1993.
JOFFRIN, L. *Mai 68, histoire des événements*. Paris: Seuil, 1988.
JOUTARD, P. *La La Légende des camisards*. Une sensibilité au passé. Paris: Gallimard, 1977.
KOFMAN, S. *Lectures de Derrida*. Paris: Galilée, 1984.
KOSELLECK, R. *Le Futur passé, contribution à la sémantique des temps historiques*. Paris: EHESS, 1990. [Ed. bras.: *Futuro passado*: Contribuição à semântica dos tempos históricos. Rio de Janeiro: Contraponto Editora, 2006.]
LABROUSSE, E. *L'histoire sociale*. Paris: PUF, 1967.
LACAN, J. L'instance de la lettre dans l'inconscient (1956). In: *Ecrits*. Paris: Seuil, 1966; Points-Seuils, 1971, t.1; [Ed. bras.: *Escritos*. Rio de Janeiro: Zahar, 1998.]
_____. Rapport de Rome (1953). In: *Ecrits*. Paris: Seuil, 1966.
_____. Rapport de Rome (1953). In: *Ecrits*. Pont-Seuils, 1971, tomo 1, p.181.
_____. Séminaire XX. *Encore*, p.108, 1975.
_____. Séminaire: D'un Autre à l'autre, fev. 1969, apud ALLOUCH, J, Les trois petits points de retour à... *Littoral*, n.9, jun. 1983.
LADURIE, E. L. R. *Histoire du elimat depuis l'an 1000*. Paris: Flammarion, 1967.
_____. L'histoire immobile, 30 nov.. 1973. (Transcrito em *Le Territoire de l'historien*. Paris: Gallimard, 1973. t.2.)

LADURIE, E. L. R. Leçon inaugurale au Collège de France, 30 nov. 1973.
_____. *Le Territoire de l'historien*. Paris: Gallimard, 1973.
_____. *Le Territoire de l'historien*. v.II. Paris: Gallimard, 1978.
LANGLOIS, C.; SEIGNOBOS, C. *Introduction aux études historiques*. Paris: Kimé, 1992.
LANSON, G. *Essais de méthode de critique et d'histoire littéraire*. Paris: Hachette, 1965.
_____. Programme d'études sur l'histoire provinciale de la vie littéraire en France, 1903. In: *Essais de méthode et d'histoire littéraire*. Paris: Hachette, 1965.
LARDREAU, G.; JAMBERT, C. *L'Ange*. Paris: Grasset, 1976.
LATOUR, B. *Les Microbes*: guerre et paix. Paris: Métailié, 1984.
_____. *Nous n'avons jamais été modernes*. Paris: La Découverte, 1991. [Ed. bras.: *Jamais fomos modernos*. São Paulo: Editora 34, 1999. 2.ed.]
LAVISSE, E. "Histoire". In: BUISSON, F. *Dictionnaire de pédagogie,* 1885.
LE DANTEC, J.-P. *Les Dangers du soleil*. Paris: Presses d'aujourd'hui, 1978.
LE GOFF, J.; NORA, P. (dir.) *Faire de l'histoire*. Paris: Gallimard, 1974.
LE ROY LADURIE, E. *France-Culture*, 10 jul. 1969.
_____. *Histoire de la France rurale*. Paris: Seuil, 1975. Tomo 2.
_____. "L'histoire immobile", Leçon inaugurale au Collège de France, 30 nov. 1973. (Transcrito em *Le Territoire de l'historien*. Paris: Gallimard, 1978. t.2, p.14.)
_____. *Le Territoire de l'historien*. Paris: Gallimard, 1978. t.2.
_____. *Les Paysans de Languedoc*. Paris: Flammarion, 1969.
LECOURT, D. *Pour une Critique de l'épistémologie*. Paris: Maspéro, 1972.
LEFEBVRE, H. *L'Idéologie structuraliste*. Paris: Éditions du Seuil, 1975.
LEVI, G. *Le Pouvoir au village*. Paris: Gallimard, 1989.
LÉVI-STRAUSS, C. *Anthropologie structurale*. Paris: Plon, 1958. [Ed. bras.: *Antropologia estrutural*. Rio de Janeiro: Tempo Brasileiro, 1967.]
_____. *Anthropologie structurale* II. Paris: Plon, 1973 (1965). p.65. [Ed. bras.: *Antropologia estrutural dois*. São Paulo: Ubu, 2017.]
_____. *Le Cru et le cuit*, 1964. [Ed. bras. *O cru e o cozido*. São Paulo: Cosac Naify, 2011.]
_____. *Du miel aux cendres*. Paris: Plon, 1966.
_____. L'efficacité symbolique. *Revue d'Histoire des Religions,* n.1, p.5-27, 1949.
_____. Entrevista a Georges Charbonnier, Paris, 18 out. 1969.
_____. Entrevista a Jean-Marie Benoist, *Le Monde*, 21 jan. 1979.
_____. Entrevista a F. Dosse, 26 fev. 1985.
_____. Histoire et ethnologie. *Annales*, p.1217-31, nov. 1983.

LÉVI-STRAUSS, C. Histoire et ethnologie. In: *Anthropologie structurale*. Paris: Plon, 1958.

_____. Histoire et ethnologie. *Revue de Métaphysique et de Morale*, n.3-4, p.369-91, 1949.

_____. *L'Homme nu*. Paris: Plon, 1971. [Ed. bras. *O homem nu*. São Paulo: Cosac Naify, 2014.]

_____. Introduction à l'oeuvre de M. Mauss. *Sociologie et anthropologie, M. Mauss*. Paris: PUF, 1968 (1950).

_____. *Leçon inaugurale au Collège de France*, 1960.

_____. Lundis de l'histoire. *France Culture*, jan. 1971.

_____. *La Pensée sauvage*, 1962. [Ed. bras. *O pensamento selvagem*. São Paulo: Cia. Editora Nacional, 1976.]

_____. *Revue Internationale des Sciences Sociales*, 1964.

_____. *Tristes tropiques*, 1955. [Ed. bras. *Tristes trópicos*. São Paulo: Companhia das Letras, 1996.]

LEVINAS, E. La trace. In: *Humanisme de l'autre homme*. Montpellier: Fata Morgana, 1972. [Ed. bras.: *Humanismo do outro homem*. Petrópolis: Vozes, 2006.]

LIPOVETSKY, G. *L'Ère du vide*. Paris: Gallimard, 1983. [Ed. bras.: *A era do vazio*. São Paulo: Edições 70 – Brasil, 2013.]

L'UNIVERSITÉ OUVERTE: Le dossier de Vincennes. Grenoble: Presses Universaires, 1976.

LYOTARD, J.-F. *La Condition post-moderne*. Paris: Minuit, 1979. [Ed. bras.: *A condição pós-moderna*. Rio de Janeiro: José Olympio, 2010.]

_____. *Le Magazine Littéraire*, n.225, p.43, dez. 1985.

MACHEREY, P. A quoi pensent les philosophes? *Autrement*, p.92-103.

MASCIO, P. di. *L'Auteur à l'oeuvre*. ENS editions, Fontenay/Saint-Cloud, 1996.

MAUGÜÉ, J. *Les Dents agacées*. Paris: Buchet-Chastel, 1982.

MAURIAC, C. *Le Temps immobile*. Paris: Grasset, 1986.

MEYER, J. et al. *Histoire de la France coloniale*. Paris: Armand Colin, 1991. (Tome 1: Des origines à 1914; Tome 2: 1914-1990.)

MICHEL FOUCAULT PHILOSOPHE. Rencontre internationale Paris 9-11 jan., 1988. Paris: Seuil, 1989.

MICHELET, J. *Histoire de France*. Paris: Flammarion, 1974.

_____. *Journal*, 1839. In: *Journal intime* (1828-1848). Paris: Gallimard, 1959.

_____. *Le Peuple*. Paris: Calmann-Levy, 1877. [Ed. bras.: *O povo*. São Paulo: Martins Fontes, 1988.]

MINC, A. *L'Avenir en face*. Paris: Seuil, 1984.

MONGIN, O. *Paul Ricoeur*. Paris: Seuil, 1994.

MONOD, G. Du progrès des études historiques en France depuis le XVIe siècle. *Revue Historique,* n.1, 1876.

MORIN, E. *Le Monde,* 2 jun. 1978.

_____.; BELFONT, C.; COUDRAY, J.-M. *Mai 68*: La brèche. Paris: Fayard, 1968.

MOSÈS, S. *L'Ange de l'histoire.* Paris: Seuil, 1992.

MÜLLER, D. *Les Lieux de l'action.* Paris: Labor et Fides, 1992.

NIETZSCHE, F. *A Gaia ciência.* São Paulo: Companhia das Letras, 2001.

_____. *Genealogia da moral.* São Paulo: Companhia das Letras, 1998.

_____. *Além do bem e do mal.* São Paulo: Companhia das Letras, 1992.

NOIRIEL, G. *Le Creuset français, histoire de l'immigration XIXe-XXe siècle.* Paris: Seuil, 1988.

_____. Pour une approche subjectiviste du social. *Annales,* nov.-dez. 1989.

NORA, P. *Communications,* n.18, 1972. (Transcrito com modificações em *Faire de l'histoire.* Dir. J. Le Goff et P. Nora, 1974.)

_____. De l'histoire contemporaine au présent historique. In: IHTP (Institut d'Histoire du Temps Present). *Écrire l'Histoire du temps présent.* Paris: CNRS, 1993.

_____. *Essais d'ego-histoire.* Paris: Gallimard, 1987.

_____. *Le Débat,* maio 1980.

_____. *Les Français d'Algérie.* Paris: Julliard, 1961.

_____. *Les Lieux de mémoire.* La République. Paris: Gallimard, 1984.

_____. *Les Lieux de mémoire.* Paris: Gallimard, 1986.

_____. *Les Lieux de mémoire.* Paris: Gallimard, 1993. v.1, t.3.

_____. *Le Nouvel Observateur,* 7 maio 1974.

OLIVIER DE SARDAN, J.-P. L'espace webérien des sciences sociales. *Genèses,* n.10, p.160, jan. 1993.

PASCAL. *Pensées.* Ed. Brunschvicg, n.414, apud FOUCAULT, M. *Histoire de la folie.* Paris: Gallimard, 1972 (1961).

PASSERON, J.-C. "Poïétique et Histoire". Conferência proferida no Colóquio "Idées, Mentalités, Histoire", Universidade de Sfax, Tunísia, 9 maio 1992. (Publicada por *Espaces Temps,* n.55-56, p.103, 1994.)

_____. *Le Raisonnement sociologique.* Paris: Nathan, 1991. [Ed. bras.: *O raciocínio sociológico.* Petrópolis: Vozes, 1996.]

PAVEL, T. *Le Mirage linguistique.* Paris: Minuit, 1988. [Ed. bras.: *A miragem linguística.* Ensaio sobre a modernização. Campinas: Pontes, 1990.]

PETIT, J.-L. La constitution de l'événement social. *L'Événement en perspective. Raisons Pratiques,* n.2, p.15, 1991.

PIAGET, J. *Le Structuralisme.* Paris: PUF, 1968. [Ed. bras.: *O estruturalismo.* Rio de Janeiro: Difel, 1979.]

PICARD, R. *Nouvelle Critique ou nouvelle imposture.* Paris: J.-J. Pauvert, 1965.

POMIAN, K. *La Nouvelle histoire*. Paris: Encyclopédie Retz, 1978.

_____. *L'Ordre du temps*. Paris: Gallimard, 1984.

POPPER, K. *Conjectures and Refutations*. Londres: Routledge and Kegan Paul, 1972. [Ed. bras.: *Conjecturas e refutações*. Brasília: UnB, 2008.]

_____. *Conjectures et Réfutations*. Paris: Payot, 1985.

QUÉRÉ, L. Agir dans l'espace public. *Raisons pratiques*, n.1, p.90, 1990.

_____. Evénement et temps de l'histoire. *L'Événement en perspective. Raisons pratiques*, n.2, p.267, 1991.

RANCIÈRE, J. *Les Noms de l'histoire*. Paris: Seuil, 1992. [Ed. bras.: *Os nomes da história*. São Paulo: Unesp, 2014.]

REVEL, J. *Annales*, nov.-dez. 1979.

_____. Colóquio com *Espaces Temps*, n.34-35, "Braudel dans tous ses états", dez. 1986.

_____. *Dictionnaire des sciences historiques*. Paris: PUF, 1986.

RICOEUR, P. *Du texte à l'action*. Paris: Seuil, 1986.

_____. *À l'école de la phénoménologie*. Paris: Vrin, 1986. [Ed. bras.: *Na escola da fenomenologia*. Petrópolis: Vozes, 2009.]

_____. Evénement et sens. *L'événement en perspective. Raisons pratiques*, n.2, 1991.

_____. Histoire et rhétorique. *Diogène*, n.168, p.25, out.-dez. 1994.

_____. *Histoire et vérité*. Paris: Seuil, 1955.

_____. Objectivité et subjectivité en histoire, dez. 1952. (Transcrito em *Histoire et vérité*. Paris: Seuil, 1955.)

_____. Qu'est-ce qu'un texte?, 1970. (Reproduzido em *Du texte* à *l'action. Essais d'herméneutique*. Paris: Seuil, 1980, p.147.)

_____. Remarques d'un philosophe. In: IHTP (Institut d' Histoire du Temps Present). *Écrire l'Histoire du temps présent*. Paris: CNRS, 1993.

_____. *Soi-même comme un autre*. Paris: Seuil, 1990. [Ed. bras.: *O si-mesmo como outro*. São Paulo: Martins Fontes, 2014.]

_____. *Temps et récit*. Paris: Gallimard, 1983-1985. [Ed. bras.: *Tempo e narrativa*. Campinas: Papirus, 1994; *Tempo e narrativa*. v.1: A intriga e a narrativa histórica. São Paulo: Martins Fontes, 2010; v.2: A configuração do tempo na narrativa de ficção. São Paulo: Martins Fontes, 2010; v.3: O tempo narrado. São Paulo: Martins Fontes, 2010.]

_____. *Temps et récit*. Paris: Pont-Seuils, 1991. t.3.

RIESMANN, D. *La Foule solitaire*. Anatomie de la societé moderne. Paris: Arthaud, 1964. [Ed. bras.: *A multidão solitária*. São Paulo: Perspectiva, 1995.]

RIOUX, J.-P. Peut-on faire une histoire du temps présent? In: TÉTART, P.; CHAUVEAU, A. *Questions à l'histoire des temps présents*. Bruxelles: Complexe, 1992.

ROBIN, R. *Histoire et linguistique*. Paris: Armand Colin, 1973.
ROCHLITZ, R. Esthétique de l'existence. In: *Foucault philosophe*. Paris: Seuil, 1989.
ROUDINESCO, E. *Histoire de la psychanalyse*. Paris: Seuil. 1986.
ROUSSO, H. *Le Syndrome de Vichy de 1944 à nos jours*. Paris: Seuil, 1987.
_____. *Le Syndrome de Vichy de 1944 à nos jours*. Paris: Points-Seuil, 1990.
RUBY, C. *Les Archipels de la différence*. Paris: Ed. du Félin, 1989.
SANTO AGOSTINHO. *Les Confessions*. Paris: Garnier-Flammarion, 1964. [Ed. bras.: *Confissões*. São Paulo: Penguin-Companhia, 2017.]
SCIENCES HUMAINES (revista).
SEIGNOBOS, C.; LANGLOIS, C. *L'Introduction aux études historiques*, 1898.
SERRES, M. *Feux et signaux de Brume*. Paris: Grasset, 1975.
SICHÈRE, B. *Le Moment Iacanien*. Paris: Grasset, 1983.
STEIN, C. *L'Enfant imaginaire*. Paris: Denöel, 1971.
SIMIAND, F. Méthode historique et sciences sociales. *Revue de Synthèse Historique*, 1903.
TAYLOR, C. *The Explanation of Behaviour*. Londres: Routledge and Kegan, 1954.
_____. *Philosophical Papers*. Cambridge: Cambridge University Press, 1985. 2v.; v.1: *Human Agency and Language*.
TÉTART, P.; CHAUVEAU, A. *Questions à l'histoire des temps présents*. Bruxelles: Complexe, 1992.
THIERRY, A. *Dix Ans d'études historiques*. 1834. (Transcrito em GAUCHET, M. *Philosophie des sciences historiques*. Lille: Presses Universitaires de Lille, s.d.)
_____. *Lettres sur l'histoire de France*. Paris: Le Courrier français, 1820.
TODOROV, T. *La Conquête de l'Amérique*. Paris: Seuil, 1982. [Ed. bras.: *A conquista da América*. São Paulo: Martins Fontes, 2003.]
_____. *Les Morales de l'histoire*. Paris: Grasset, 1991. [Ed. port. *As morais da história*. Mem Martins: Europa – América, 1991.]
_____. *M. Bakhtine, le principe dialogique*. Paris: Seuil, 1981.
_____. *Nous et les autres*. Paris: Seuil, 1989.
TORRÈS, F. *Déjà vu*. Paris: Ramsay, 1986.
_____. *L'Homme et la Société*, v.1-2, n.95-96, 1990; Paris: L'Harmattan.
TOURAINE, A. *Le Mouvement de Mai ou le communisme utopique*. Paris: Seuil, 1968.
_____. *M*, n.20, maio 1988.
VAN PARIJS, P. *Le Modèle économique et ses rivaux*. Paris: Droz, 1990.
VERNANT, J.-P. *Revue Espaces*, primavera 1986.
VEYNE, P. *Comment on écrit l'histoire*. Paris: Seuil, 1971. [Ed. bras.: *Como se escreve a história*: Foucault revoluciona a história. Brasília: UnB, 1998.]

VEYNE, P. *France-Culture*, 2 jul. 1988.
VEYNE, P. *Le Pain et le cirque*. Paris: Seuil, 1976. [Ed. bras. *Pão e circo*. São Paulo: Unesp, 2015.]
VIANSSON-PONTÉ, P. *Génération perdue*. Paris: R. Laffont, 1977.
VIGNE, E. L'intrigue mode d'emploi. *Esprit,* n.7-8, p.253, jul.-ago 1988.
VOVELLE, M. *Idéologies et mentalités*. Paris: Maspéro, 1982. [Ed. bras.: *Ideologias e mentalidades*. 2.ed. São Paulo: Brasiliense, 1991.]
WHITE, H. *Metahistory*: The Historical Imagination in Nineteenth-Century Europe. Baltimore; Londres: The Johns Hopkins University Press, 1973. [Ed. bras.: *Meta-história*. São Paulo: Edusp, 2008.]
WEBER, H. *Vingt ans après, que reste-t-il de 68?* Paris: Seuil, 1988.
WRIGHT, G. H. von. *Explanation and Understanding*. Londres: Routledge and Kegan Paul, 1971.
YONNET, P. *Le Débat*, maio-ago. 1988.

SOBRE O LIVRO

Formato: 16 x 23 cm
Mancha: 27,5 x 49,5 paicas
Tipologia: Gatineau 11/14
Papel: Off-white 80 g/m² (miolo)
Cartão Supremo 250 g/m² (capa)
2ª edição Editora Unesp: 2017

EQUIPE DE REALIZAÇÃO

Capa
Estúdio Bogari

Edição de texto
Carlos Villarruel (Copidesque)
Tomoe Moroizumi (Revisão)

Editoração eletrônica
Vicente Pimenta

Assistência editorial
Alberto Bononi
Richard Sanches

Impresso por :

gráfica e editora
Tel.:11 2769-9056